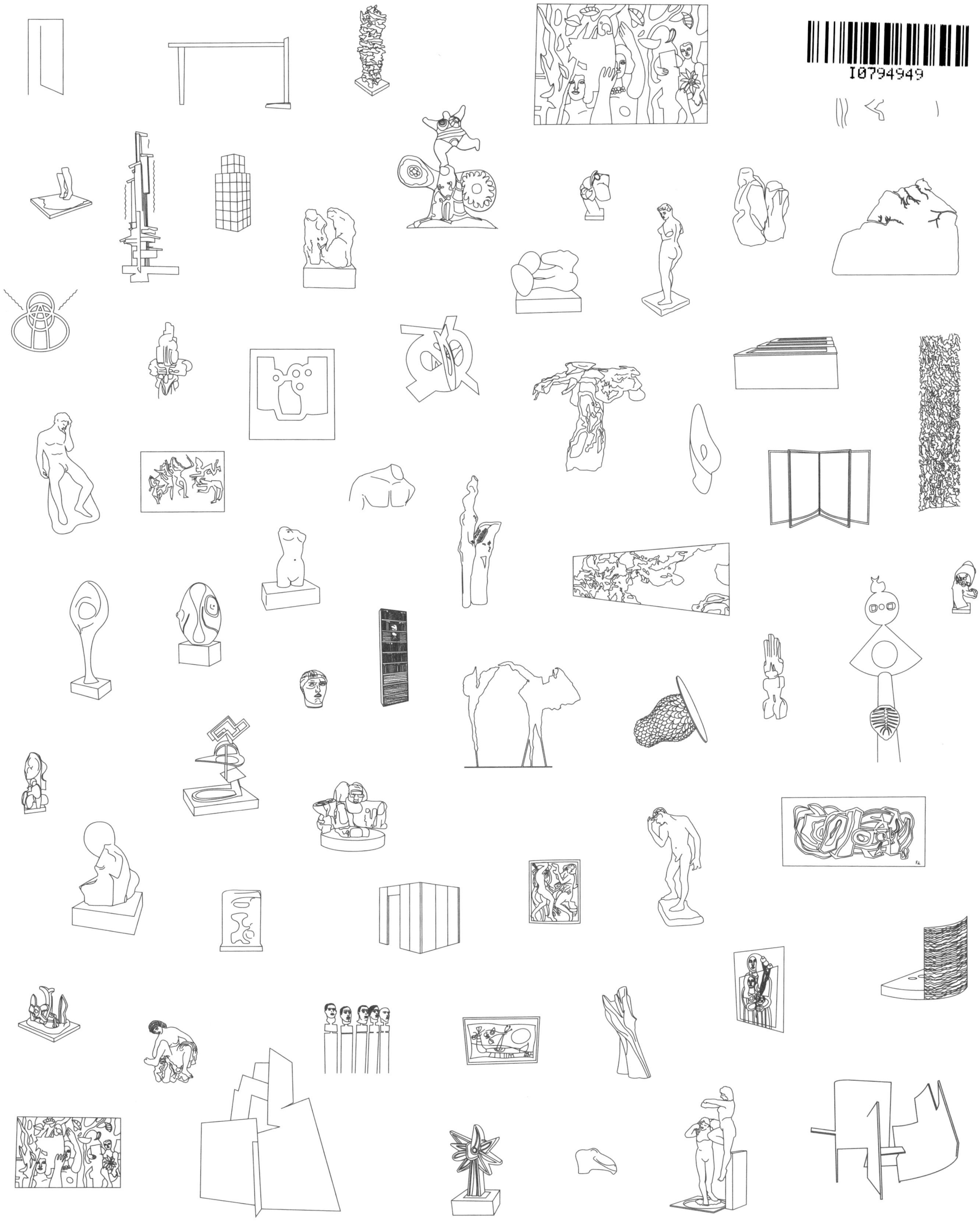

LA PETITE
ESCALÈRE

GARDEN OF THE HAIMS

LA PETITE ESCALÈRE

LE JARDIN DES HAIM

Dominique Haim
Jeannette Leroy Haim
Pierre Wat
Gilbert Carty
Marie-Laure Bernadac

Préface d'Alfred Pacquement

NORMA
ÉDITIONS

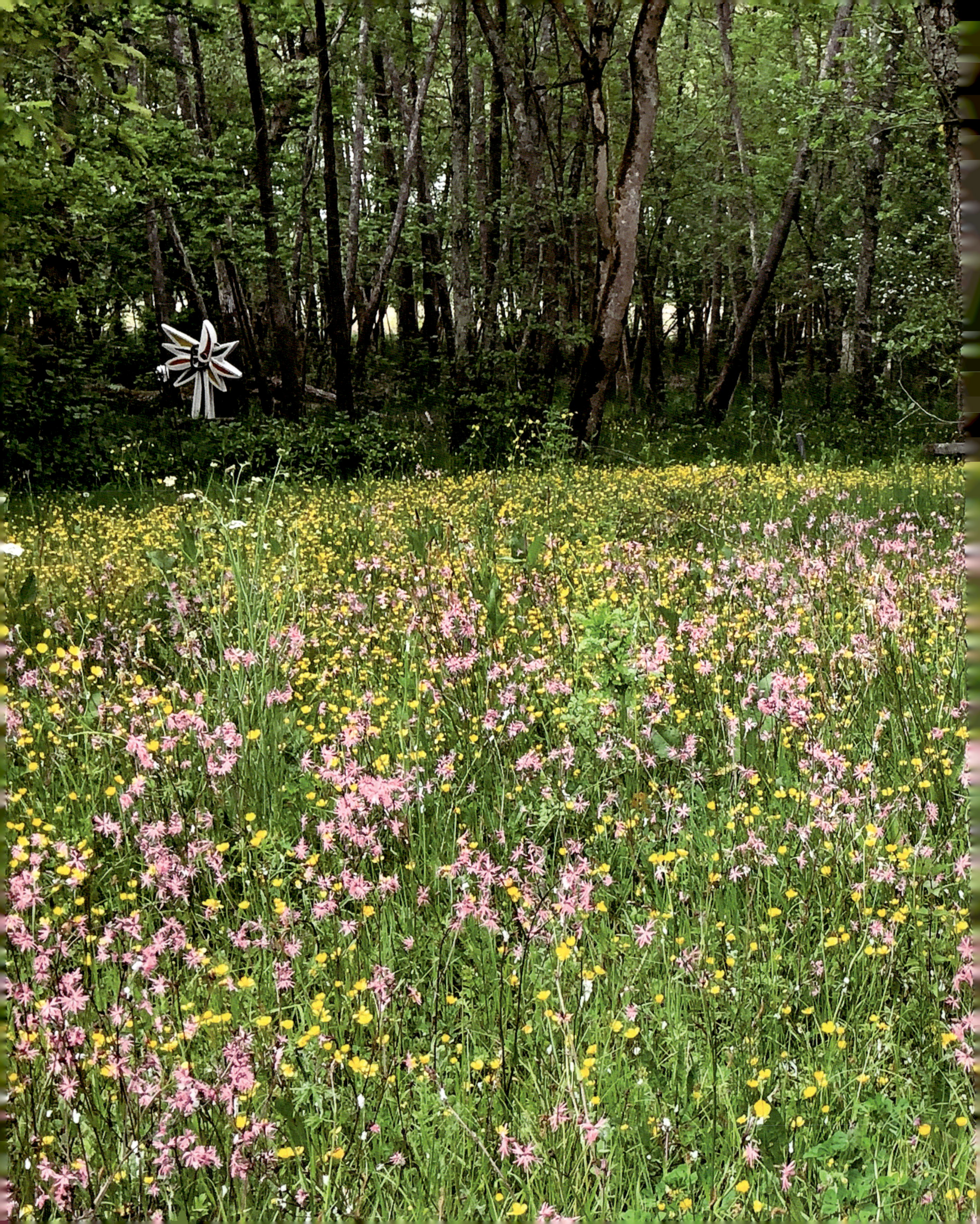

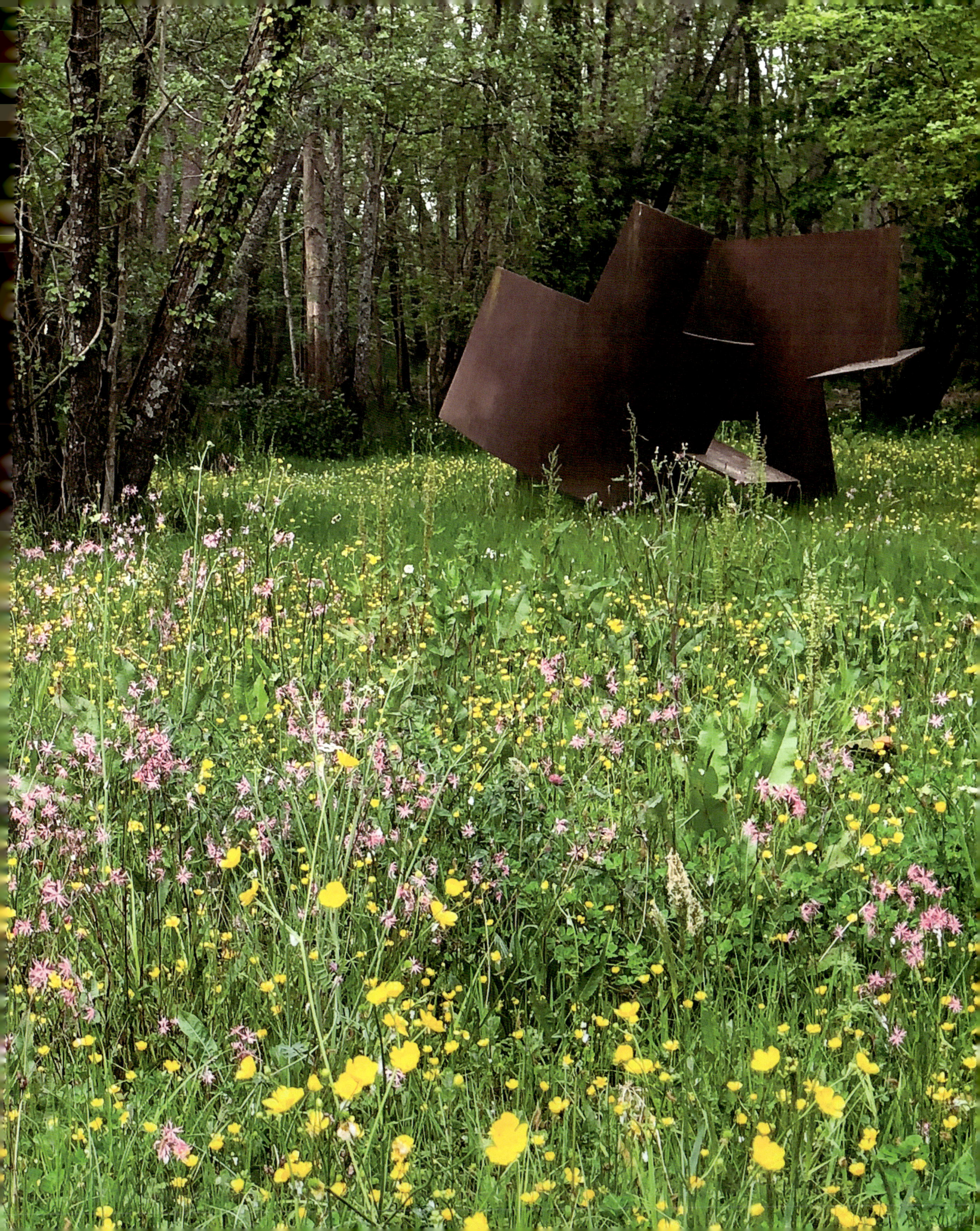

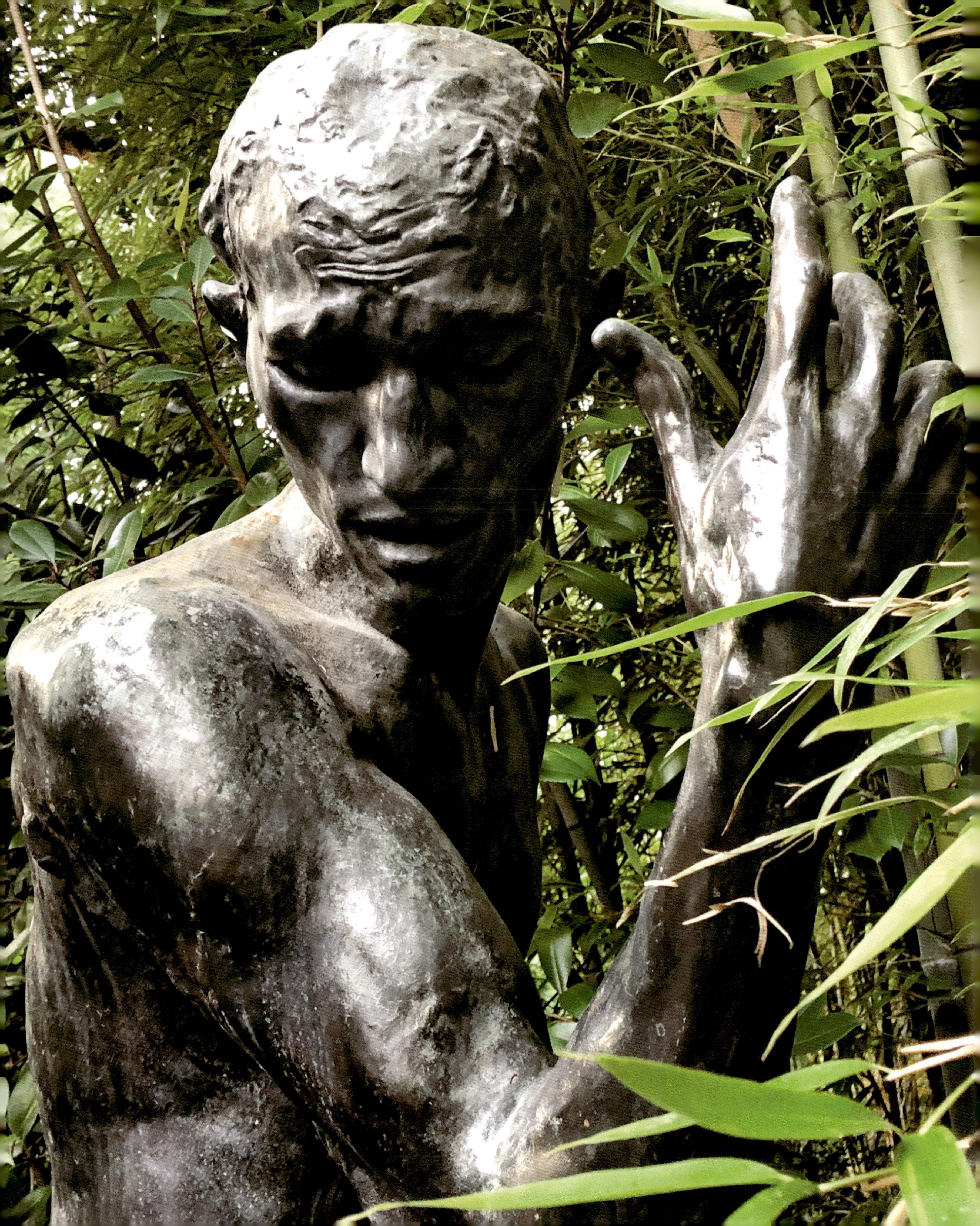

SOMMAIRE

CONTENTS

Page de gauche. Auguste Rodin, *Pierre de Wissant nu (étude pour les Bourgeois de Calais)*, 1884-1886.
Pages précédentes. Fernand Léger, *Le Tournesol*, 1952. Jorge Oteiza, *Construcción abierta A*, 1958-1959.

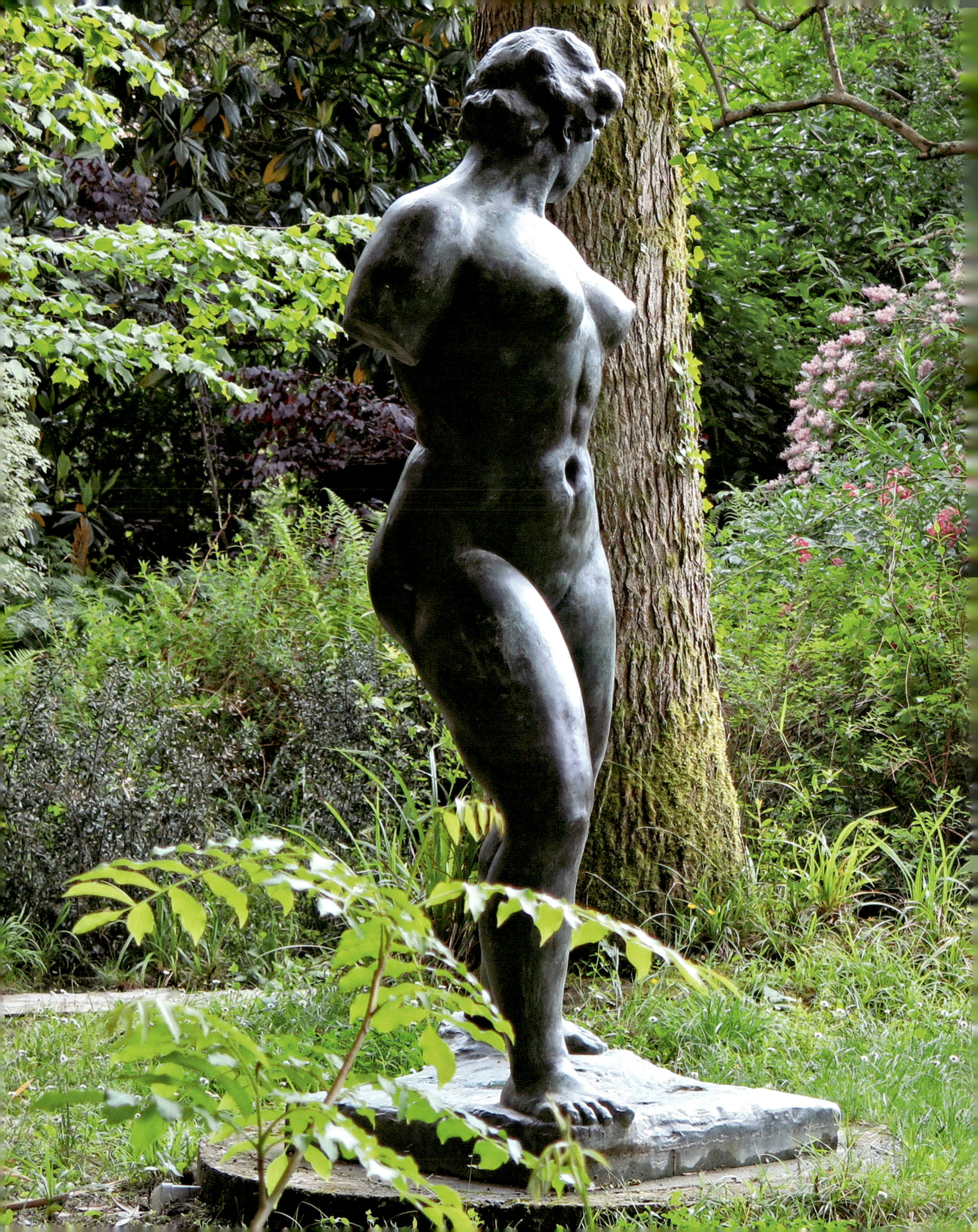

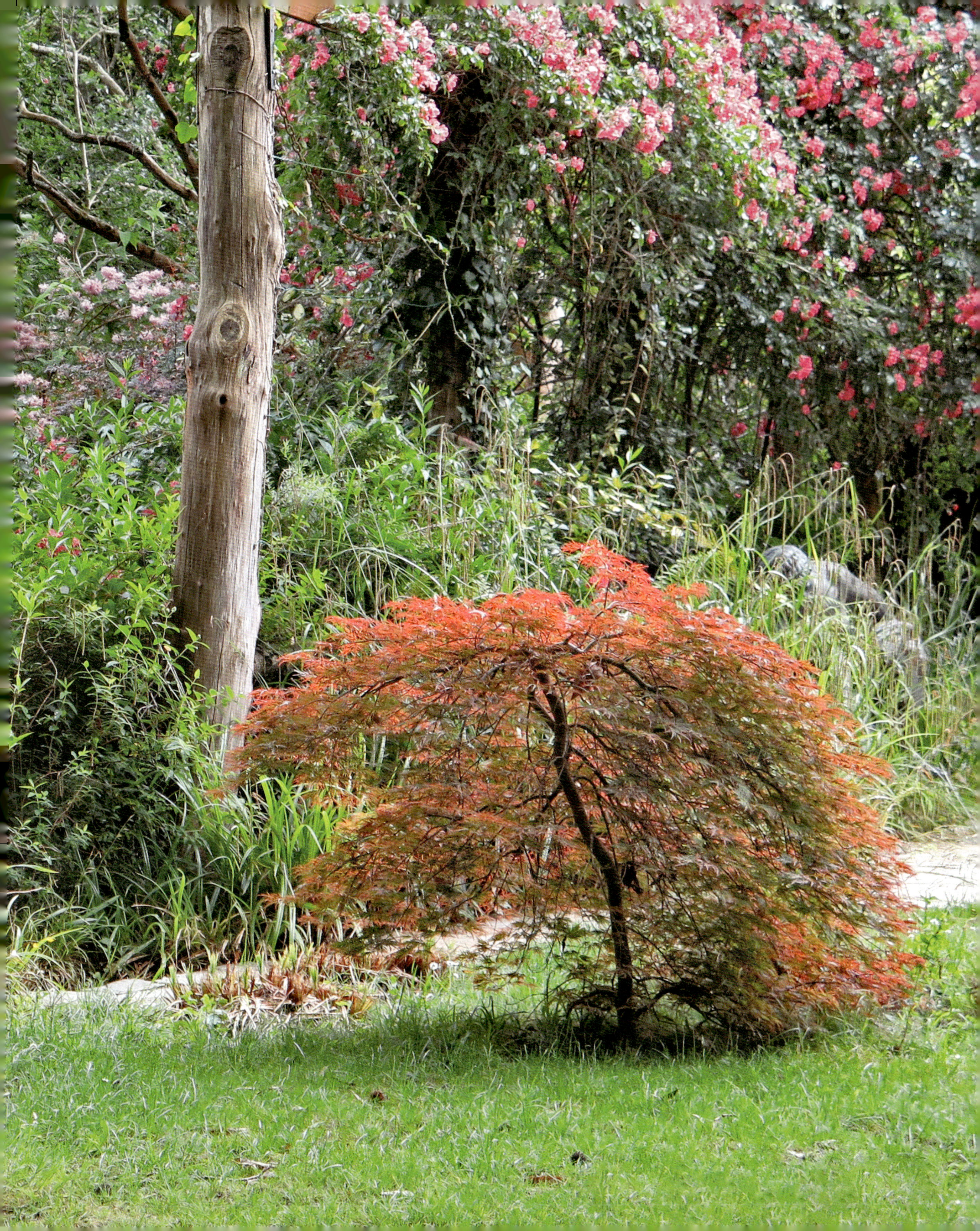

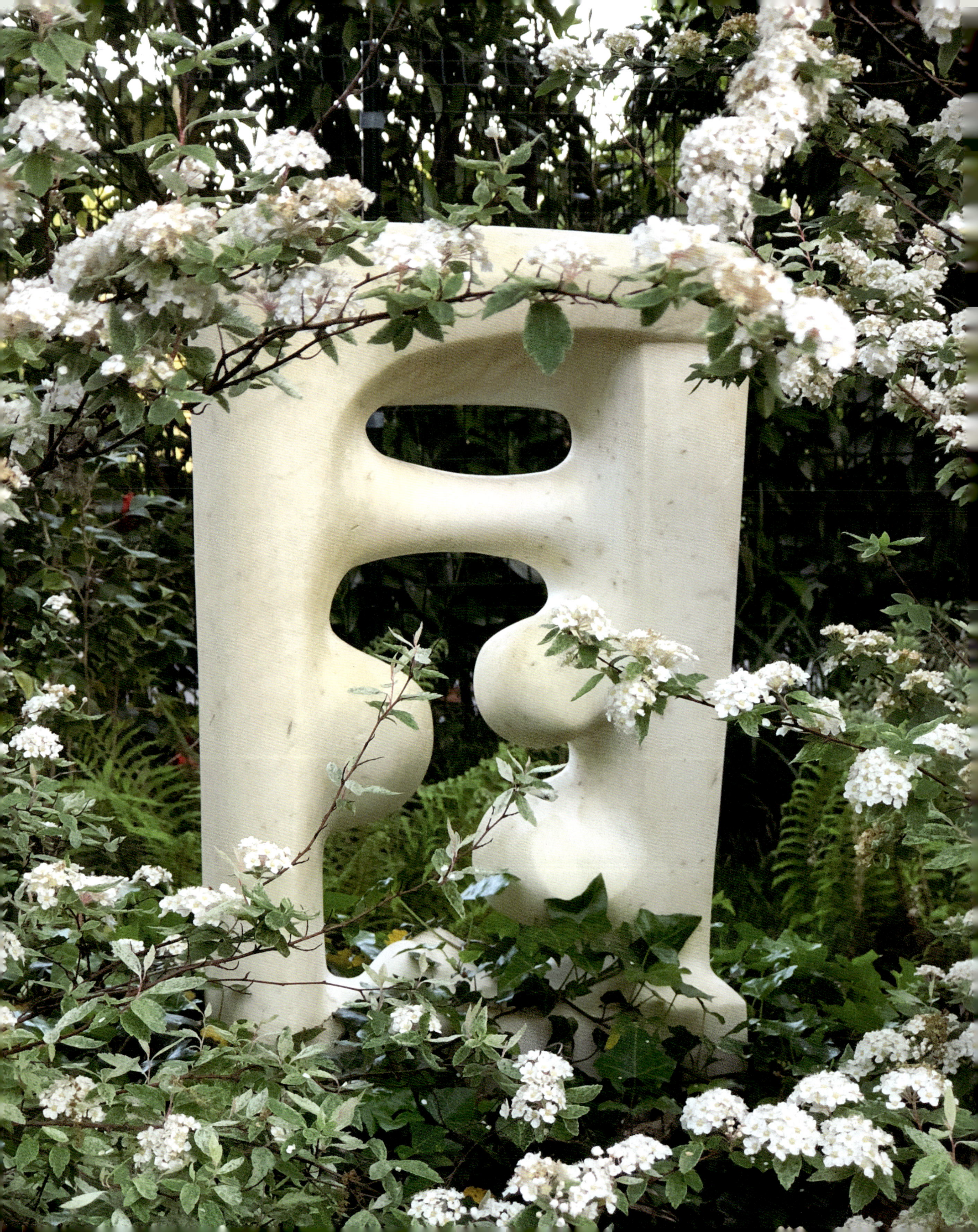

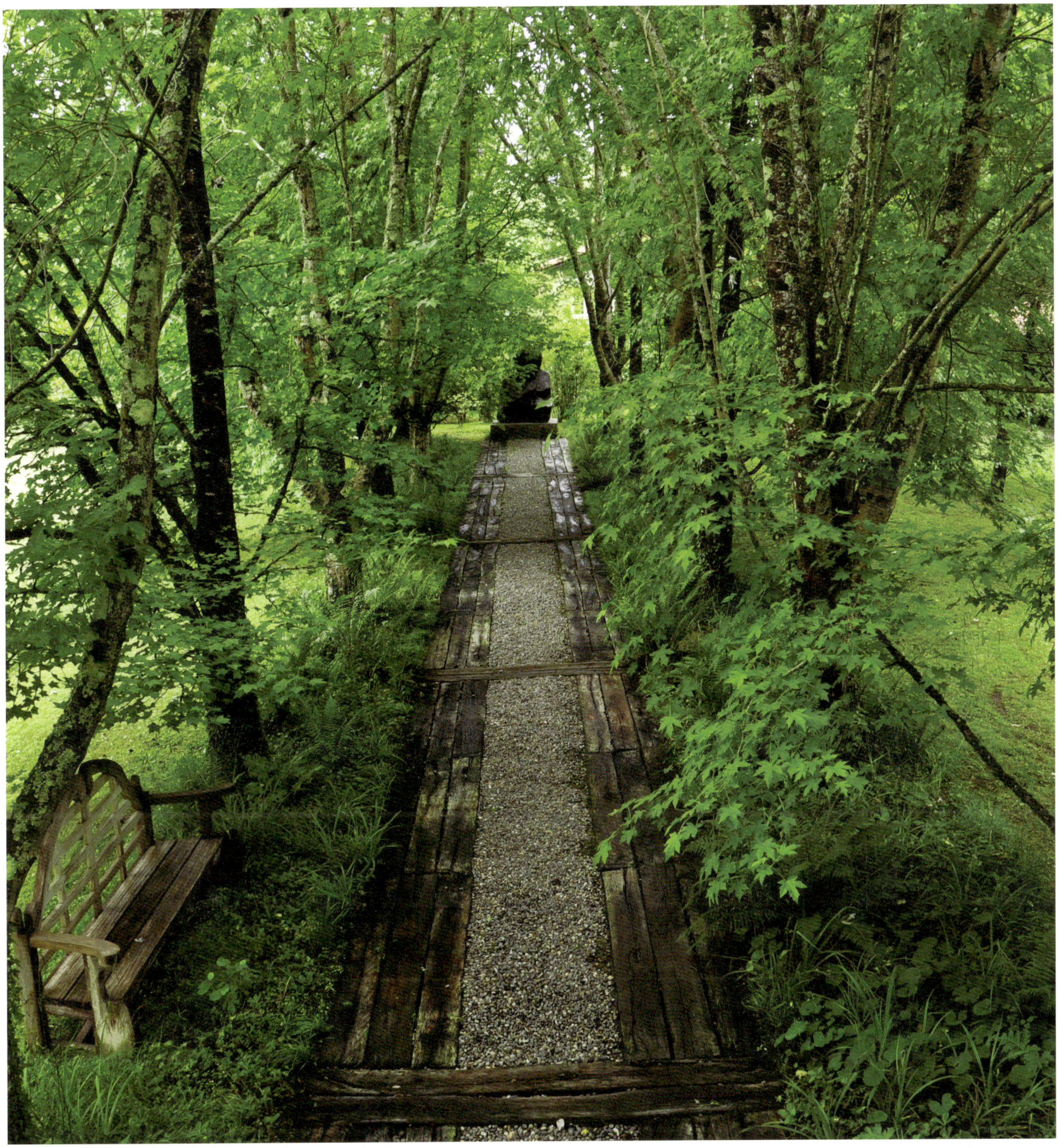

Jean-Michel Sanejouand, *Le Silence*, 1989-1996.
Page de gauche. Agustín Cárdenas, *Sans titre*, 1964.
Pages précédentes. Aristide Maillol, *L'Action enchaînée (monument à Auguste Blanqui sans bras)*, 1905.

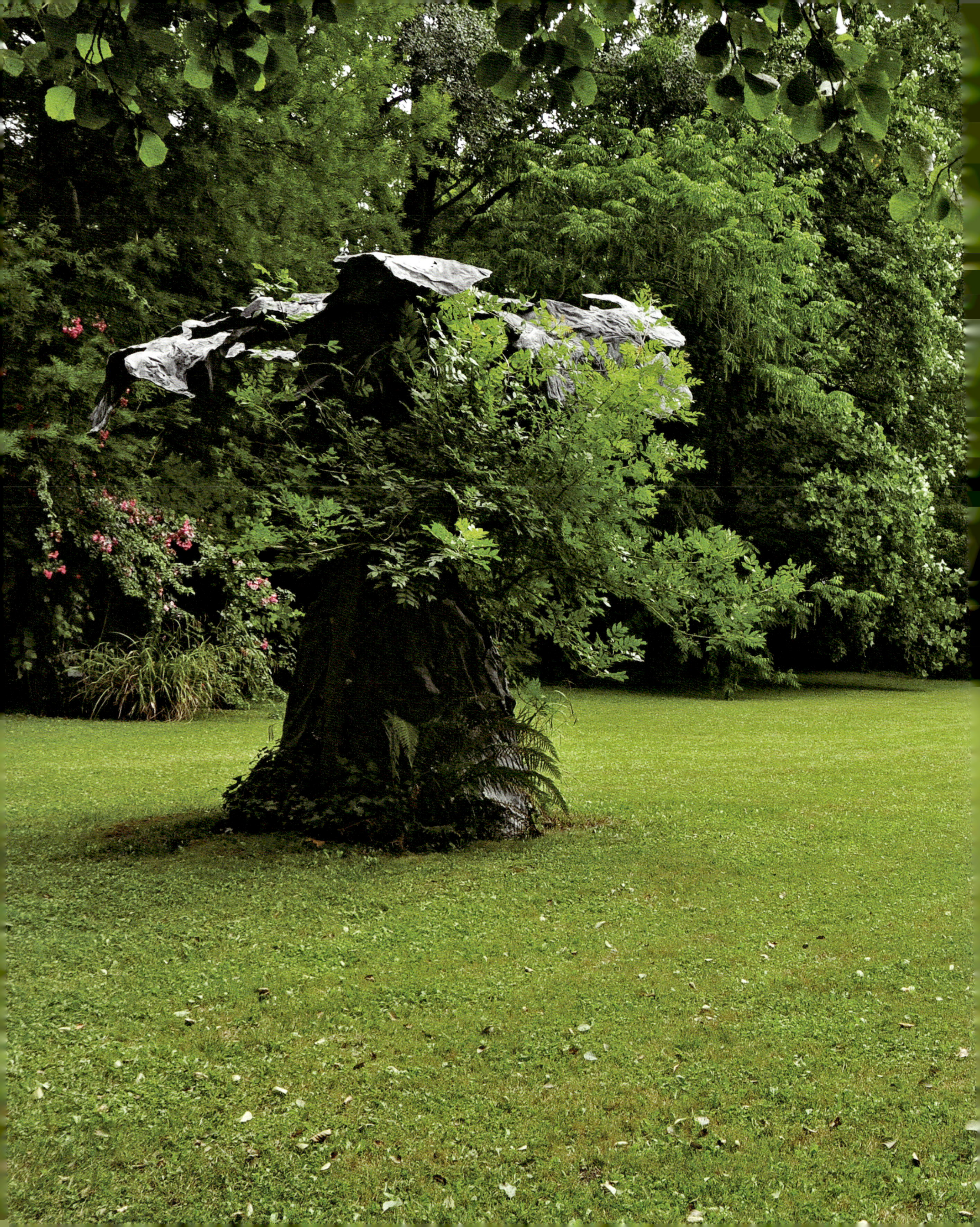

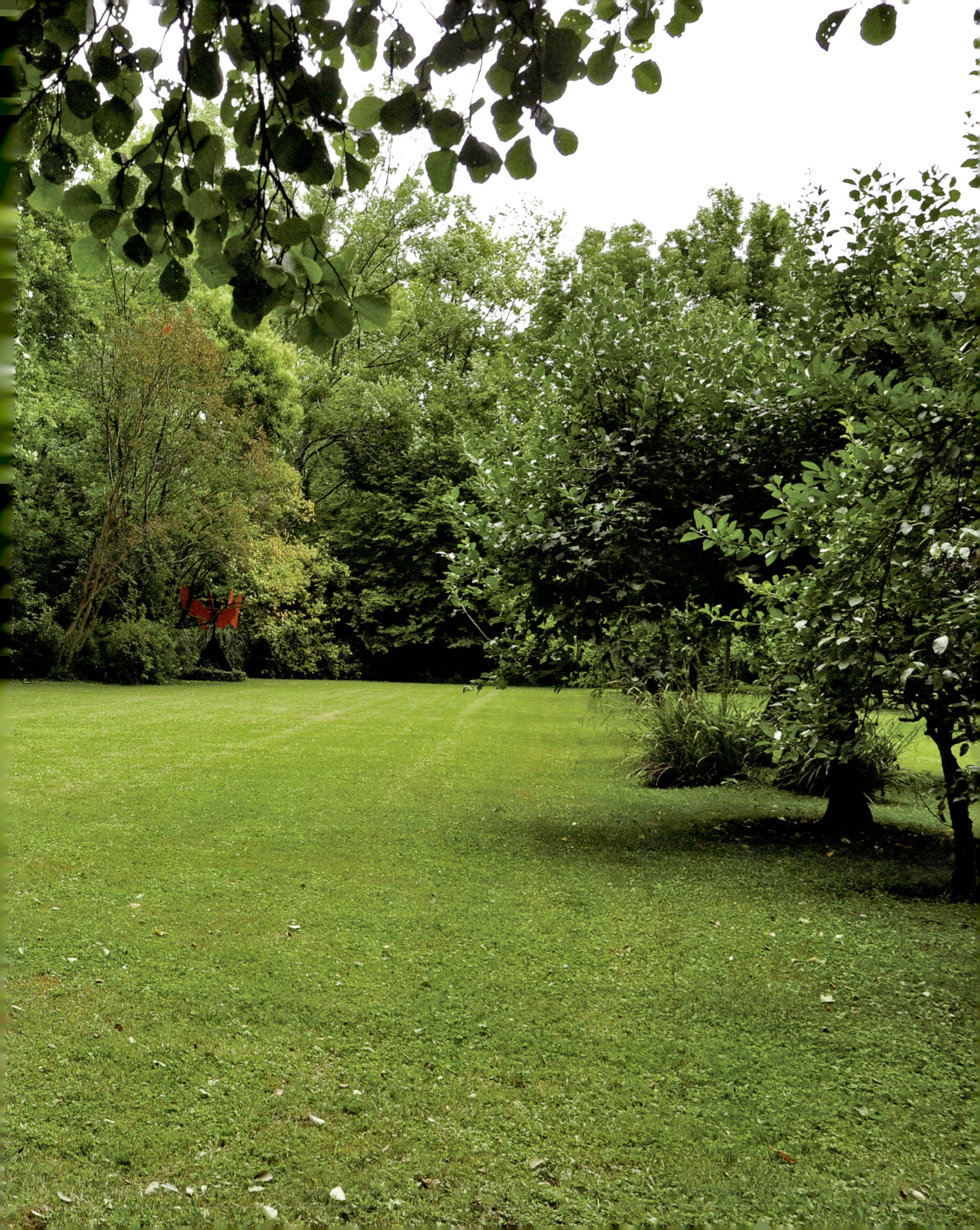

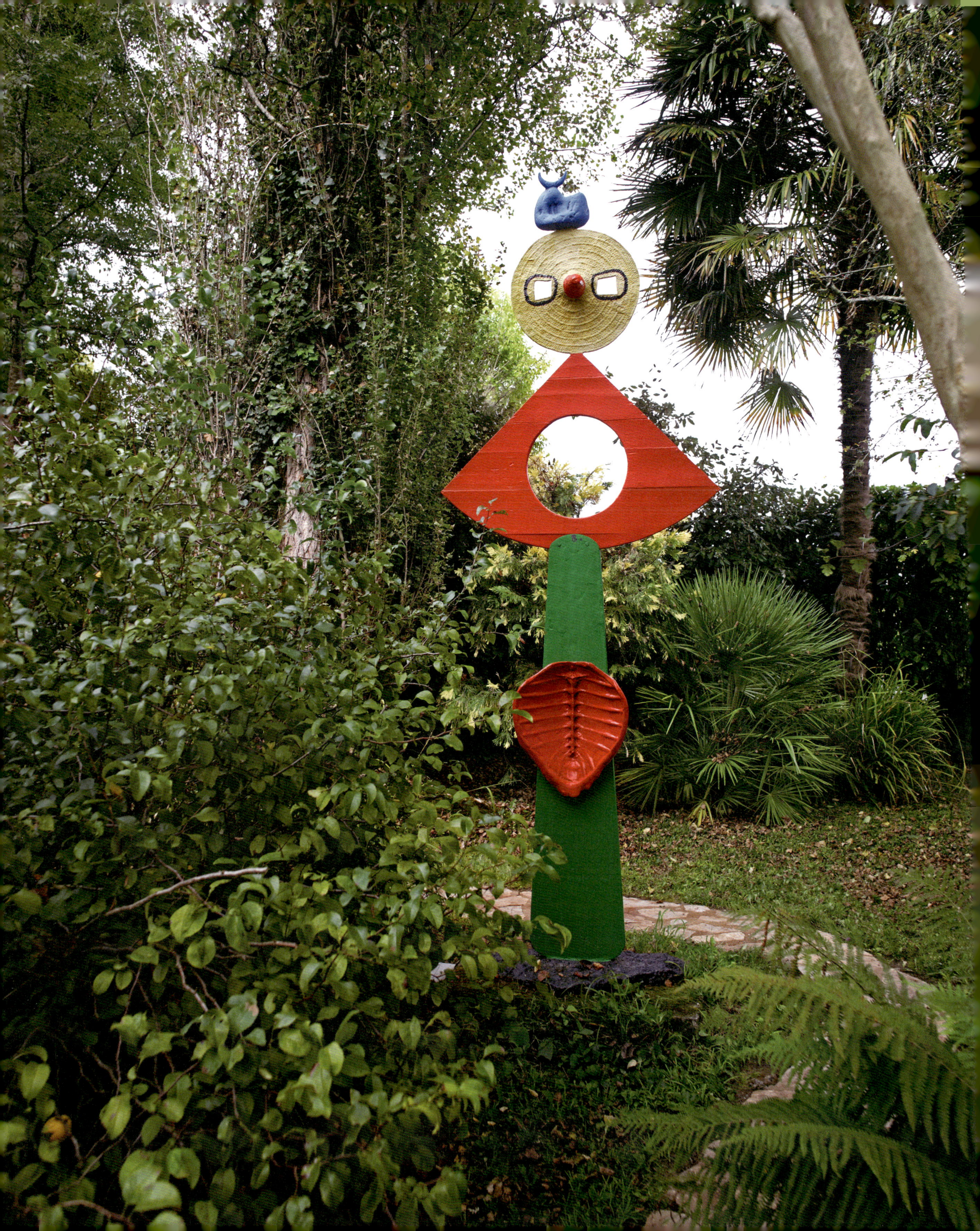

*« Le visiteur attentif percevra
que ce jardin est le miroir et la récompense
de ce que nous avons fait de nos vies. »*

Paul Haim

*"The attentive visitor will perceive that this
garden is the mirror and the reward for what
we have done with our lives."*

Paul Haim

Page de gauche. Joan Miró, *La Caresse d'un oiseau*, 1967.
Pages précédentes. Roberto Matta, *Eramen*, 1985-1987.
Alexander Calder, *Gouvernails rouges, n° 9*, 1967.

PREFACE

PRÉFACE

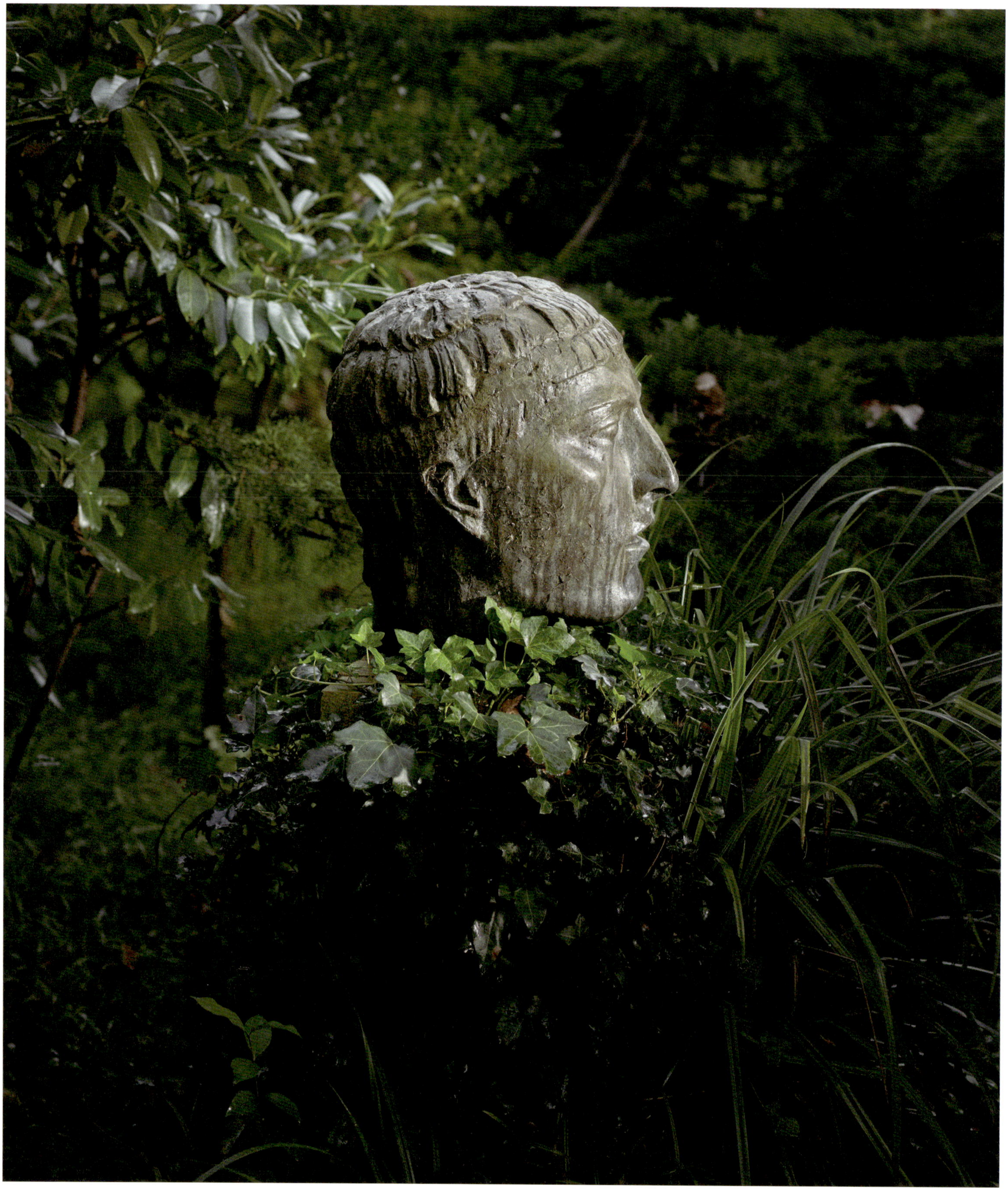

PRÉFACE

ALFRED PACQUEMENT

J'ai trop peu connu Paul Haim. Une très belle rencontre pourtant, par une chaude journée de l'été 2005, m'a laissé un souvenir impérissable. En bavardant sur le ponton de bois au bord de l'Adour, de l'autre côté de la route, après une visite ensoleillée du jardin et des admirables sculptures qui s'y dissimulent et s'y révèlent, j'avais été, comme tous ceux qui l'ont rencontré, charmé par cet homme hors du commun et dont il me fallut plonger dans les livres pour connaître sa vie aventureuse et passionnée.

J'ai trop peu connu Paul Haim. Mais pour avoir eu l'occasion de visiter pendant un demi-siècle pas mal de musées, de collections ou de jardins de sculptures, j'éprouve des sensations diverses et jamais indifférentes à les découvrir. Lorsqu'ils sont la création d'une collectivité, ils répondent plus ou moins bien à un programme, mais, émanant d'un individu, ils en portent la personnalité, témoignant d'une histoire, d'une aventure intime.

La Petite Escalère n'échappe pas à la règle.

Ce jardin si particulier est un autoportrait, mais aussi une autobiographie. Je ne veux certes pas négliger l'apport de Jeannette Leroy qui entraîna son époux sur cette terre encore vierge ni celui du génial jardinier autodidacte Gilbert Carty. Mais je veux d'abord voir dans ce jardin un lieu qui raconte les goûts et les aventures esthétiques de Paul Haim à travers les œuvres que l'on y croise.

Ainsi de ces grands phares de la sculpture, pionniers de la modernité : Rodin, Bourdelle, Maillol, que Paul Haim conduisit jusqu'au Japon, de musées en musées. La belle conclusion de cette entreprise artistique et marchande, ce sont ces bronzes, et non des moindres, qui se retrouvent ici au détour d'une allée.

Antoine Bourdelle, *Tête de l'Éloquence (définitive)*, 1917.

Ainsi d'un ami cher entre tous, Roberto Matta, qui pour La Petite Escalère conçut un arbre né de deux feuilles de papier froissées, rare sculpture monumentale de l'artiste. Ainsi de ces sculpteurs, originaires de cette terre basque qu'avait adoptée Paul Haim : Chillida, Oteiza, Zigor. Ou encore le mur dressé de Zao Wou-Ki, les pétales métalliques de Calder, la caresse polychrome de Miró… Et tant d'autres qui apparaissent en cheminant au sein du dense tissu planté mais pourtant laissé libre de s'épanouir.

La sculpture ici ne domine pas la nature ; cette dernière l'embrasse, la cerne, s'y love parfois. La Petite Escalère voit ainsi une rare union, quasi sauvage, de l'art et du végétal. Un jardin touffu et plein de surprises qui, au détour des allées de poutrelles de bois, évoque des rencontres avec les artistes qu'il a accueillis ; une histoire de séduction, de chocs, de sensualité, de liberté… d'amour en quelque sorte.

L'eau y est partout présente. Elle surgit de la joyeuse *Nana* de Niki de Saint Phalle, emplit les étangs, nourrit les plantes et les fleurs. Mais tombent aussi parfois des pluies diluviennes et le fleuve de déborder, mettant à mal cette précieuse alchimie de l'art et de la nature. L'eau, ailleurs si précieuse et si nécessaire, peut ici mettre en danger ce que l'homme a si attentivement conçu.

On pense à Baudelaire dans « L'Ennemi[1] » :

Le tonnerre et la pluie ont fait un tel ravage,
Qu'il reste en mon jardin bien peu de fruits vermeils.

1. Charles Baudelaire, *Selected Poems from "Les Fleurs du Mal": A Bilingual Edition. Translated by Norman R. Shapiro*, Chicago, University of Chicago Press, 1998, p. 19.

PREFACE

ALFRED PACQUEMENT

I knew Paul Haim too little. But a delightful encounter, on a hot day in the summer of 2006, left me with an enduring memory of him. After a sunny visit to the garden and to the admirable sculptures that hide and reveal themselves there, we chatted on the wooden pontoon on the banks of the river Adour, on the other side of the road. Like everyone who met him, I was charmed by this extraordinary man, but I needed to dive into his books to understand him and his adventurous and passionate life.

I knew Paul Haim too little. Having had the opportunity over a half-century to visit more than a few museums, collections, and sculpture gardens, I have different—but never indifferent—feelings when I discover them. When they are created by a community, they conform, more or less, to an established program. But if they emanate from an individual, they evoke the personality of that person, bearing witness to a history, to an intimate adventure.

La Petite Escalère is no exception to this rule.

This unique garden is a self-portrait, but also an autobiography. I certainly do not want to neglect the contribution of Jeannette Leroy, who brought her husband to this still-virgin land, nor that of the brilliant self-taught gardener Gilbert Carty. But above all, I see this garden as a place that recounts the tastes and the aesthetic adventures of Paul Haim through the works that one comes across there. So it is with these great beacons of sculpture, pioneers of modernity: Rodin, Bourdelle, and Maillol, whom Paul Haim brought all the way to Japan, from museum to museum. The beautiful outcome of this artistic and commercial enterprise is these bronzes, and not insignificant ones, which can be found here in the curve of a path.

Niki de Saint Phalle, *Nana*, 1967.

So it is with his dear friend Roberto Matta, who designed a tree born of two sheets of crumpled paper for La Petite Escalère, a rare monumental sculpture by the artist. So it is with these sculptors from the Basque Country embraced by Paul Haim: Chillida, Oteiza, Zigor. Or again with the standing wall by Zao Wou-Ki, the metallic petals of Calder, the polychrome caress of Miró... and so many others that appear while walking through the dense web, planted, but left free to grow.

The sculpture here does not dominate nature; the latter embraces, surrounds, sometimes curls around it. La Petite Escalère thus witnesses a rare, almost wild, union of art and vegetation. A garden lush and full of surprises, which, in the curves of the paths of wooden railroad ties, evokes encounters with the artists it has welcomed: a history of seduction, of shocks, of sensuality, of freedom... of, in the end, love.

Water is present everywhere. It flows from the joyous *Nana* by Niki de Saint Phalle, fills the ponds, nourishes the plants and flowers. But sometimes, too, diluvian rains fall, and the river overflows its banks, endangering this precious alchemy of art and nature. Water, elsewhere so precious and so necessary, can here endanger what man has so attentively designed.

One thinks of Baudelaire, in "The Enemy"

And thunder stripped my orchard bare: too few
Today, the ruddy fruits that still remain.[1]

1. Charles Baudelaire, *Selected Poems from "Les Fleurs du Mal": A Bilingual Edition. Translated by Norman R. Shapiro*, Chicago, University of Chicago Press, 1998, p. 19.

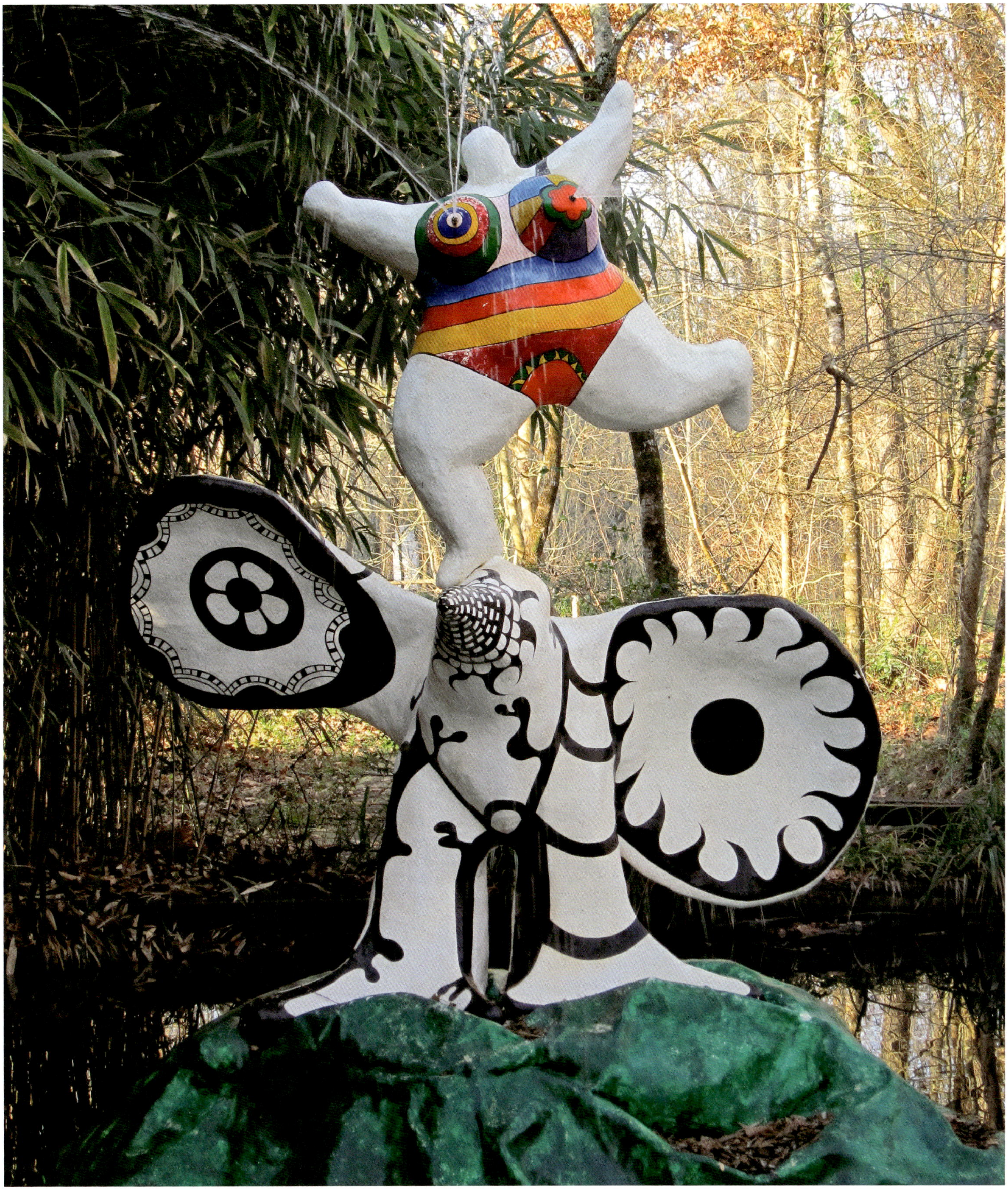

Roberto Matta, *Sur le Nil*, 1989.

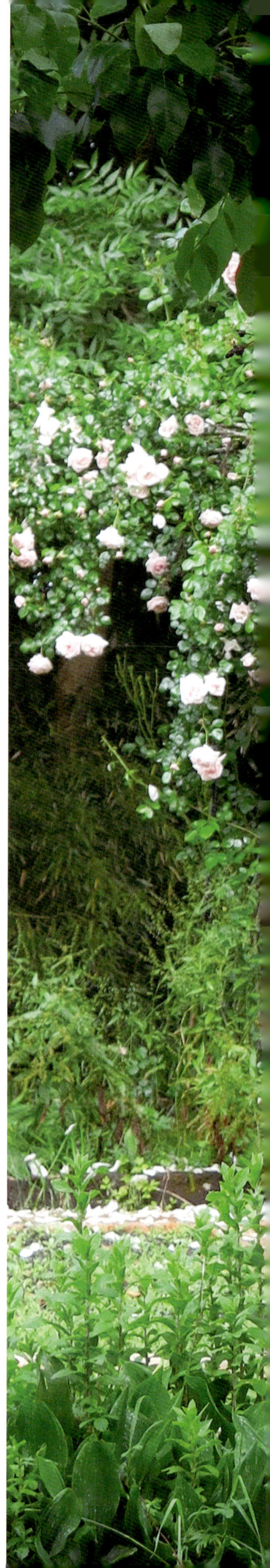

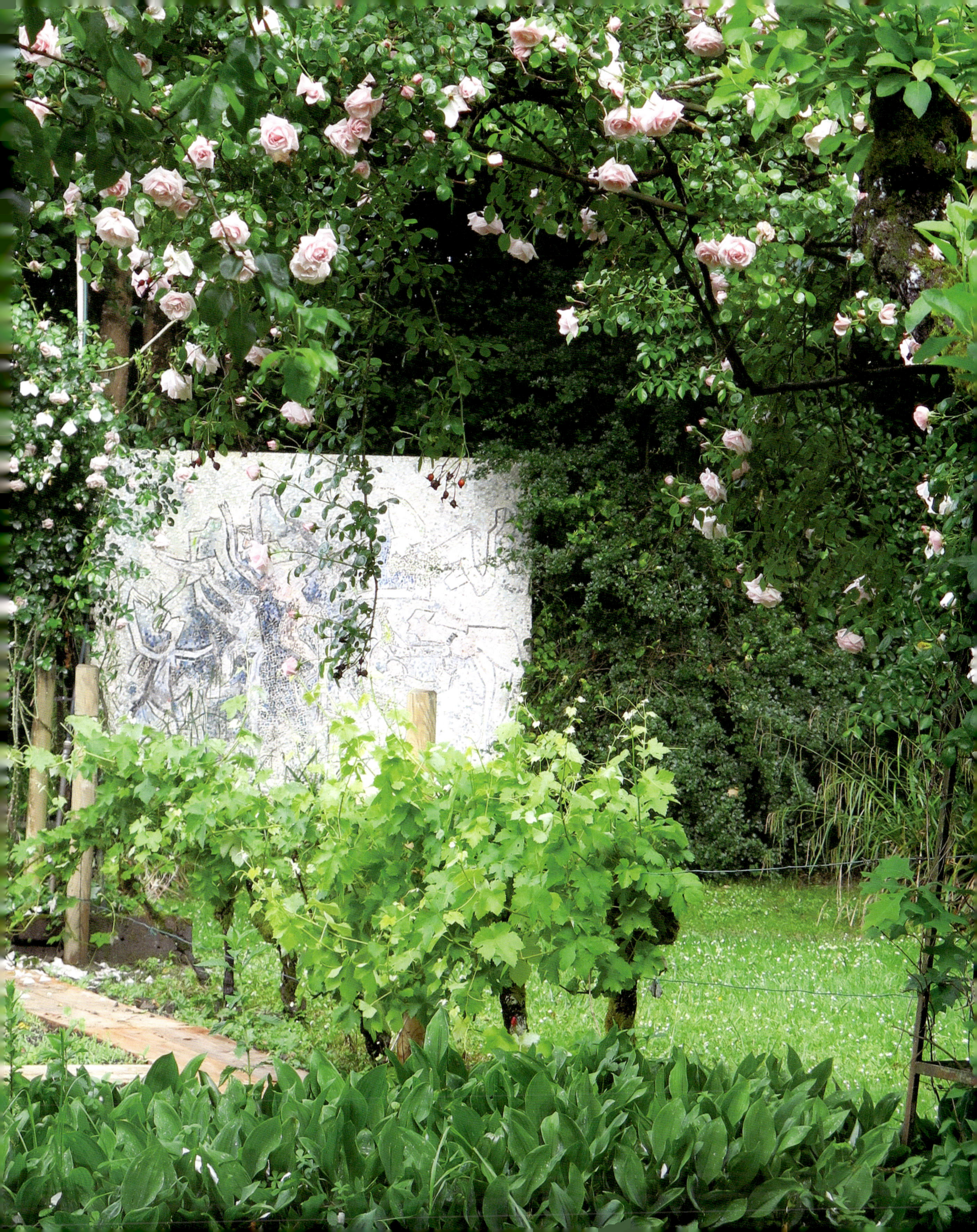

SECRET GARDEN

JARDIN SECRET

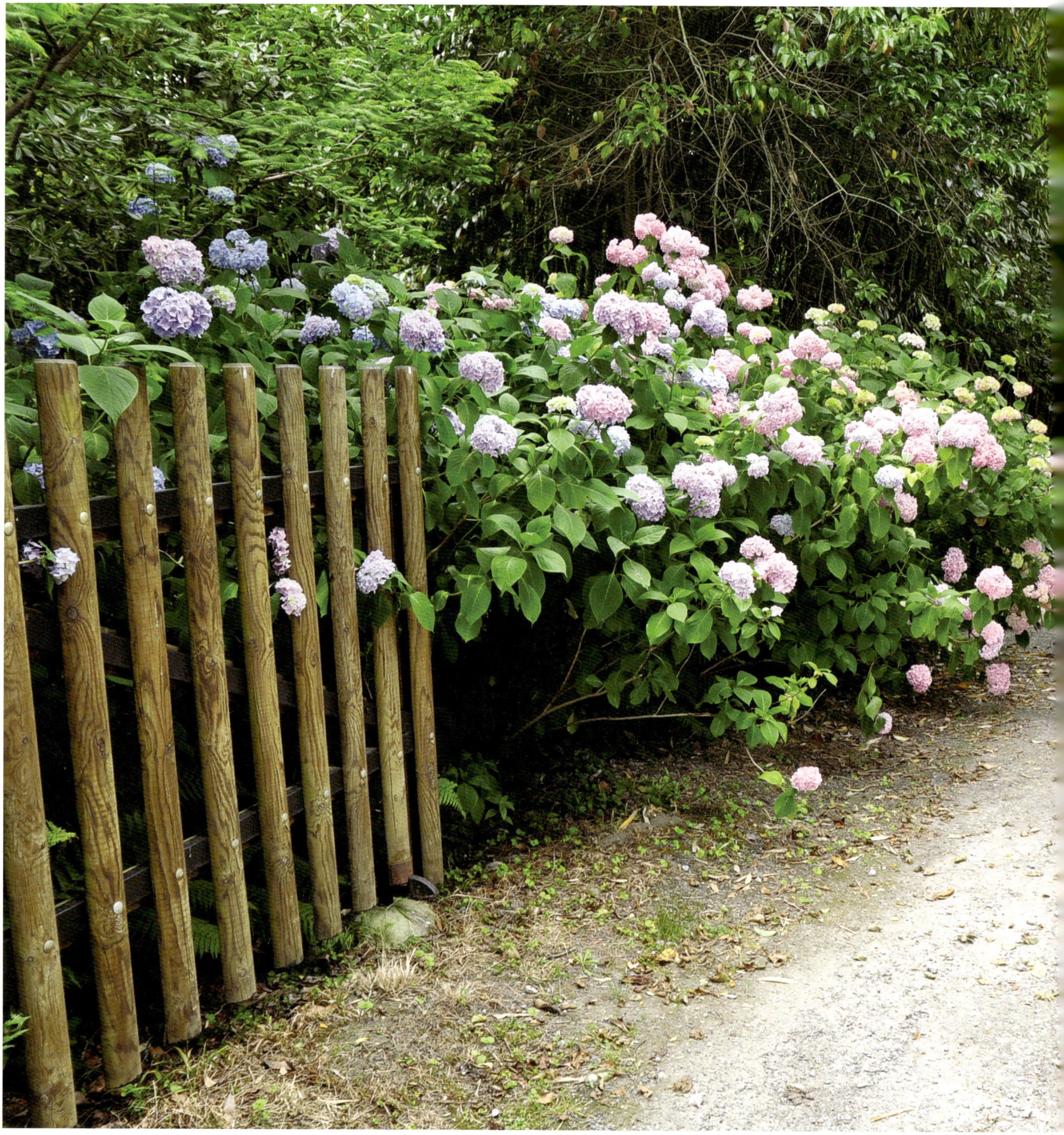

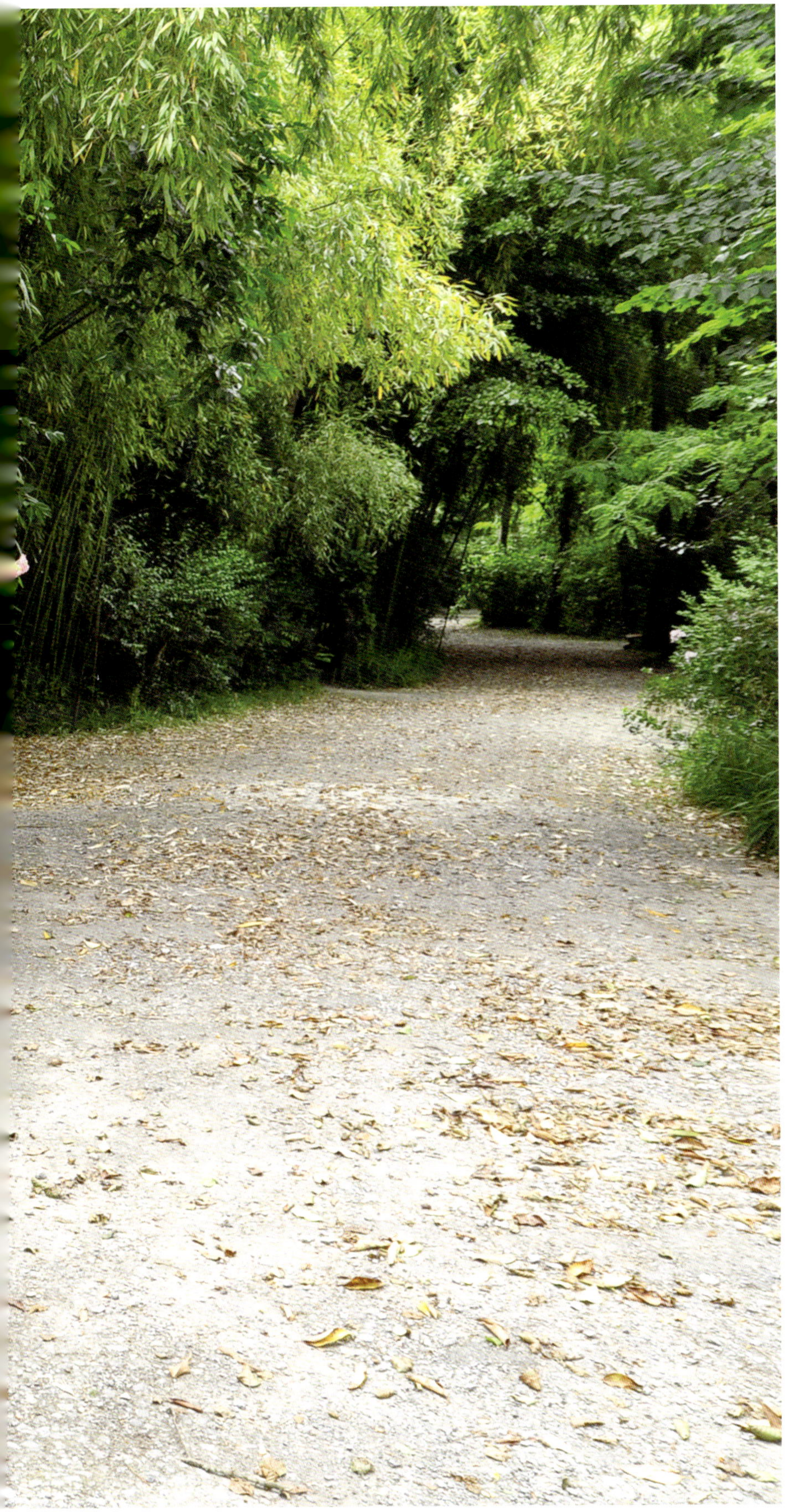

Page suivante. La Petite Escalère, vers 1970.
Gilbert Carty à La Petite Escalère.
Paul Haim et Jeannette Leroy.

JARDIN SECRET

DOMINIQUE HAIM

L'histoire commence en 1969 lorsque Jeannette Leroy, alors photographe de mode, et mon père Paul Haim, marchand d'art, viennent régulièrement rendre visite à leur amie la comtesse Rose-Marie Tchaïkovska, qui séjournait tous les étés dans un charmant manoir non loin de Biarritz. Cette amie n'avait de cesse de leur dire que la Côte d'Azur était démodée et que rien ne valait la Côte basque. Elle se mit, sans le leur dire, à chercher une petite maison.
L'été suivant, elle avait trouvé une modeste ferme sans prétention et d'un entretien simple, sur un terrain de trois mille mètres carrés à peine, planté d'herbes hautes. Exactement ce dont rêvait Jeannette, aux bords du fleuve Adour à quinze kilomètres de Bayonne.
De plus, Adour ne rimait-il pas avec *amour*, une coïncidence qui ne pouvait laisser Paul, l'éternel amoureux, insensible. Très vite Paul et Jeannette construisirent une piscine qui par erreur se trouvait de moitié sur le terrain du voisin. Ce dernier vit en ce sympathique couple de Parisiens l'occasion de vendre toutes ses parcelles, y compris la forêt marécageuse. Et ainsi Paul et Jeannette passèrent d'un petit jardin simple et sans prétention à un nombre d'hectares qui ne se comptaient plus sur les doigts des deux mains.
Au début des années soixante-dix, Paul, ayant renoncé à sa galerie, organisait d'importantes expositions à travers le monde et principalement au Japon. Parmi celles-ci, l'une, particulièrement mémorable, fit voyager cent cinquante sculptures de Maillol, Rodin et Bourdelle dans sept villes. Chaque musée s'engageait à acheter au moins une œuvre de chacun des artistes. À son retour, pour le remercier, les héritiers et ayants droit de ces artistes lui permirent d'acquérir des œuvres à des prix qu'il ne sut refuser.
La place ne manquait plus dans le jardin pour entreposer ces nouvelles œuvres !
Paul commençait à installer ses sculptures dans ce jardin encore peu planté. Jeannette avait abandonné la photo pour revenir à ses premières passions, le dessin et la peinture. Avec sa sensibilité artistique et esthétique, elle trouvait totalement absurde l'idée de poser des sculptures « à nu » comme des poteaux dans un champ. Il fallait au contraire les faire disparaître dans la nature, afin que l'on puisse les découvrir au gré d'une promenade. Il fallut donc planter. Beaucoup planter !

Nous étions loin du jardin qui ne demande que peu d'entretien. Un jardinier s'imposait !
Au début de l'année 1977, ils engagèrent Gilbert Carty. Gilbert avait alors 27 ans. Ayant quitté l'école à l'âge tendre de 11 ans, il ne savait ni lire ni écrire. Jeannette et Paul estimaient que son handicap scolaire n'entravait en rien ses dons pour le jardin en général, et les roses en particulier. Le jardin, qui ne le savait pas encore, avait trouvé en Gilbert son meilleur ami. Gilbert est toujours là après plus de quarante ans, ayant dédié toute sa vie à ce jardin.
Au fil des années et sous l'influence de Jeannette, Paul avait réduit ses activités et ses voyages pour devenir écrivain. Gilbert comprit rapidement que même cette nouvelle vie d'écrivain ne saurait entièrement retenir à La Petite Escalère l'aventurier que Paul avait toujours été. Il fallait des projets, des défis. Gilbert sut les inventer, les faire germer dans l'imaginaire de Paul et les rendre possibles.
Année après année, les champs et les forêts marécageuses se transformèrent en un jardin magique.
Gilbert s'imposa comme architecte majeur de ce petit paradis, au même titre que Jeannette et Paul.
Je vivais depuis 1980 à New York, j'avais épousé un Américain. Tous les étés je revenais à La Petite Escalère avec mon mari, puis un, deux et trois enfants. À peine les portières de la voiture entrouvertes, nous partions à la découverte de nouvelles installations ou à la recherche de nos sculptures favorites qui semblaient avoir changé de place tellement la végétation avait embelli d'une année sur l'autre. Les installations nous entraînaient vers des parcelles de forêt jusque-là inexplorées. Des sculptures-fontaines se mettaient à couler, transformant tout ce terrain en course aux trésors. Gilbert y installa l'électricité, faisant de nos visites nocturnes un tout nouvel enchantement.

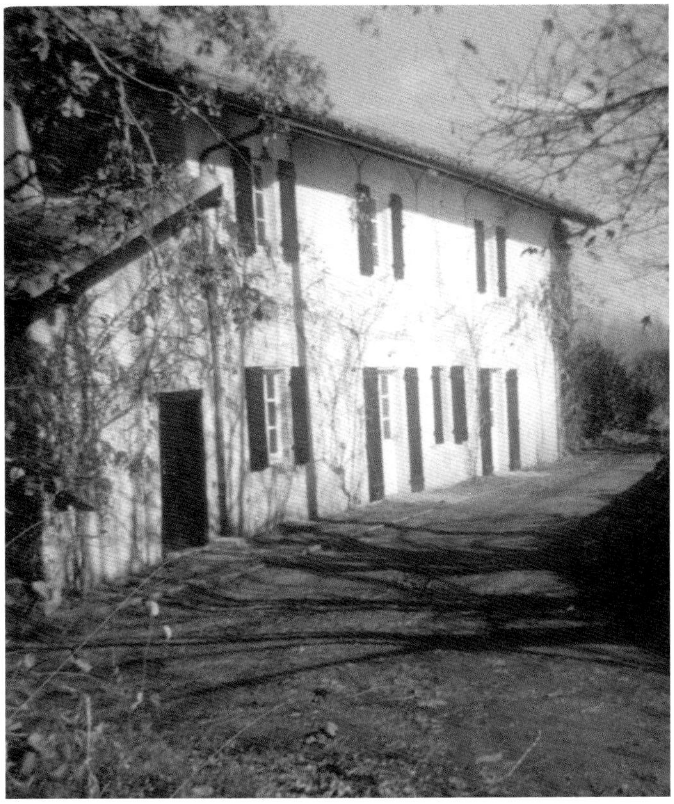

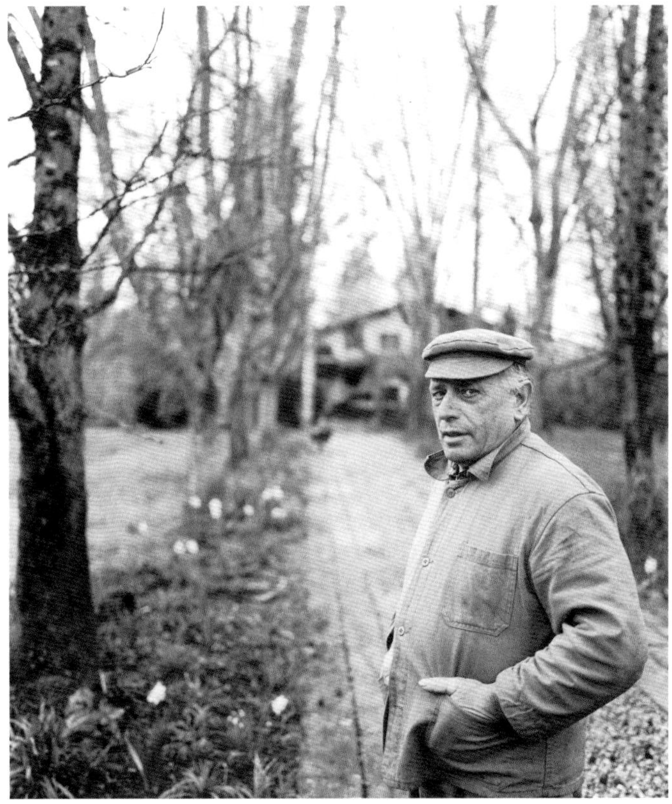

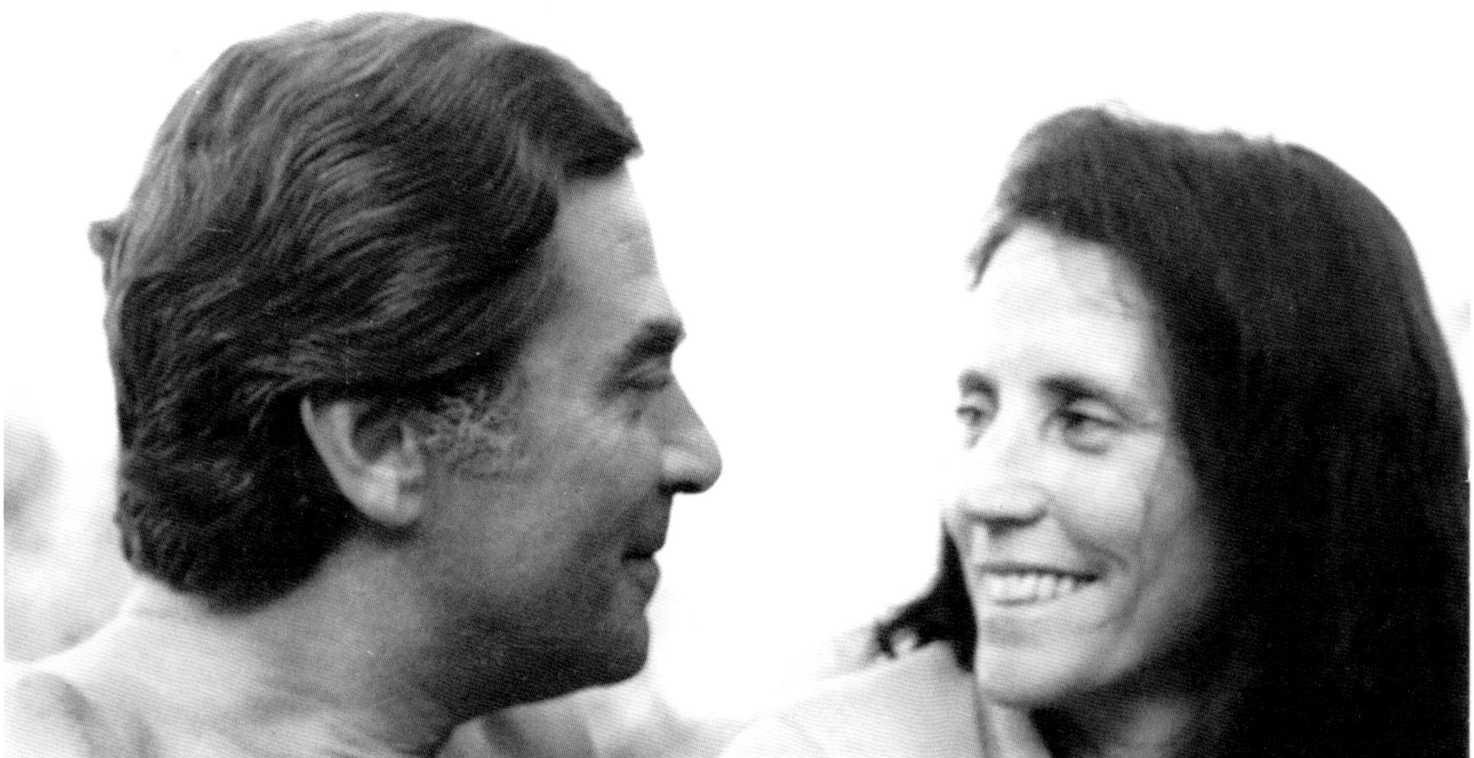

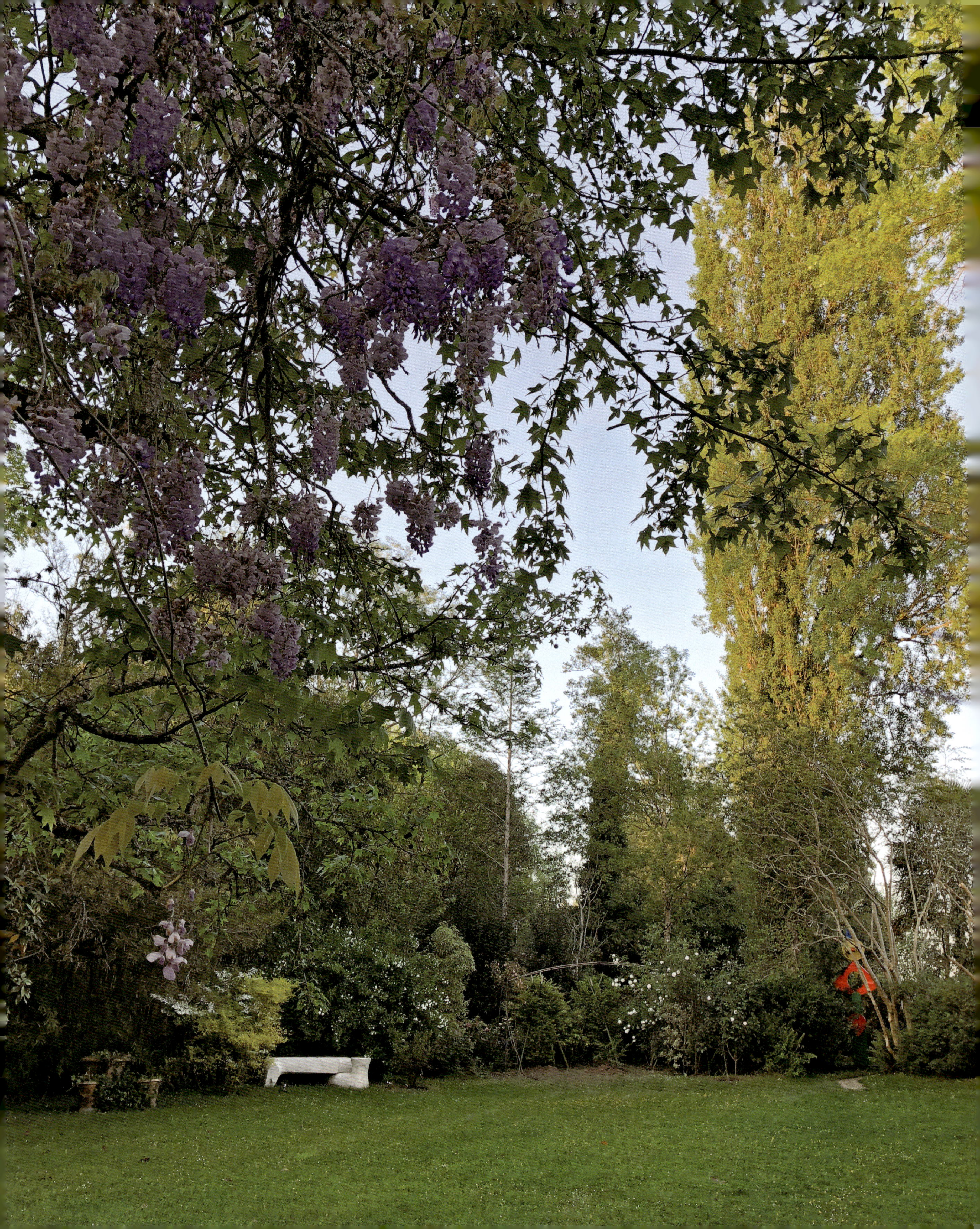

Isamu Noguchi, *Banc*, 1966.
Joan Miró, *La Caresse d'un oiseau*, 1967.
Pages suivantes. L'Adour.

Petit à petit, au rythme de nouvelles installations qui venaient prendre racine dans cette forêt autrefois marécageuse, Paul multipliait les promenades là où des années auparavant il avait failli se noyer.
De même, le terrain couvert de ronces se transforma en prairie ponctuée de quelques chênes à l'ombre desquels de nouvelles sculptures vinrent s'abriter.
En 1995, Paul connut ses premiers ennuis de santé. N'ayant ni frère ni sœur, je décidais de changer de vie et de m'engager dans le monde de l'art en ouvrant une galerie à New York, afin de préparer l'avenir de La Petite Escalère le jour où mon père ne serait plus là.
Il mourut en 2006. Le jardin abritait alors une cinquantaine d'œuvres. Allant d'Alexander Calder à Niki de Saint Phalle, de Fernand Léger à Eduardo Chillida, d'Isamu Noguchi à Agustín Cárdenas ou encore de Jorge Oteiza à Mark Di Suvero…
Il ne ressemblait à aucun autre jardin de sculptures que je connaissais. Chaque œuvre avait une histoire intime avec Paul. Pour la plupart, il avait connu les artistes. Zao Wou-Ki, Roberto Matta, Otto Fried, Likitchi Takikawa, tous devenus amis intimes, avaient créé des œuvres spécifiquement pour le jardin. Matta, qui séjournait régulièrement à La Petite Escalère, se plaignit un matin qu'aucune de ses œuvres ne faisait partie de la collection. Paul lui dit qu'il n'avait jamais fait de sculpture assez grande et, le lendemain, sur l'assiette du petit déjeuner, avec deux feuilles de papier vrillées et déchiquetées à la main, Matta avait créé un arbre dont la ramure d'une envergure de cinq mètres tournerait au vent. Cárdenas, Étienne-Martin, James Metcalf étaient des artistes qu'il avait exposés dans sa galerie à Paris au début des années soixante. Miró avait accepté de faire une fonte supplémentaire pour le remercier d'une exposition organisée au Canada. Zigor, qui jusque-là n'avait sculpté que le bois, se laissa convaincre de travailler le bronze.
Les sculptures n'étaient en aucun cas mises en évidence. Et surtout, elles n'étaient pas là pour être immédiatement reconnues, comptées, répertoriées. Ni pour former une liste impressionnante d'artistes de renom.

Non ! La particularité de ce jardin était de ponctuer la nature de belles œuvres, sans qu'elles la dominent. Sans que celles-ci soient le point exclusif de notre attention. Permettre aux rosiers grimpants de nous époustoufler autant qu'un mobile-stabile de Calder ou qu'un Bourgeois de Calais de Rodin. Laisser au feuillage tendre d'un petit chêne la possibilité de se mêler à la ramure tournante d'un arbre en bronze de Matta. Voir se déplier au milieu de grandes herbes de la prairie une structure en Corten d'Oteiza qui découpe le ciel de ses pleins et de ses vides.
Ces œuvres, il fallait les découvrir. Aller à leur rencontre, les chercher, tomber sur elles par hasard, au détour d'un chemin de traverse ou d'un petit pont de bambou.
Être surpris de les croiser là où on ne les attendait pas.
Comment résister à la magie, au charme de ce jardin ? Sa beauté, son silence, l'humilité du lieu, son côté inattendu, ainsi que la qualité de la collection étaient autant de raisons qui m'ont poussée à changer de vie.
Paul avait seul choisi toutes les œuvres de la collection. Après que je lui avais montré, au fil des années, le travail de quelques artistes comme Andy Goldsworthy ou Richard Long, c'est en 2008 que commence mon empreinte sur l'histoire de La Petite Escalère. Le printemps qui précéda son décès, Paul vit à la galerie Lelong une installation de Goldsworthy qu'il trouva adaptée au jardin. Paul mourut avant de l'acheter. Il m'apparut alors comme une évidence et comme un clin d'œil de sa part que c'était à moi d'acquérir cette œuvre et de prendre ainsi le relais.
En 2009, je déménageais et rentrais en France. En décidant de m'investir dans le monde de l'art plus de dix ans auparavant, je savais déjà qu'il ne s'agirait pas pour moi de faire de ce jardin un musée, ou une galerie en plein air, mais plutôt un lieu de rencontre et de réflexion autour de l'art et du paysage.

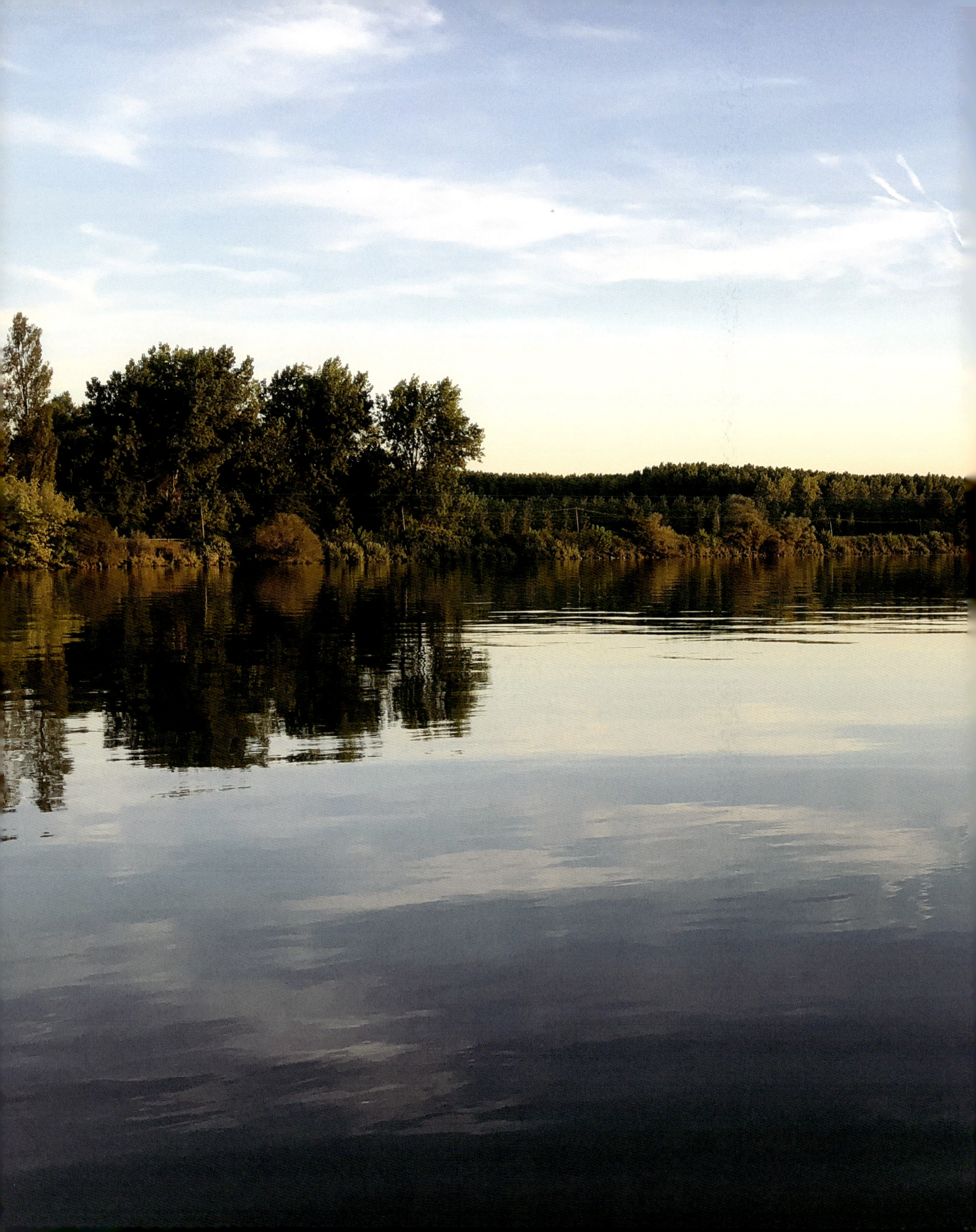

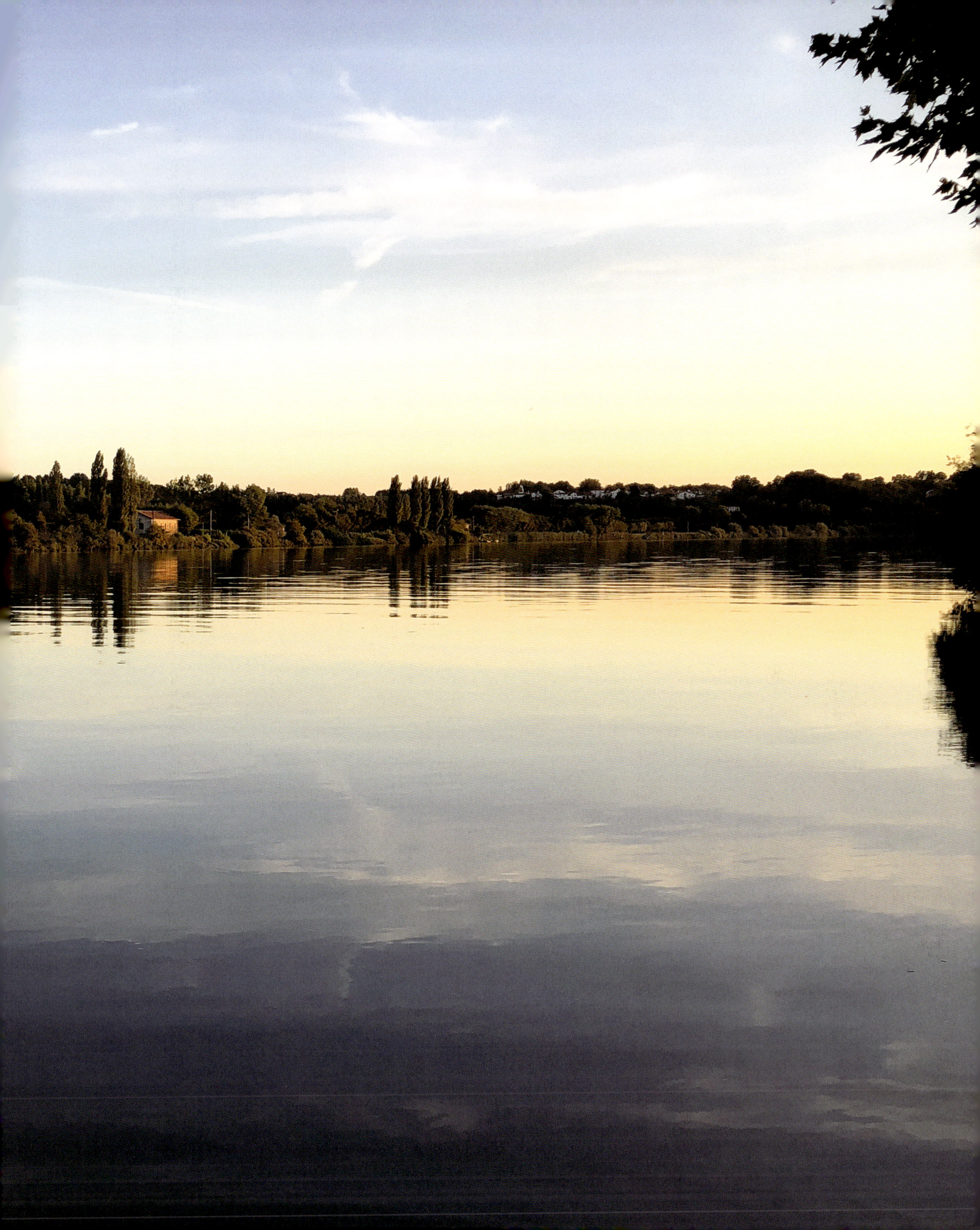

L'ouvrir au grand public aurait impliqué de le mettre « aux normes » en remplaçant les allées en traverses par des allées en béton ou encore en créant un parking ou un centre d'accueil, pour ne citer que ceux-là. Le jardin en aurait perdu tout son charme, son intimité, sa beauté, sa magie.
Mais j'étais déterminée à partager ce lieu unique.
En 2009, lorsque je décidai de rentrer vivre en France, la directrice de ma galerie new-yorkaise, Mathilde Simian, Française de nationalité, accepta de rentrer également. Ensemble, nous décidâmes de proposer des résidences. Nous commençâmes par des plasticiens, puis au fil des années d'autres disciplines s'imposèrent, telles que l'écriture, la danse, la photographie et d'autres encore…
Autour de ces résidences, nous créâmes des médiations avec des écoles et des associations. Je m'étais rendu compte que nombre de sculptures avaient besoin de nettoyage et que la diversité des matériaux que notre collection proposait pouvait intéresser une école de restauration. Nous commençâmes un partenariat avec l'école des beaux-arts de Tours avec laquelle nous organisâmes plusieurs stages. De plus, chaque année, nous décidâmes de proposer à un artiste contemporain la possibilité d'exposer une œuvre pendant la période estivale.
Pratiquement, chaque invitation annuelle se transforma en acquisition. Cristina Iglesias, Jorge Santos, Katinka Bock, Asier Mendizabal et Rachel Labastie sont ainsi entrés dans la collection. Bien qu'il n'était pas dans mon intention d'acquérir d'autres œuvres après le Goldsworthy, c'est souvent le hasard qui me rendit ce geste irrésistible. D'autant qu'immanquablement chacune d'elles s'intégrait immédiatement au paysage comme si elle avait toujours été là. Imaginer leur départ à la fin de la saison en devenait impossible. Sans parler du lien d'amitié, de connivence et de complicité qui se développait avec chacun des artistes que j'avais eu l'honneur d'inviter.

Je ne puis nier que chaque acquisition provoquait chez moi la même excitation que Paul avait dû connaître. J'en étais tellement touchée. Et je retrouvais chez Gilbert ce même enthousiasme qui l'animait lors de chaque installation qu'il faisait avec Paul. Surtout lorsque les artistes venaient travailler directement dans le jardin. Cela me remplissait de bonheur.
En 2014, une nouvelle collaboratrice, une libraire, Corinne Crabos, vint se joindre à notre équipe. Ensemble nous développâmes de nombreux partenariats avec des scolaires : chaque année plus d'un millier d'enfants et d'étudiants sont venus puiser leur inspiration à La Petite Escalère. Des expériences de plusieurs mois furent inventées pour accueillir des publics fragilisés venus de centres médico-éducatifs, d'EHPAD, d'hôpitaux de jour. Plutôt que de simples sorties, nous demandions des projets pédagogiques adossés au jardin et à la collection.
Très vite, de bouche à oreille, le bruit courut qu'un jardin formidable ouvrait de temps à autre ses portes. Nous entreprîmes alors d'organiser plusieurs fois par an des week-ends « portes ouvertes » avec des rencontres, des journées thématiques en invitant écrivains, poètes, musiciens, danseurs, historiens de l'art et conservateurs de musées, scientifiques… Ces journées attirèrent chaque année davantage de visiteurs.
Nous étions arrivées à faire de ce jardin improbable un lieu unique, offrant à chaque visiteur, les jours d'ouverture, l'opportunité de se promener dans l'intimité d'un univers complétement privé. Chacun d'eux se trouvait alors en situation de privilège. Un instant de grâce dans un lieu magique, accessible à lui seul. Tout était permis : courir, chanter, toucher, crier, rêver… Pas de regard ni de jugement de qui que ce soit.

Katinka Bock, *Tomorrow's Sculpture*, 2014.
Cristina Iglesias, *Sans titre (Chambre végétale XI)*, 2004.
Pages suivantes. Dan Graham, *Pavilion for Pisces*, 2017.

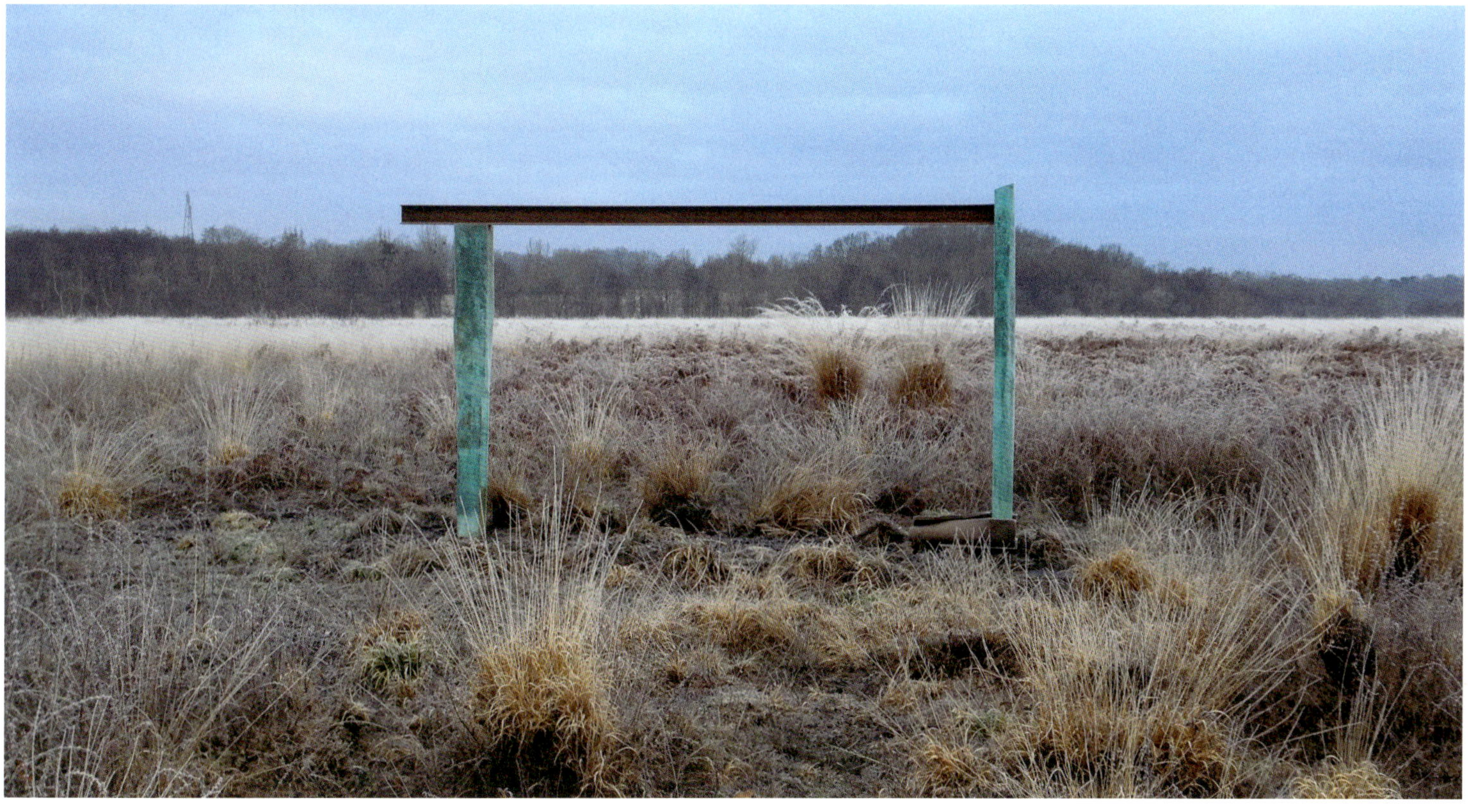

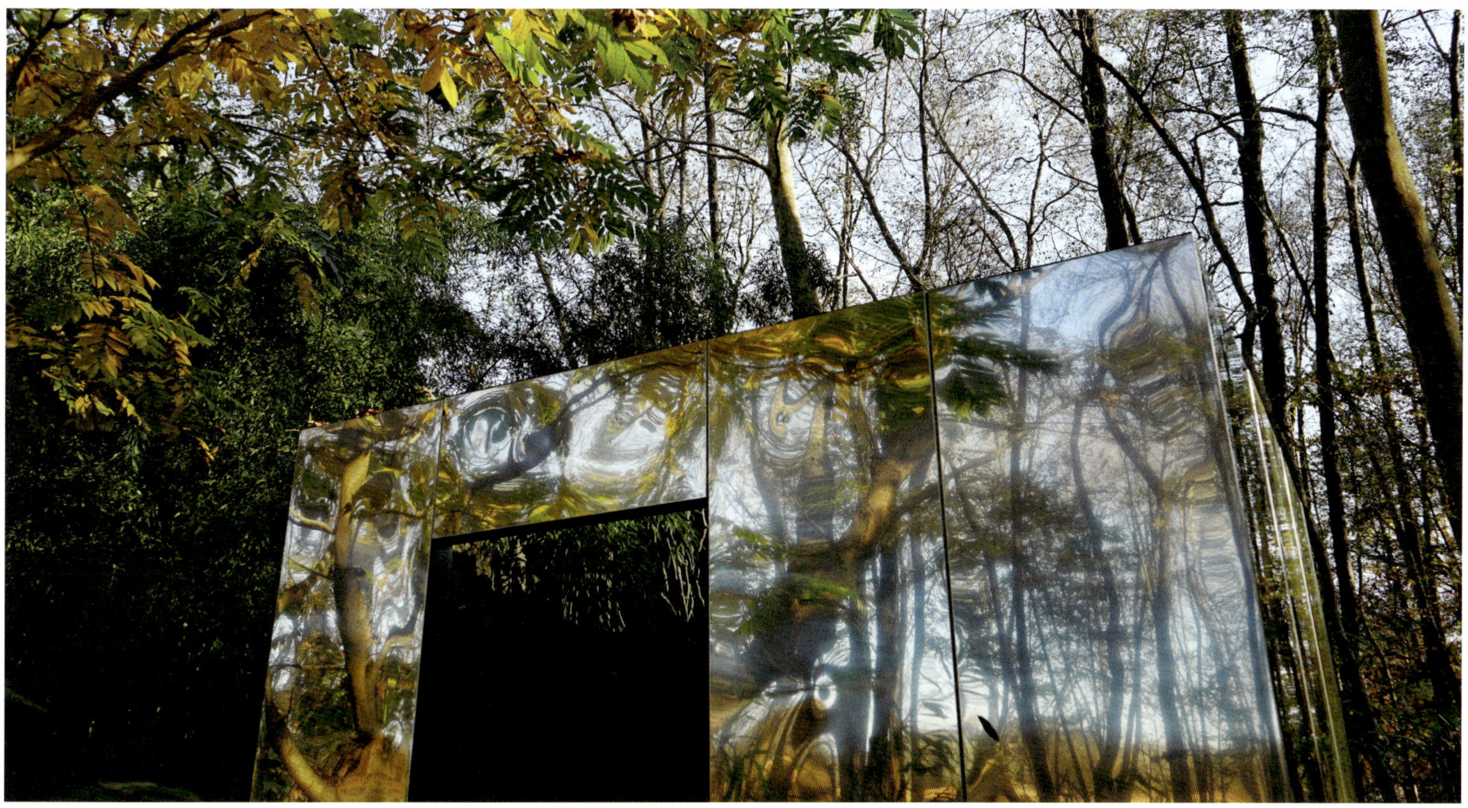

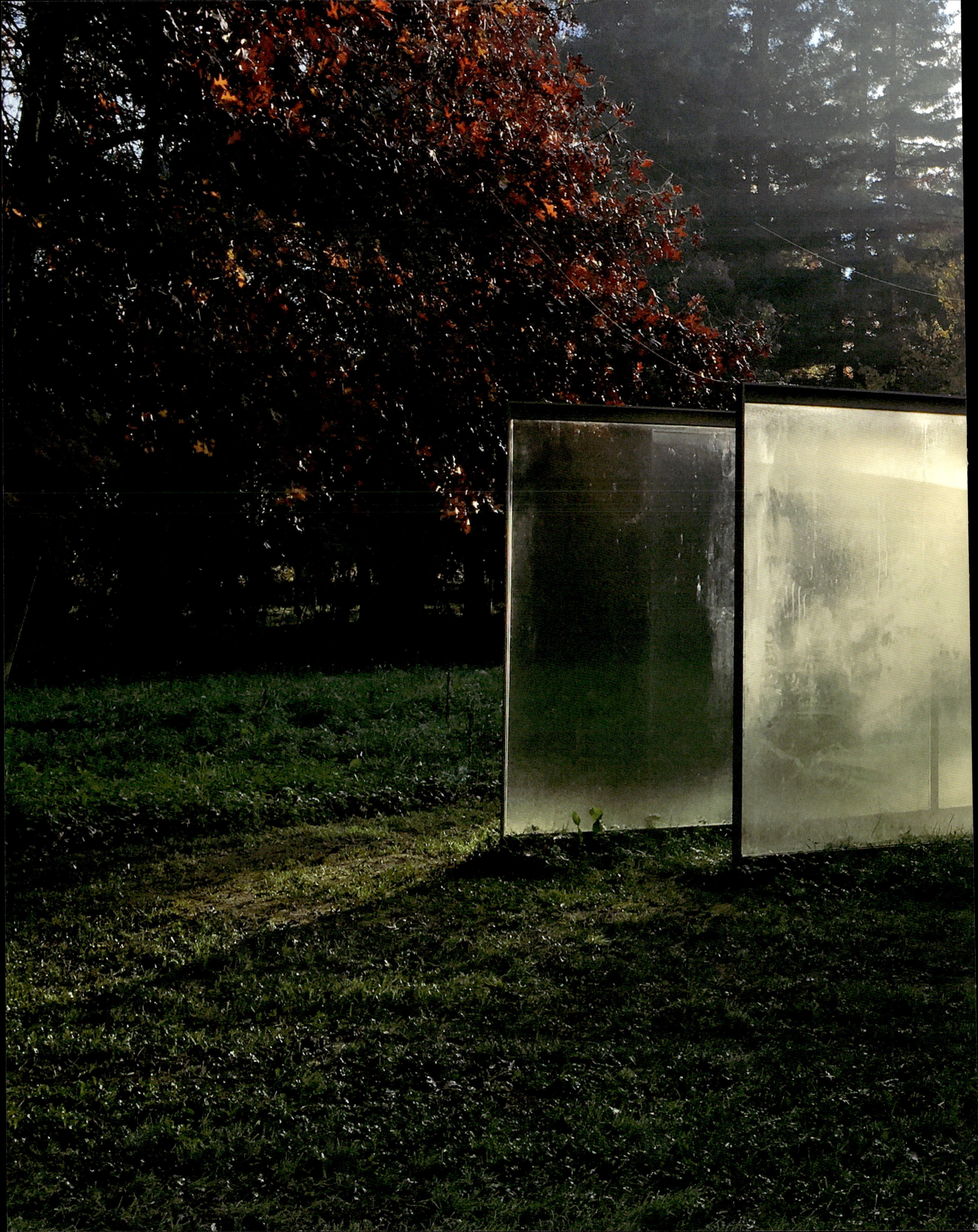

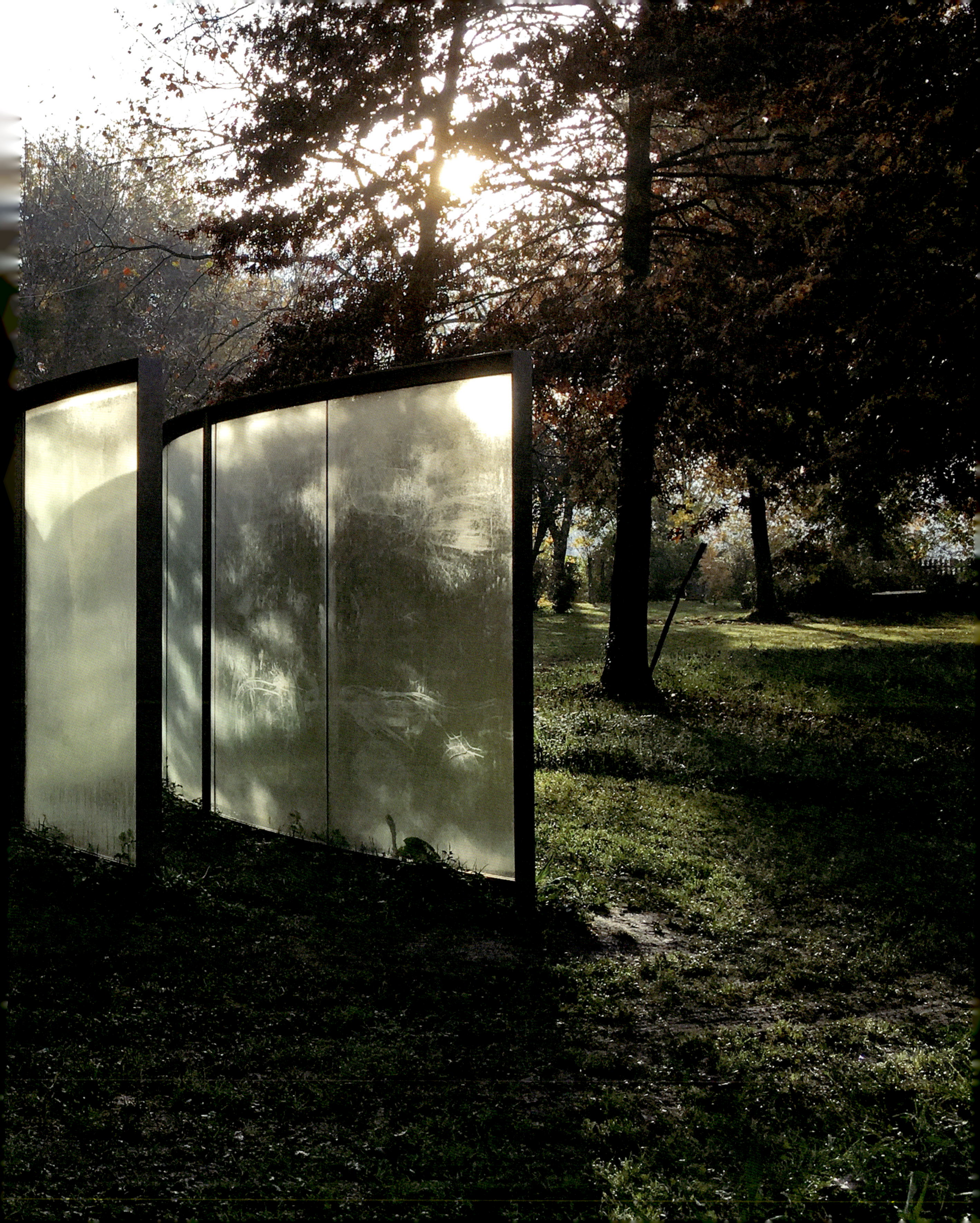

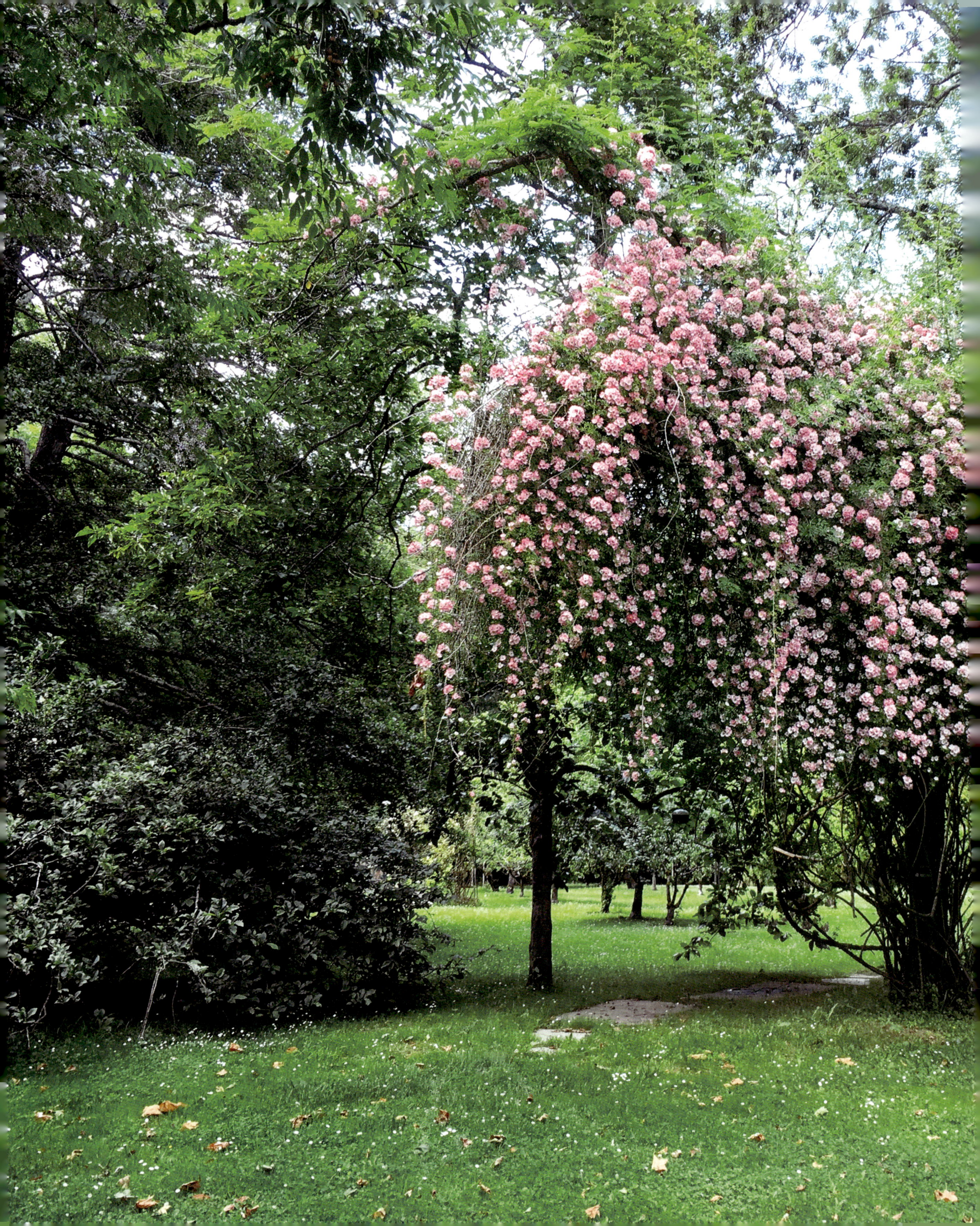

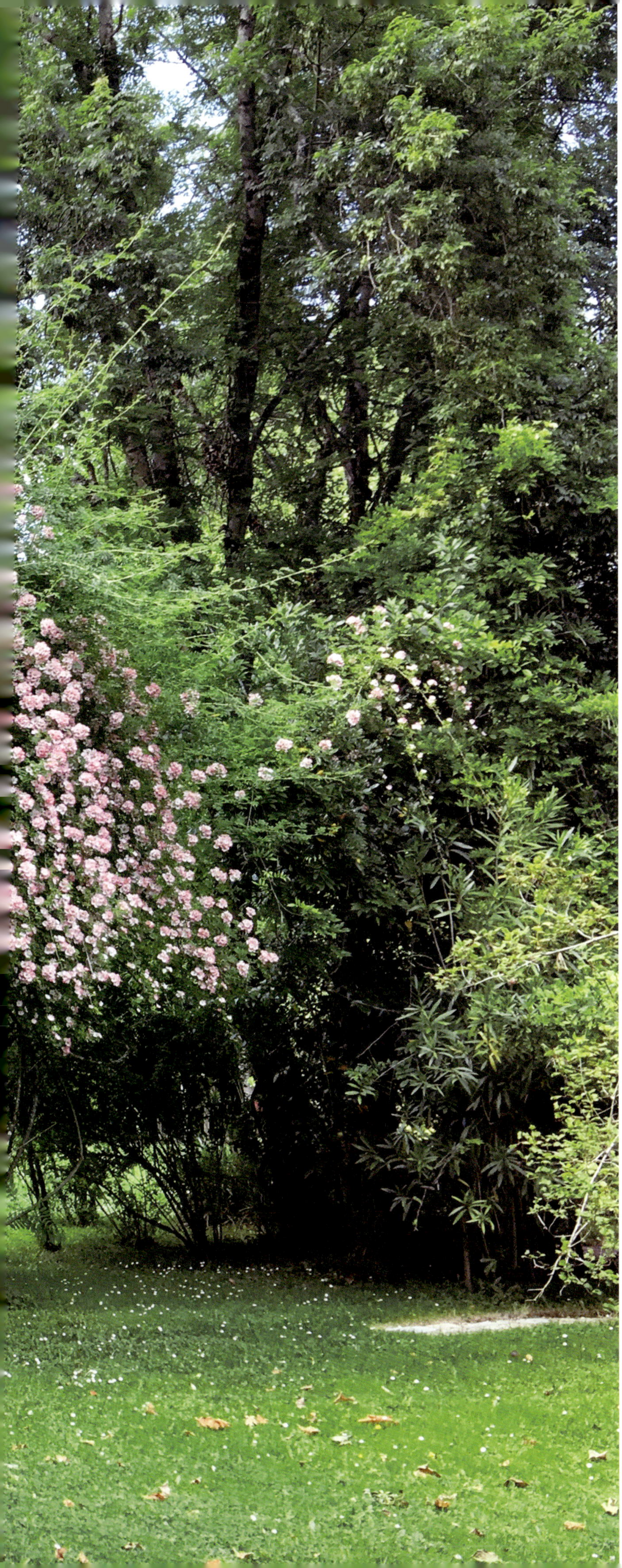

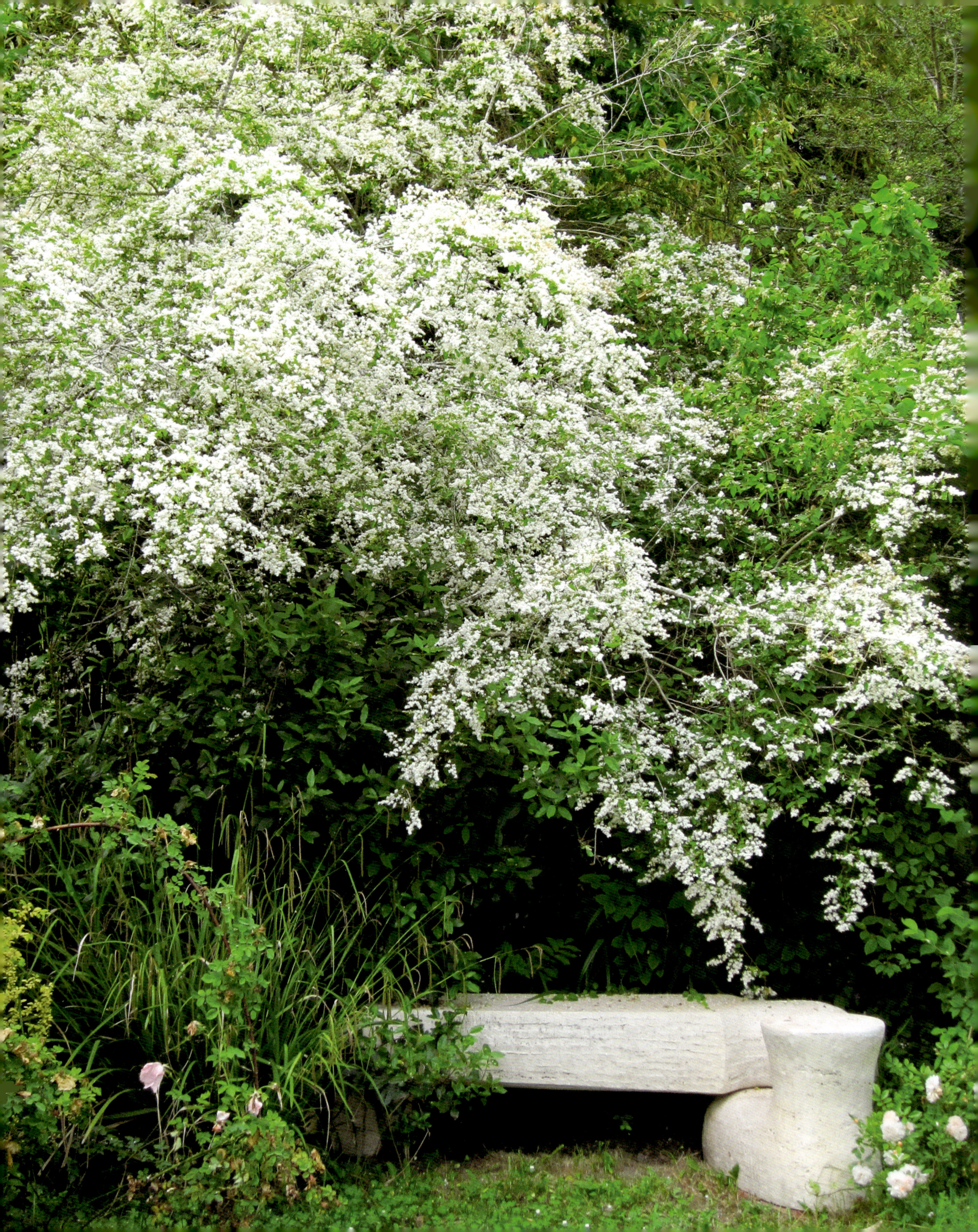

Isamu Noguchi, *Banc*, 1966.

« La Petite Escalère a été le fruit du hasard. Une extraordinaire et belle aventure qui aura duré un demi-siècle. »

Deux jardiniers, Pierre-François Hypolite et Jérôme Cazenave vinrent se joindre à Gilbert afin d'assurer une maintenance devenue chaque année plus exigeante.
Ce jardin a été créé et s'est agrandi dans les barthes, les basses terres de l'Adour, des zones humides longtemps drainées par un réseau de canaux, aujourd'hui insuffisants pour contenir la montée des eaux.
Depuis 2013, le jardin est victime d'inondations chaque année plus importantes, toujours plus dévastatrices, fragilisant les œuvres, détruisant les plantations, déracinant de nombreux arbres. Mais surtout nous obligeant chaque fois à annuler les événements prévus, les rendez-vous scolaires ou les visites programmées de longue date.
Il fallait me rendre à l'évidence : je ne pouvais plus maintenir ce trésor.
J'ai pendant plusieurs années pensé à déménager cette collection. Recommencer ailleurs. Mais à quelle fin ? Cela n'aurait aucun sens car c'était ce lieu et ce que Paul, Jeannette et Gilbert avaient créé qui la rendaient unique. Si ces œuvres ne pouvaient continuer à rayonner dans ce jardin, alors il était temps de donner à chacune d'elles la possibilité de vivre une nouvelle histoire ailleurs. Chez d'autres collectionneurs, dans d'autres jardins.
Je ne pourrais dire combien ce jardin a comblé chacun d'entre nous. En le créant, Paul, Jeannette et Gilbert étaient loin d'imaginer ce qu'il deviendrait un jour. De la même manière, lorsque je pris la relève, je ne pouvais soupçonner tout ce que je serais amenée à vivre grâce à lui.
Pour nombre d'entre nous, le bonheur fut de nous laisser porter par les merveilleuses rencontres que ce jardin nous a offertes. Et pour moi de me laisser guider par la formidable imagination de mes collaboratrices pour qui ma gratitude est sans limite. Et bien sûr par l'éternel dévouement de Gilbert qui, sans relâche, jour après jour, a donné toute son énergie à ce paradis.
La Petite Escalère a été le fruit du hasard. Une extraordinaire et belle aventure qui aura duré un demi-siècle.

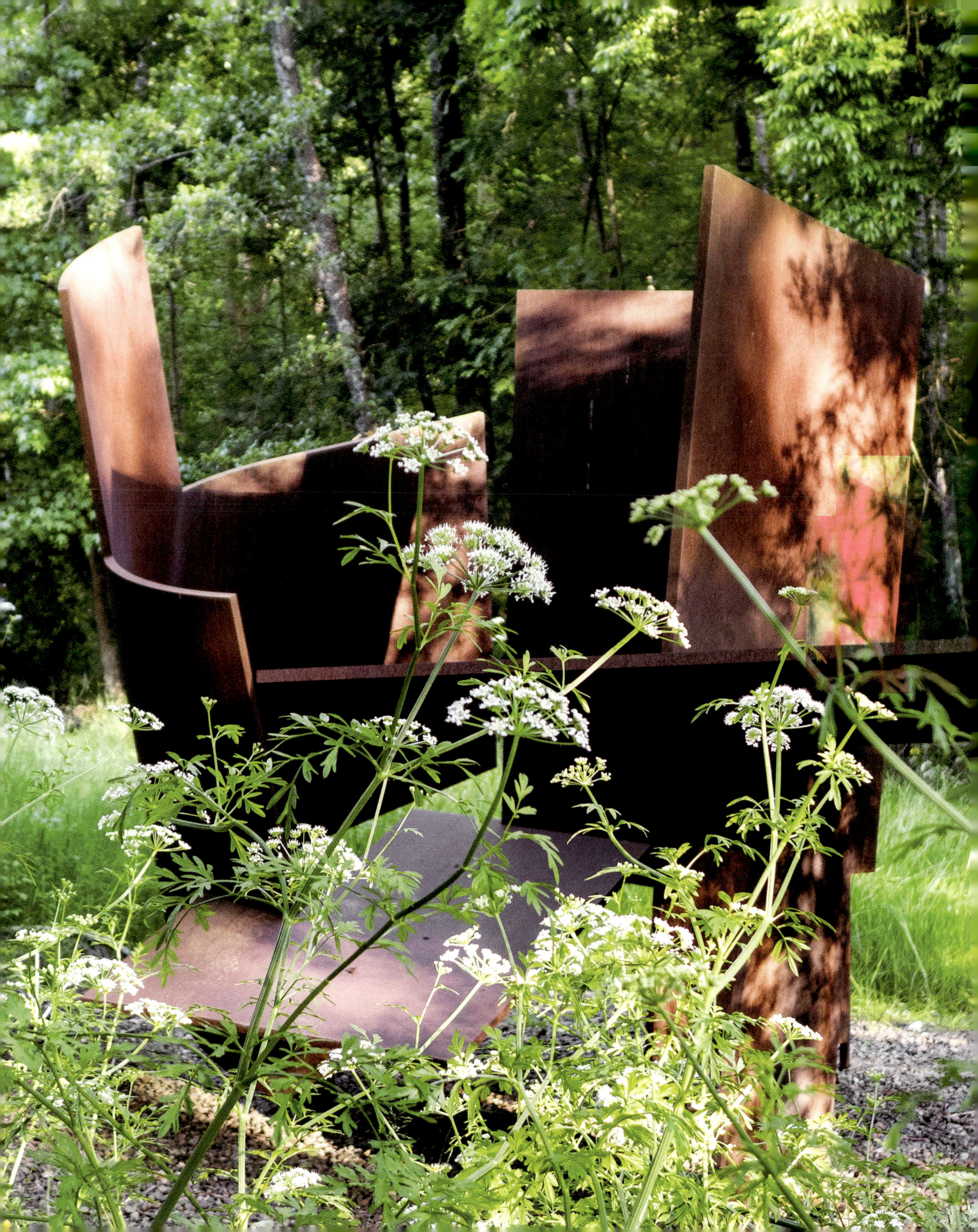

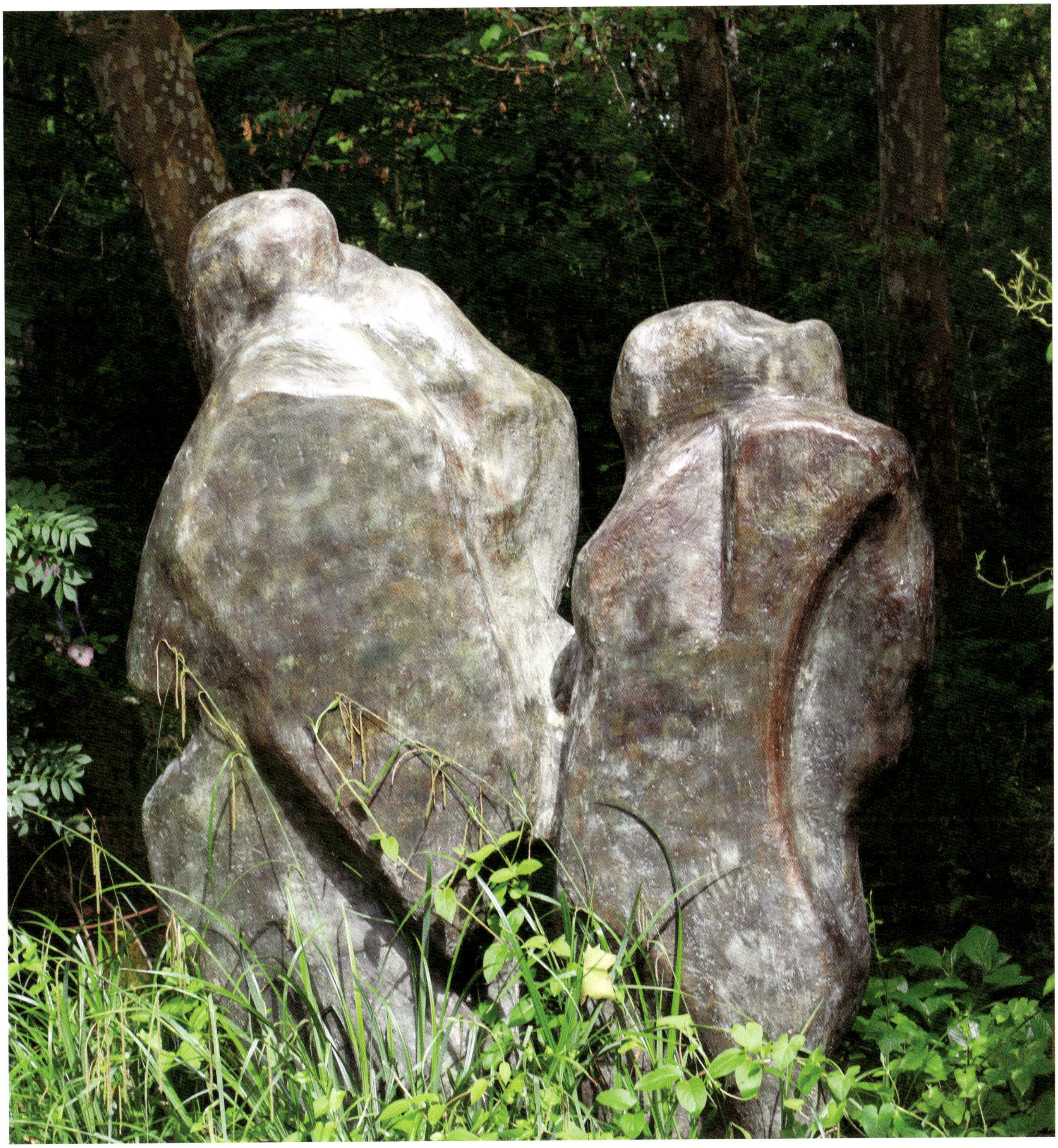

Zigor, *Le Maître et l'élève*, 1998.
Page de gauche. Jorge Oteiza, *Construcción abierta A*, 1958-1959.

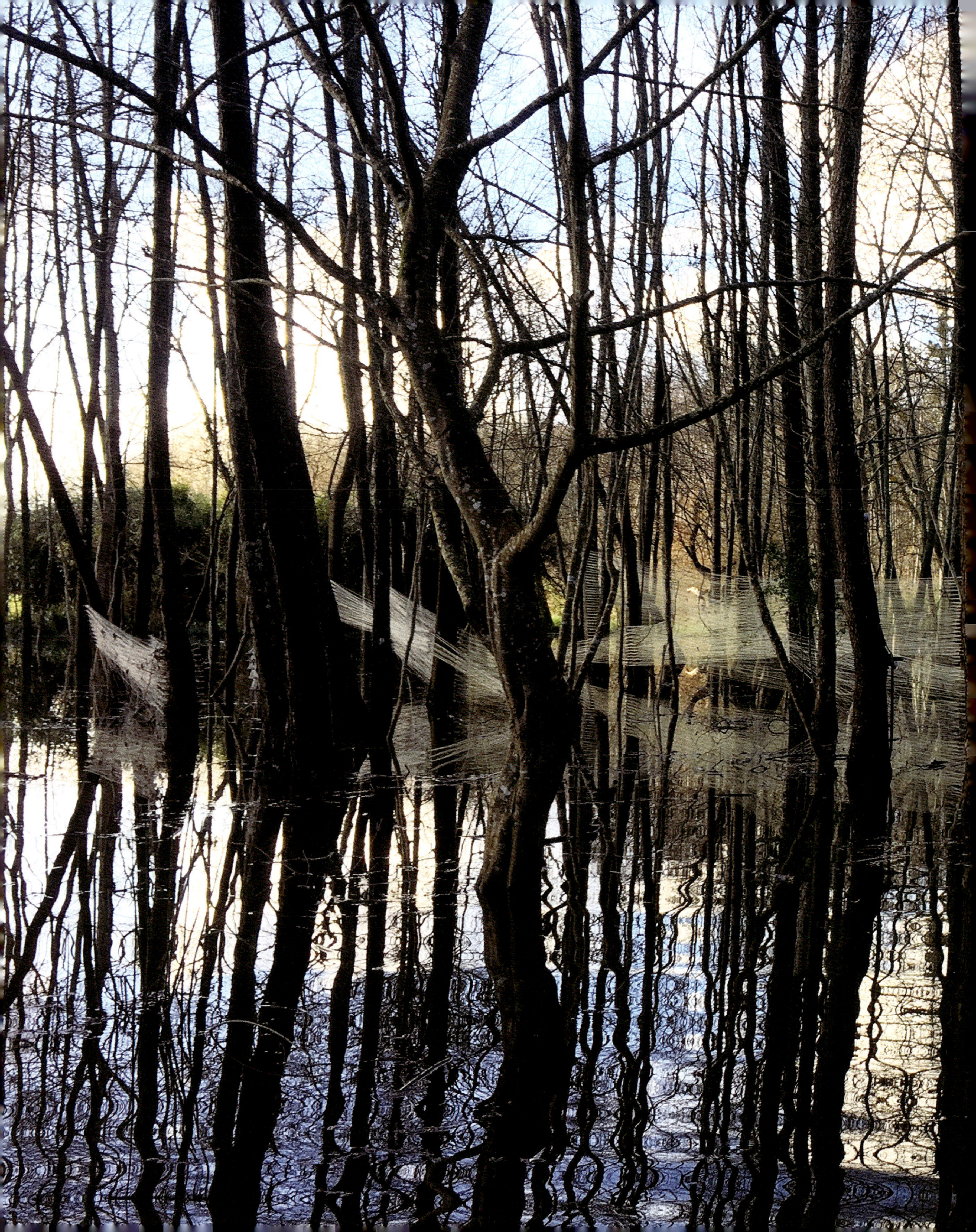

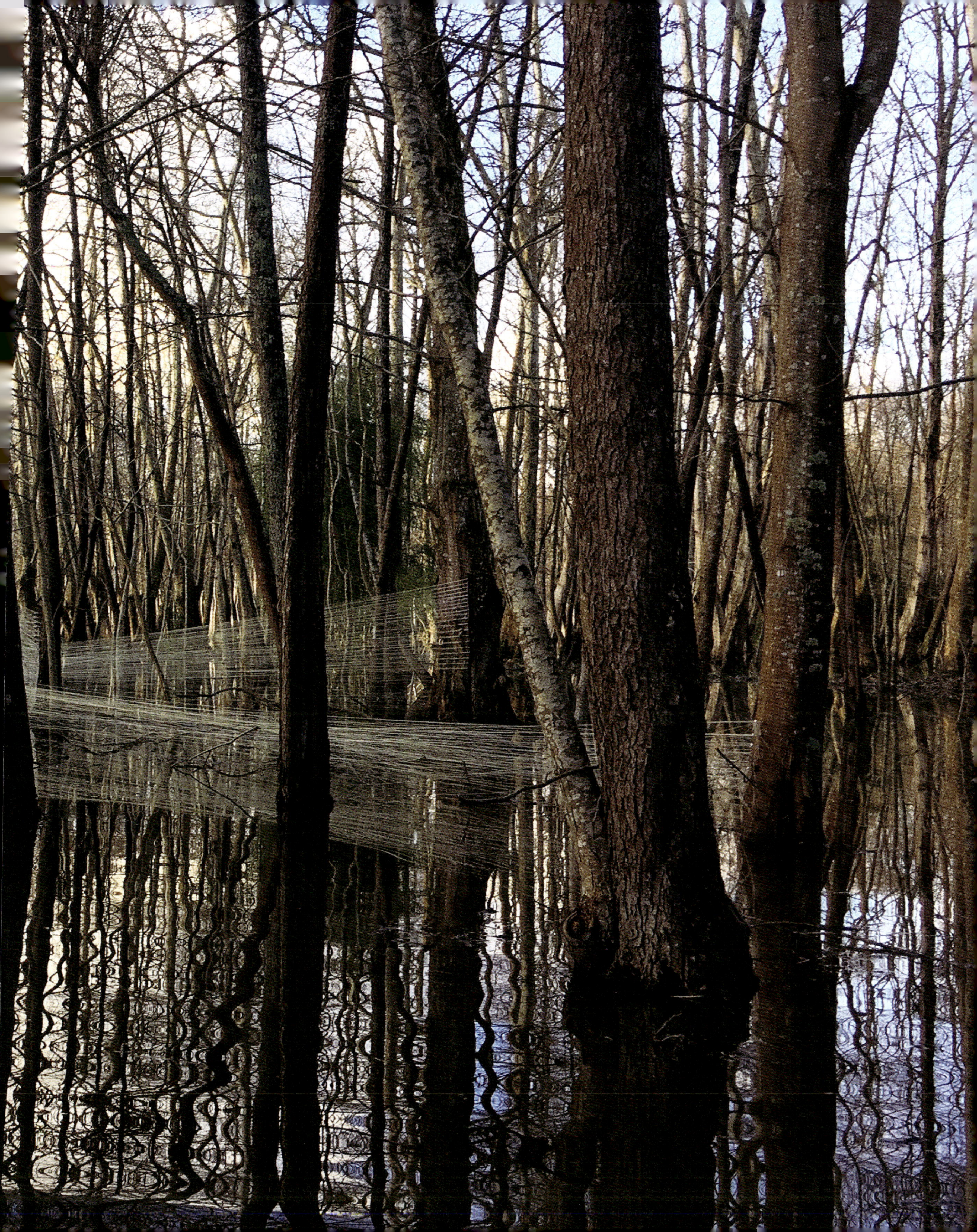

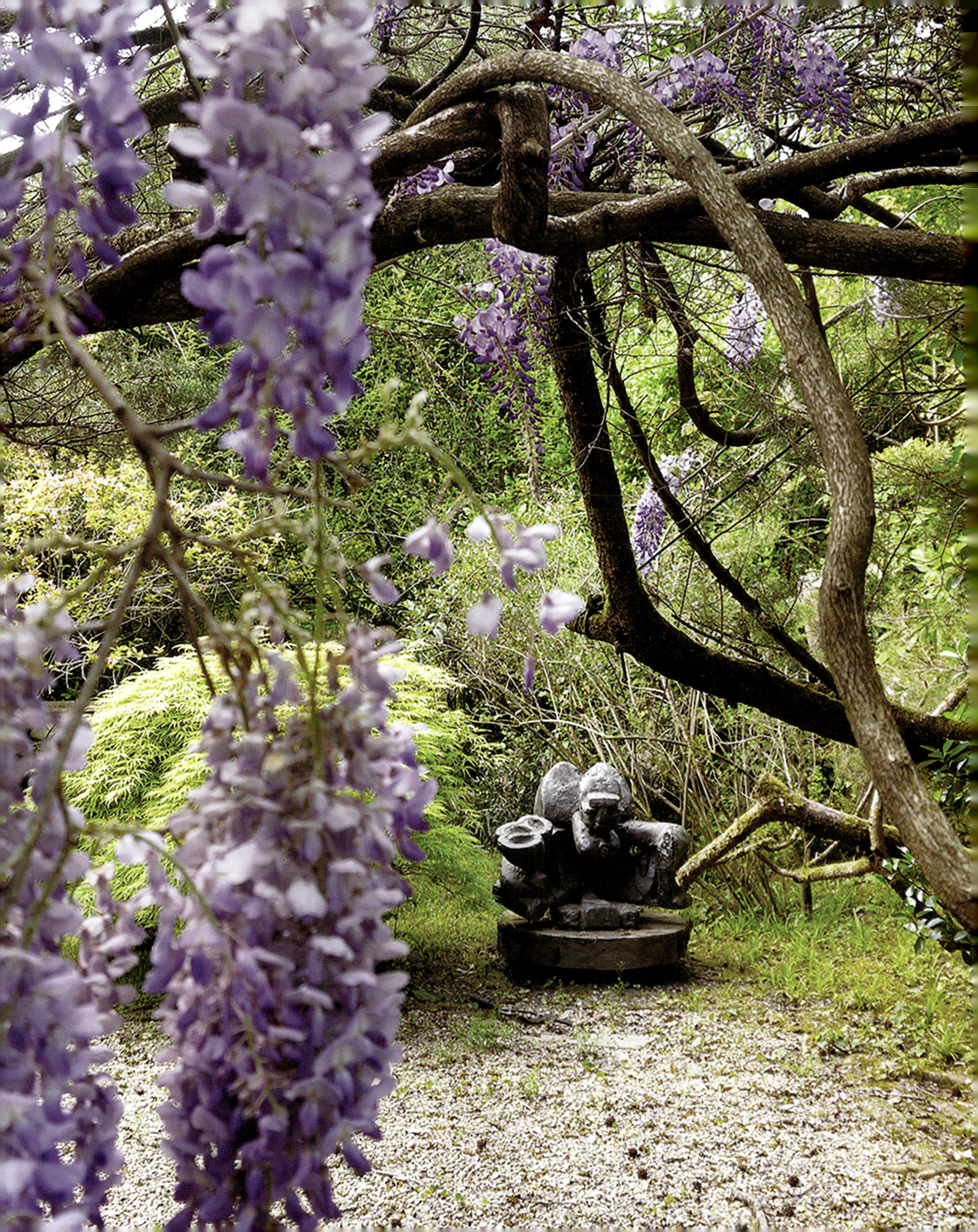

SECRET GARDEN

DOMINIQUE HAIM

Page de gauche. Étienne-Martin, *Nuit ouvrante*, 1948.
Pages précédentes. Edith Derdyk, *Fantasmagories*, 2018.

The story began in 1969. For years, my father Paul Haim, an art dealer, and Jeannette Leroy, at the time a fashion photographer, had made regular visits to their dear friend the countess Rose-Marie Tchaïkovska, who had a lovely little manor house near Biarritz. Rose-Marie kept telling them that the French Riviera was no longer fashionable, and that the Basque Country was now the place to be. Without telling them, she started to look for a house for Paul and Jeannette.

By the following summer, Rose-Marie had found a small farm on the banks of the river Adour, 15 kilometers east of Bayonne. No longer in cultivation, the farmhouse was surrounded by an acre and a half of tall grass. It was exactly what Jeannette had been dreaming of!

Soon after they bought the property, Paul decided to add a swimming pool: but the land not being fenced off, he inadvertently built part of the pool on the neighbor's estate. Fortunately, this neighbor, a retired farmer, was very accommodating, and seized the opportunity to sell my father and stepmother all the property he owned. In the blink of an eye, Paul and Jeannette found themselves the proud owners of some 35 acres.

By the early 70s, Paul had closed his gallery in Paris and had begun to organize major exhibitions all around the world, though mostly in Japan. One of the most memorable consisted of having 150 sculptures by Rodin, Maillol, and Bourdelle travel to museums in seven cities, with each museum being obliged to buy at least one sculpture by each artist. When Paul returned to Paris having sold many more than the minimum requested, the heirs to each estate thanked him by offering him the chance to acquire additional works at a price he couldn't refuse.

After all, there was plenty of room in the garden. Paul thus began to install his new acquisitions on their land. By then Jeannette had given up her career as a photographer to pursue her earlier passions of painting and drawing. With her keen sense of aesthetics, she found it absurd that the works should stand "naked" on pedestals in the middle of a field. On the contrary: she wanted the art to be discovered, as if it were part of nature itself.

But to achieve this, of course, the garden needed planting. A lot of planting. The modest "maintenance-free" garden soon needed a gardener.

They hired Gilbert Carty in January 1977. Having been sent to work in the fields at the age of 11, Gilbert had never learned to read or write. Jeannette and Paul knew he had an innate knowledge of nature, as well as an extraordinary talent for working with roses. But they hardly realized they had found the man who would transform their land into a magical garden. Gilbert became one of the main architects of La Petite Escalère, and is still there to this day, having dedicated his entire life to it.

Over the years, and at Jeannette's suggestion, Paul began to reduce his activities as an art dealer to concentrate on writing. Realizing that writing alone would not keep my father busy enough, Gilbert saw that Paul needed "projects"—such decisions as where the artwork would go, how high the pedestal should be, how the path would wind its way to the sculpture, which trees would be planted, etc., these all became the topics of lively discussions. Each new acquisition would give my father immense pleasure. And Gilbert knew better than anyone how to spark my father's enthusiasm.

Year after year, Gilbert would forge new paths on plots of land that had until then remained unexplored. He would dig trenches to bring water for fountains that my father had commissioned from artists. Over the years, the garden would develop new trails to which Gilbert would bring electricity, turning our nightly visits into new adventures.

By early 2005, the collection had over 50 artworks. From Calder to Niki de Saint Phalle, from Fernand Léger to Chillida, from Noguchi to Mark Di Suvero, this sculpture garden was like no other. To each sculpture was also attached a personal story, since Paul had known most of the artists well. Zao Wou-Ki, Matta, Otto Fried, and Likitchi Takikawa, for example, were all close friends who offered to create works for the garden.

For instance: one day Matta, who was spending the weekend at La Petite Escalère, asked why there weren't any of his own sculptures in the garden. Paul replied that it was because he hadn't created many pieces for the outdoors, and in any case nothing sufficiently monumental. The next morning at breakfast Matta twirled and tore two pieces of paper with his hands, thus designing *Eramen*, which he decided would measure 15 feet in height and whose canopy would whirl in the wind. Cárdenas and Étienne-Martin were artists whose work Paul had exhibited in his Paris gallery in the early 60s. Joan Miró had cast an extra artist's proof to thank Paul for having organized a major exhibition in Canada. My father had also managed to convince Zigor, who until then had only sculpted with wood, to work in bronze. These are just a few examples of the artists who were part of Paul's life.

I had been living in New York since 1980 and was married to an American. Over the years we would return to the south-west of France, first just me and my husband, then with one, two, and finally three children. Each time we went, it was as if we were discovering anew this magical garden. From one year to the next there would be new sculptures, or the vegetation would have doubled in size, making me wonder if Paul had moved some of my favorite works to another location.

In 1995 Paul had his first serious health problems. Being an only child, I realized that if I did not get involved with the property, no one would. Paul had never actually asked me if I would one day take responsibility for the garden; but I could not accept that such an amazing place would no longer have a purpose, and so in order to learn more about the art world, and to prepare for the day my father would no longer be there, I opened a gallery in New York.

Over time, I started visiting other sculpture gardens. Ours was like no other, primarily because the works were not what one first noticed. There were no pedestals in the center of a manicured lawn: it was first and foremost a garden. Only upon rounding the bend of a stone path, walking behind a bed of roses or into a bamboo forest, would one discover a Rodin or a Maillol. One would first notice the beauty of a breathtaking wisteria, before happening upon the Calder "stabile-mobile". One could be guided through a forest by the sound of a Niki de Saint Phalle fountain, or just sit in front of a pond and enjoy the reflection of a Chillida mural. And what other sculpture garden would allow a tree to grow inside Matta's *Eramen*, becoming part of the work of art?

Despite the quality of a collection that featured works by artists such as Chillida, Miró, Fernand Léger, Noguchi, Mark Di Suvero, Cárdenas, and Zao Wou-ki, the garden had managed to maintain an amazing and beautiful simplicity.

Antoine Bourdelle, *La Danse*, 1912.
Pages suivantes. Isamu Noguchi, *Banc*, 1966.

Paul had never involved me in the choices he made for his collection. Yet I had begun to introduce him to artists that I thought would be a great match for the garden. One of them was Andy Goldsworthy.

In the spring of 2006 Paul had gone to see one of Andy's exhibitions in Paris. He saw an installation he liked and agreed with his lifelong friend Daniel Lelong to acquire the work. But Paul died before he could purchase it. At that point it seemed perfectly clear that I had to continue his work, and that I had been passed the baton. So, in 2008 I started with my first acquisition.

By the time I moved back to France in 2009 I knew through my own experience in the art world that I did not want to create a museum or an open-air gallery. I preferred to create a place that would encourage a dialogue between art and nature, and between art and landscape. Had I wanted to open the garden to the public at large, I would have had to make so many changes that it would have destroyed the harmony and privacy of the place.

What I wanted was to find a way to share this treasure and yet keep its intimacy, its charm, its magic.

In New York back in 2003 I had hired a wonderful director for my art gallery: Mathilde Simian, who happened to be French. I had mentioned to her that one day I would most likely move back to France to take care of a garden. She agreed to move with me, and together we started to think about how we could "share" the garden. We started by offering residency programs—first to artists, but over time to writers, photographers, choreographers and more...

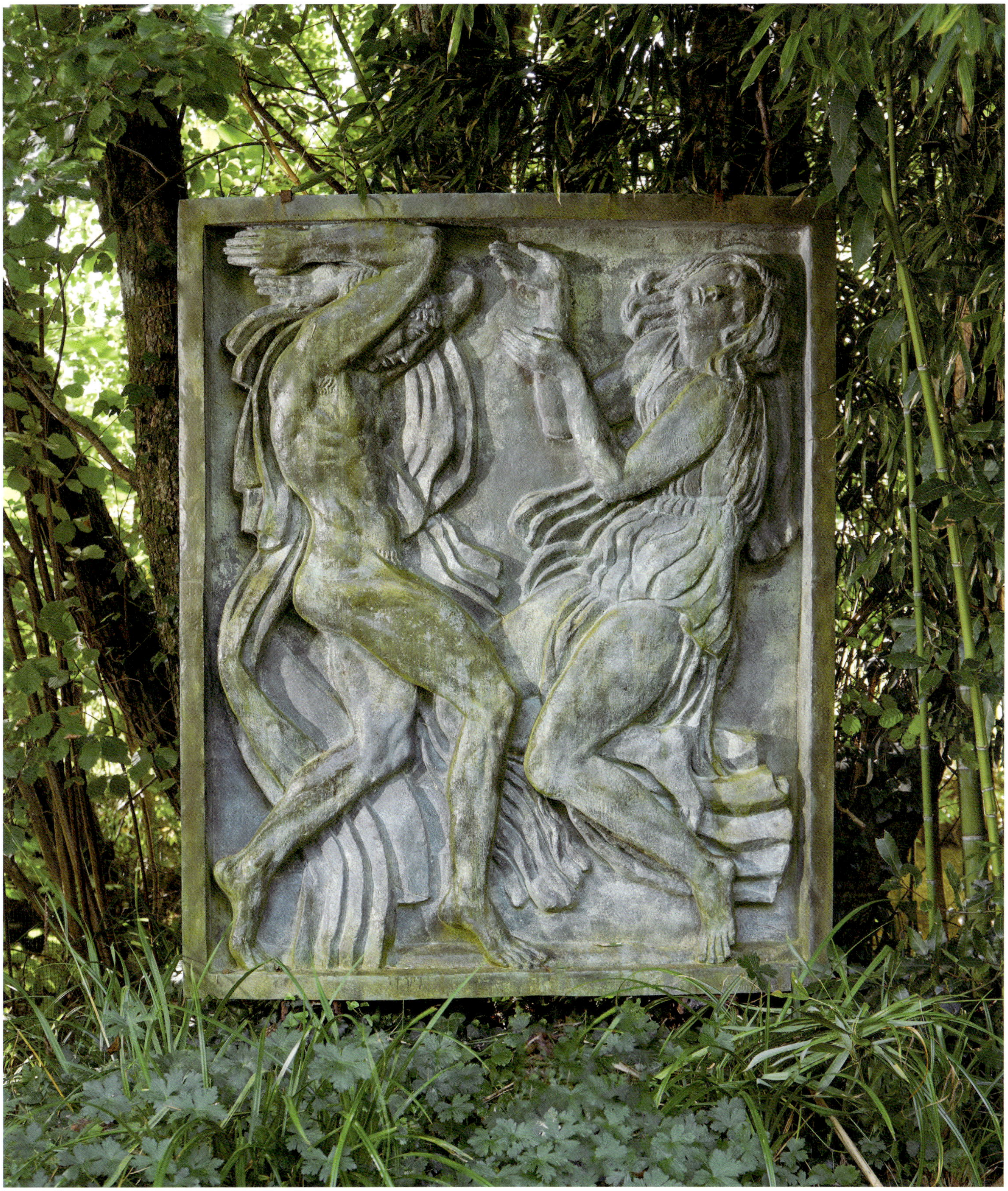

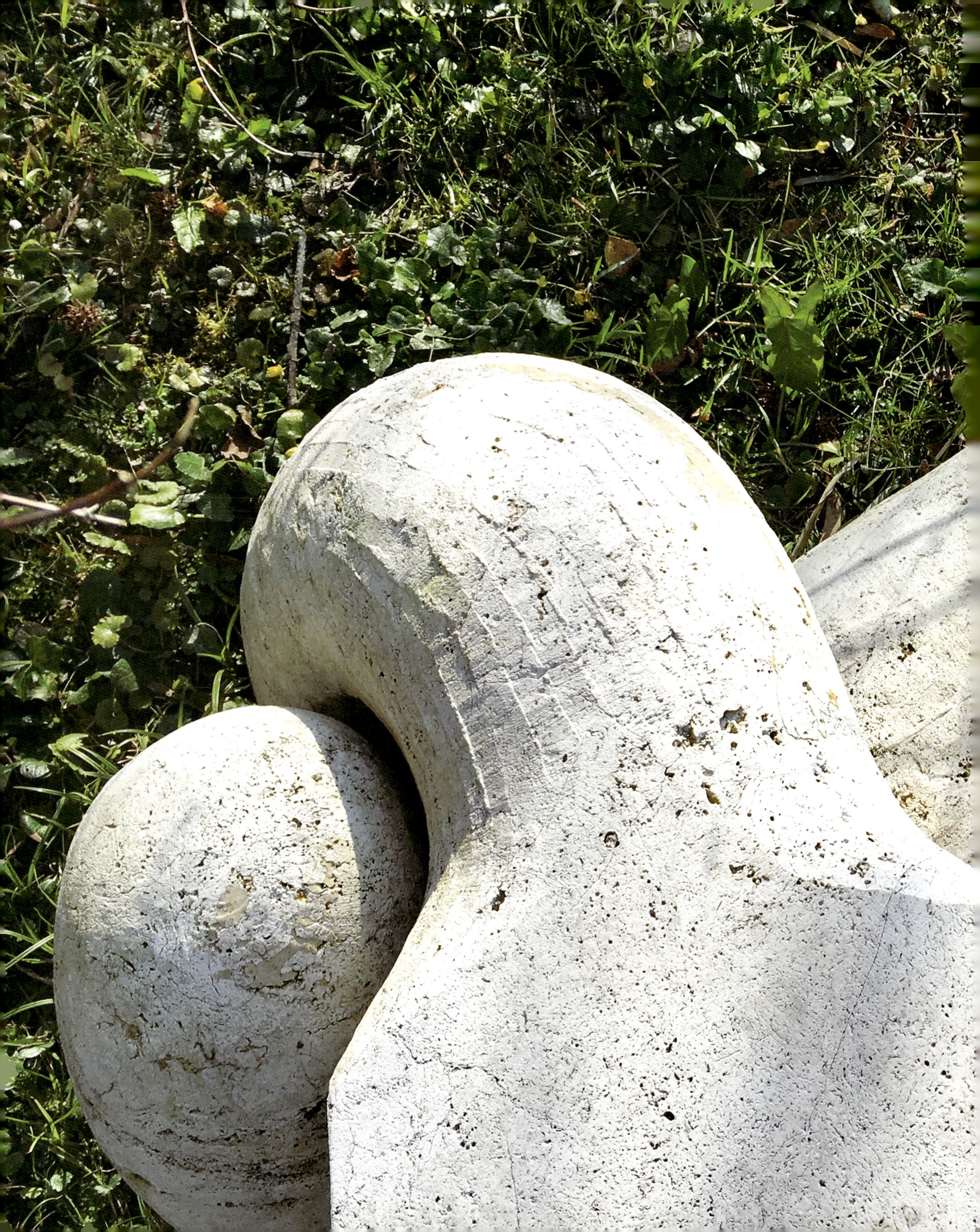

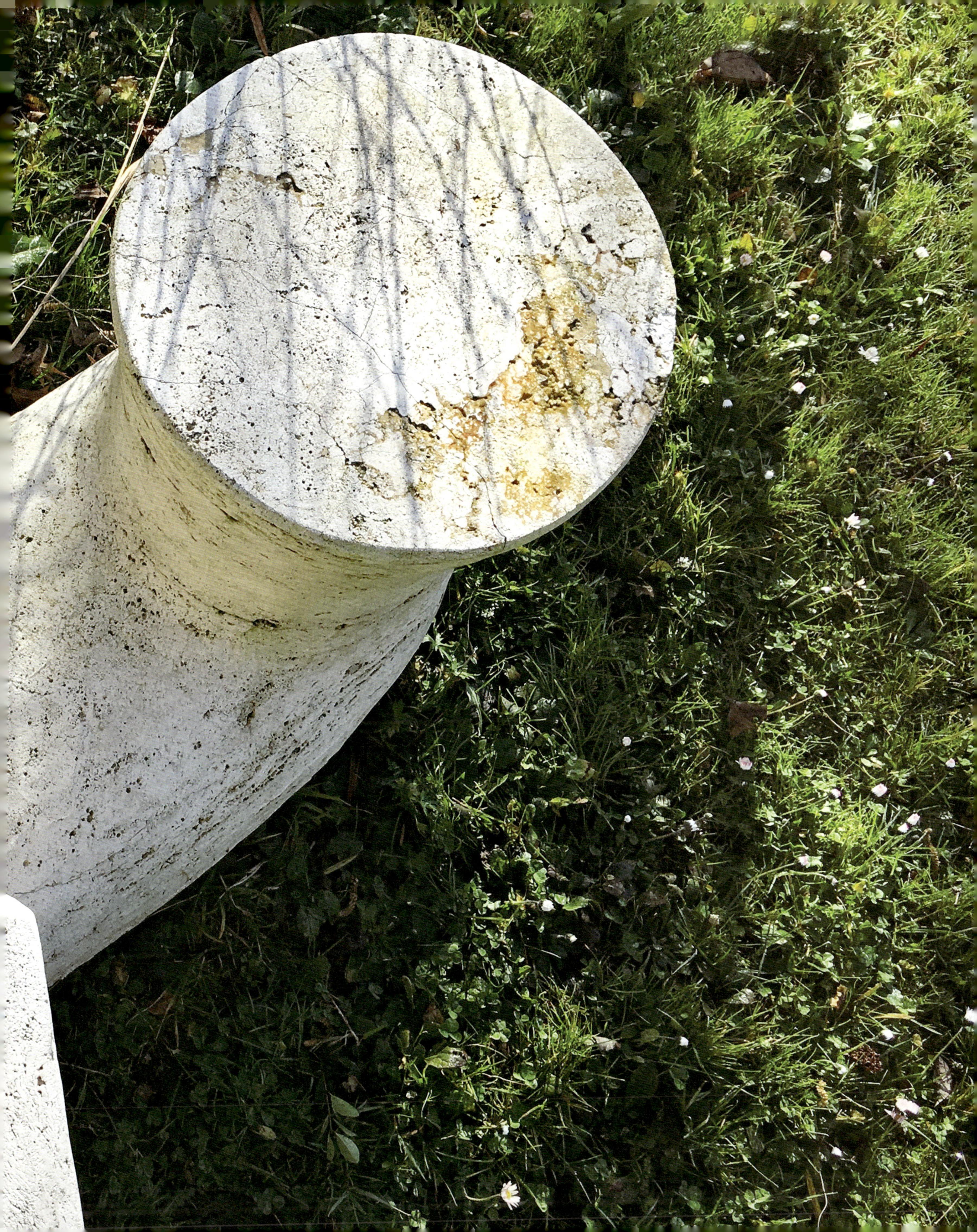

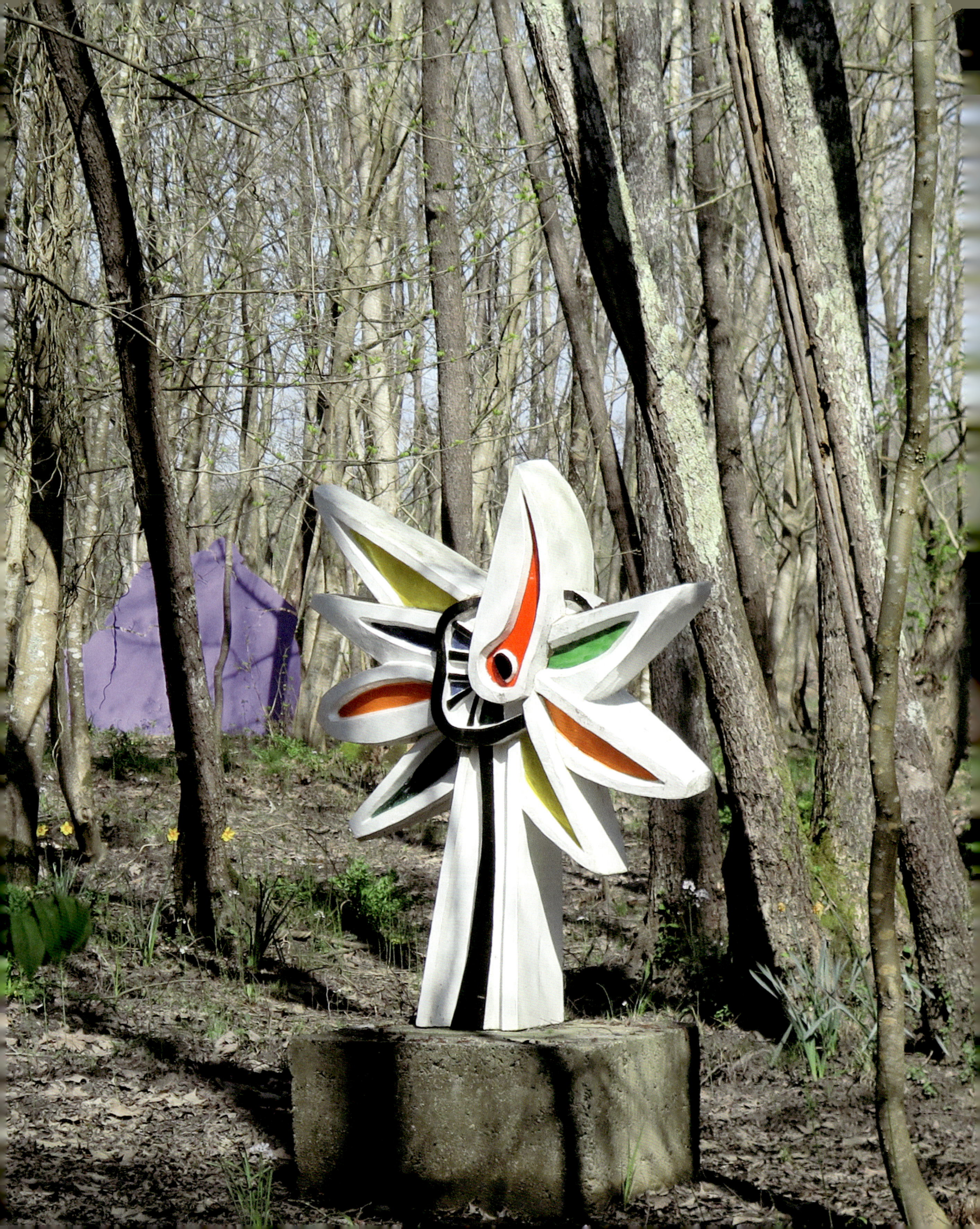

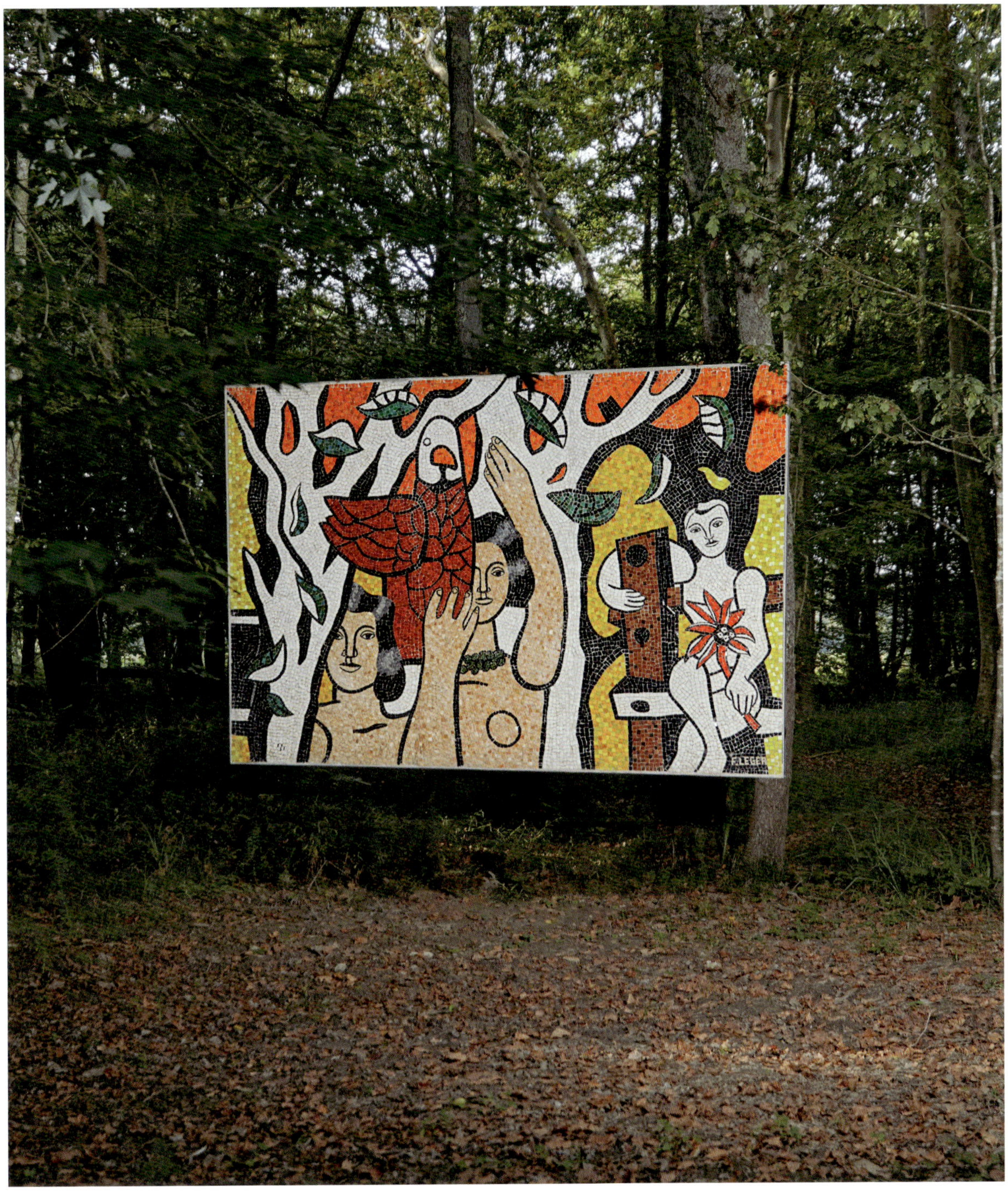

Fernand Léger, *Femmes au perroquet*, d'après une œuvre originale de 1952.
Page de gauche. Fernand Léger, *Le Tournesol*, 1952.

We then created educational programs for schools. It was important to us not just to have one-day outings but year-long projects for the students to work on. We also decided to invite a contemporary artist each year to either consign or create a work to be exhibited during the summer months. Although my intention was never necessarily to acquire the work, chance, once again, made it impossible not to. Often, the minute a sculpture was installed it seemed like it had been there forever, making it impossible to let it leave at the end of the period of consignment, not to mention the friendship and connection we had developed with the artists. That is how new works by Cristina Iglesias, Jorge Santos, Katinka Bock, Asier Mendizabal, Dan Graham, and Rachel Labastie became part of the collection.

I cannot deny that with each acquisition I felt the incredible excitement which Paul too must have known. This touched me deeply. Gilbert likewise was at his happiest each time a new work entered the property.

Corinne Crabos joined the team in 2014. Over the years we have developed a wonderful network of partnerships, enabling an amazing series of conferences and events. We have invited writers, poets, musicians, museum directors, and scientists such as ornithologists, beekeepers, and arachnologists. We have opened the garden to nursing homes, hospitals, and non-profit organizations that work with autism, the blind, or students with learning difficulties. We have developed countless programs, giving many different communities the opportunity to experience art and nature in a unique manner. This was achieved foremost by giving each group the chance to explore and discover on its own. Visitors would find themselves in a private garden that had opened its gates just for them, bestowing upon them a unique sense of privilege.

All this required more and more maintenance. Over the past 10 years, two other gardeners, Pierre-François Hypolite and Jérôme Cazenave, had come to join forces with Gilbert, so making all these events possible.

The garden was created on land called Les Barthes, the floodplain of the Adour. During previous centuries these marshes had been drained by canals, but today these canals are no longer extensive enough to accommodate the change in the climate and the building of an ever-increasing number of roads. For the past six years we have experienced a major flood almost annually, with the river each time overflowing and leaving ever more devastation in its wake. Each time this occurs, it endangers the works of art, destroys the newly planted flowerbeds and trees, and forces us to cancel events and school visits we had taken great pains to organize.

It has finally come to the point that I must accept I can no longer maintain this treasure.

"La Petite Escalère was the fruit of an extraordinary and beautiful adventure that has endured for half a century"

For months I thought of moving the collection. To start over somewhere else. But what would be the point? The magic lay in what Jeannette, Paul, and Gilbert had created in this garden. Moving it elsewhere would make no sense. How could we recreate something that chance had brought together? The magic was in the fact that nothing had been planned. It had just happened!

If the works of art have to leave, they should start new lives with new collectors in different gardens.

I cannot begin to say how much La Petite Escalère has given to so many of us.

For me that happiness is rooted in the wonderful experiences that this garden has allowed me to have. Not to mention my utmost gratitude to Mathilde Simian and Corinne Crabos, without whom none of what we managed to offer, season after season, would have been possible. And, of course, I record my eternal devotion to Gilbert who, day in and day out, has given all his energy to creating and sustaining this paradise.

In the same way that Paul, Jeannette, and Gilbert never imagined that what they had created was going to become so unique, when I took it over I had no idea how much this garden would allow me to do.

This garden, La Petite Escalère, was the fruit of an extraordinary and beautiful adventure that has endured for half a century; and I will be eternally grateful for it.

Alexander Calder, *Gouvernails rouges, n° 9*, 1967.
Pages suivantes. Jorge Santos, *Arc-en-ciel*, 2013.

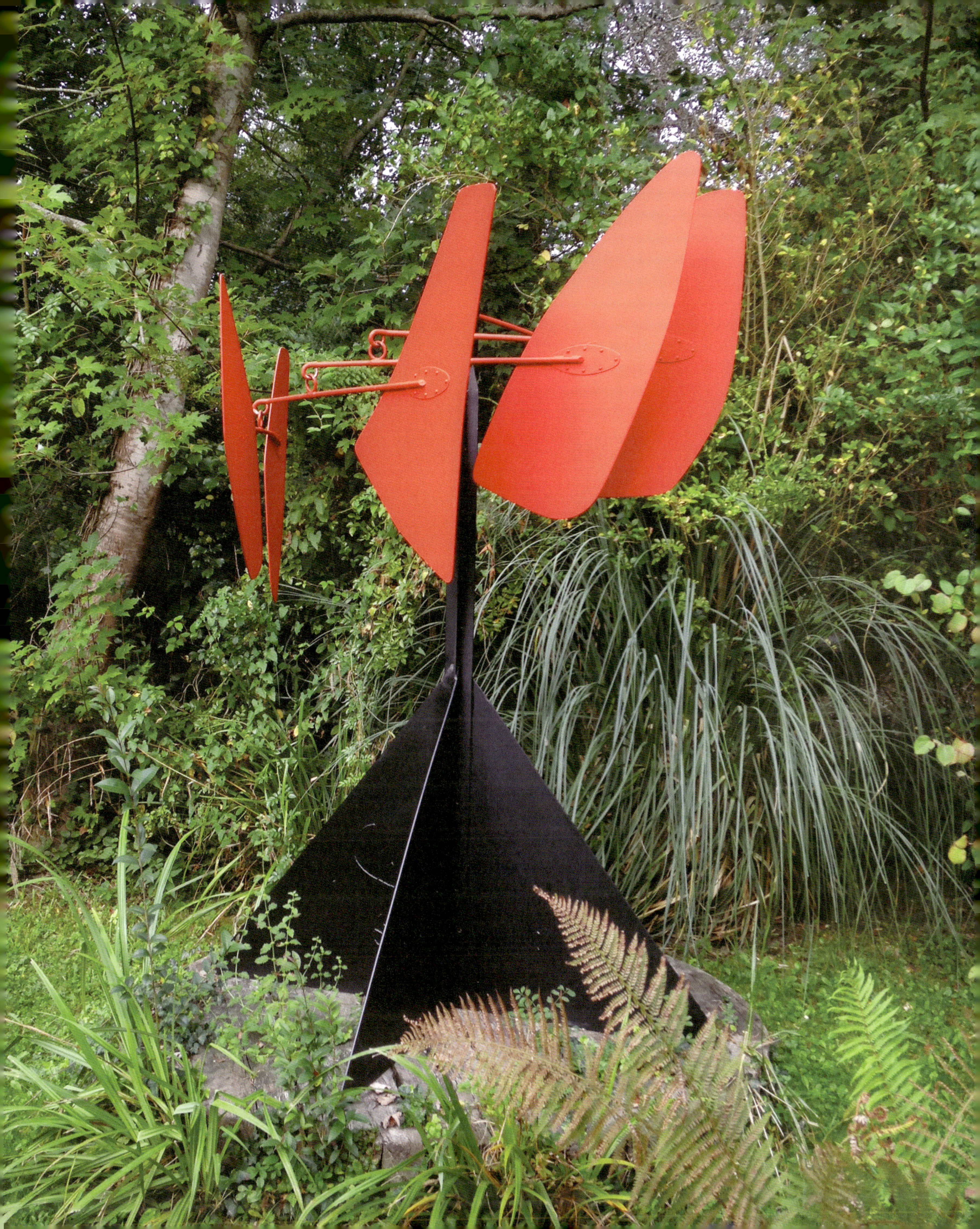

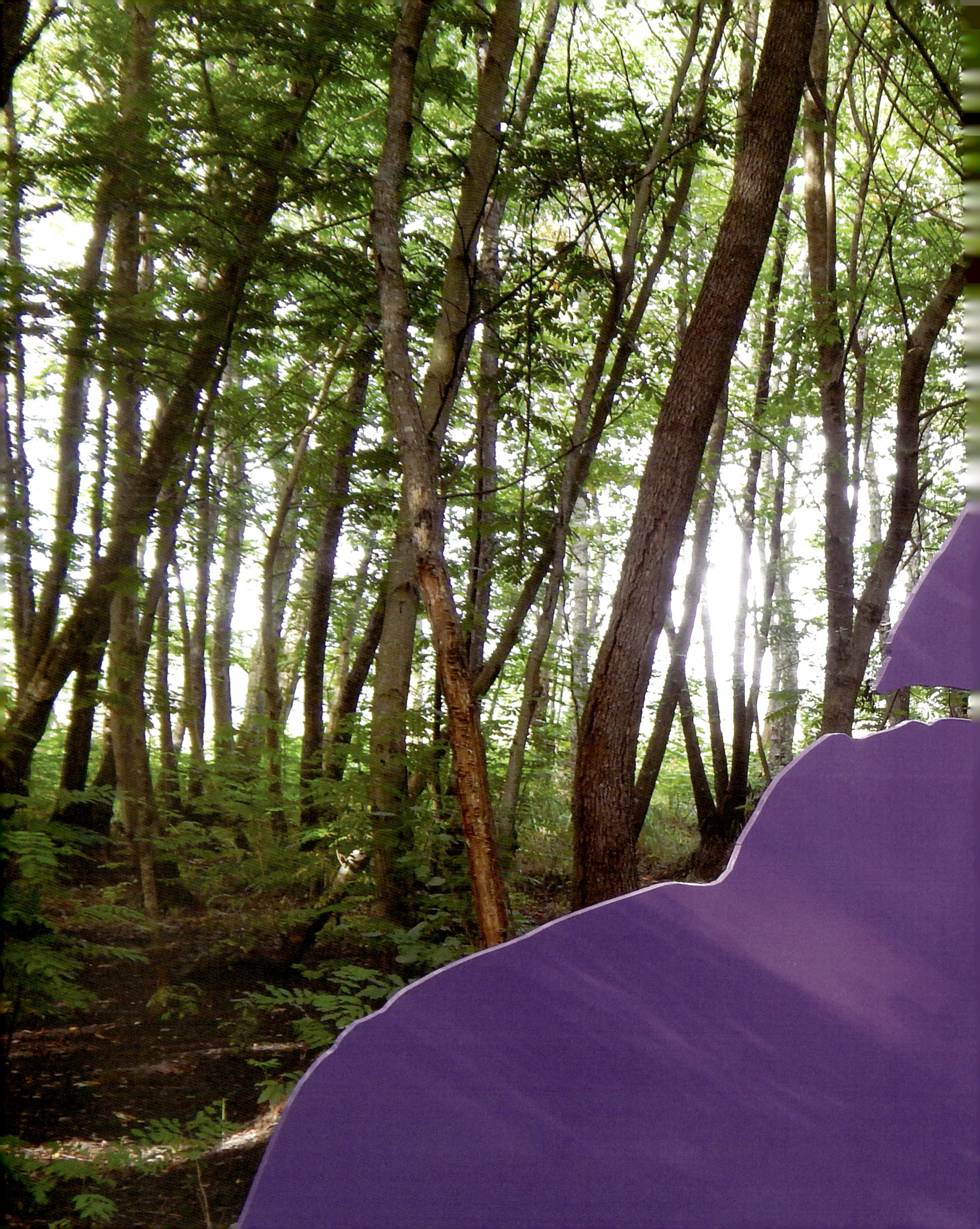

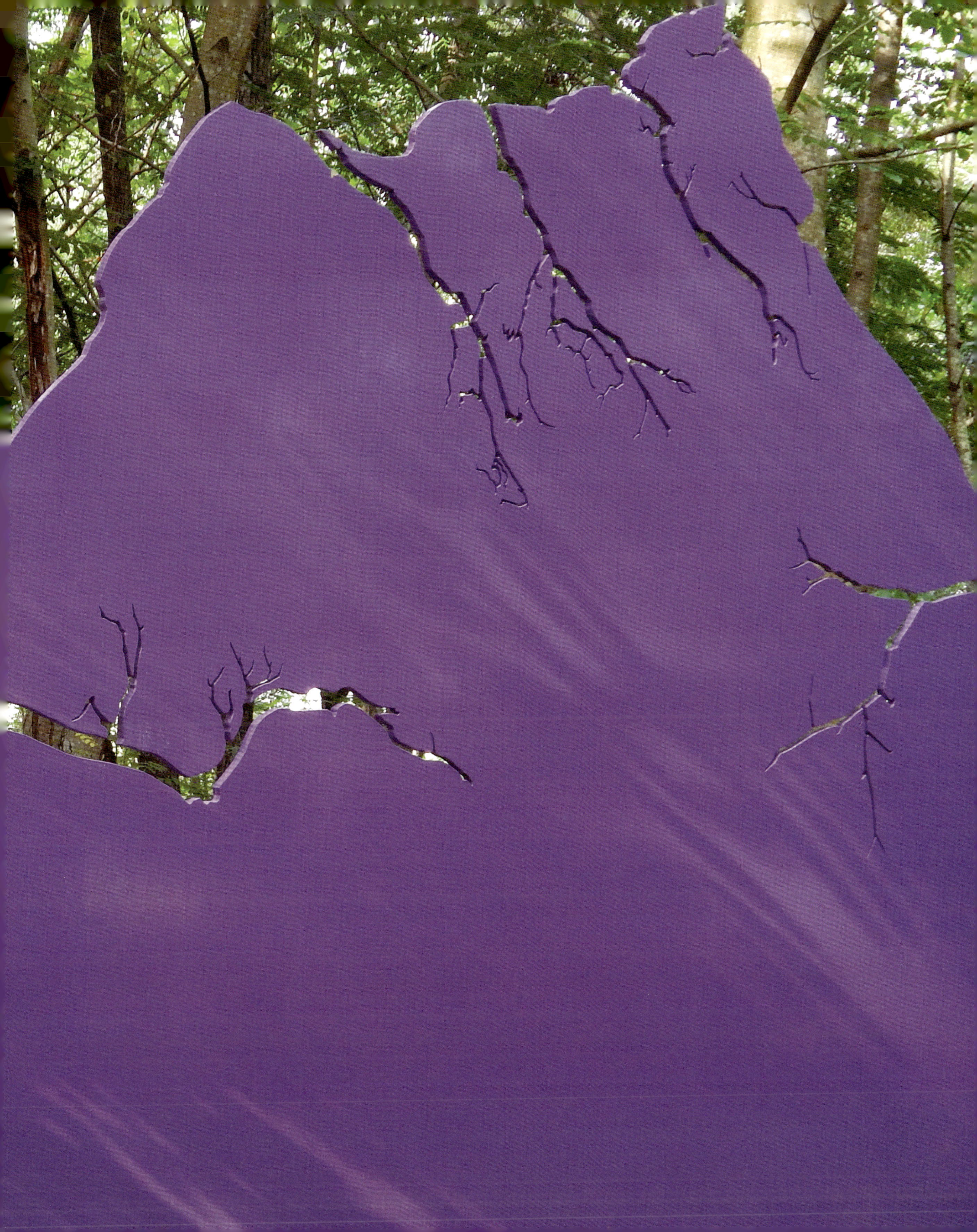

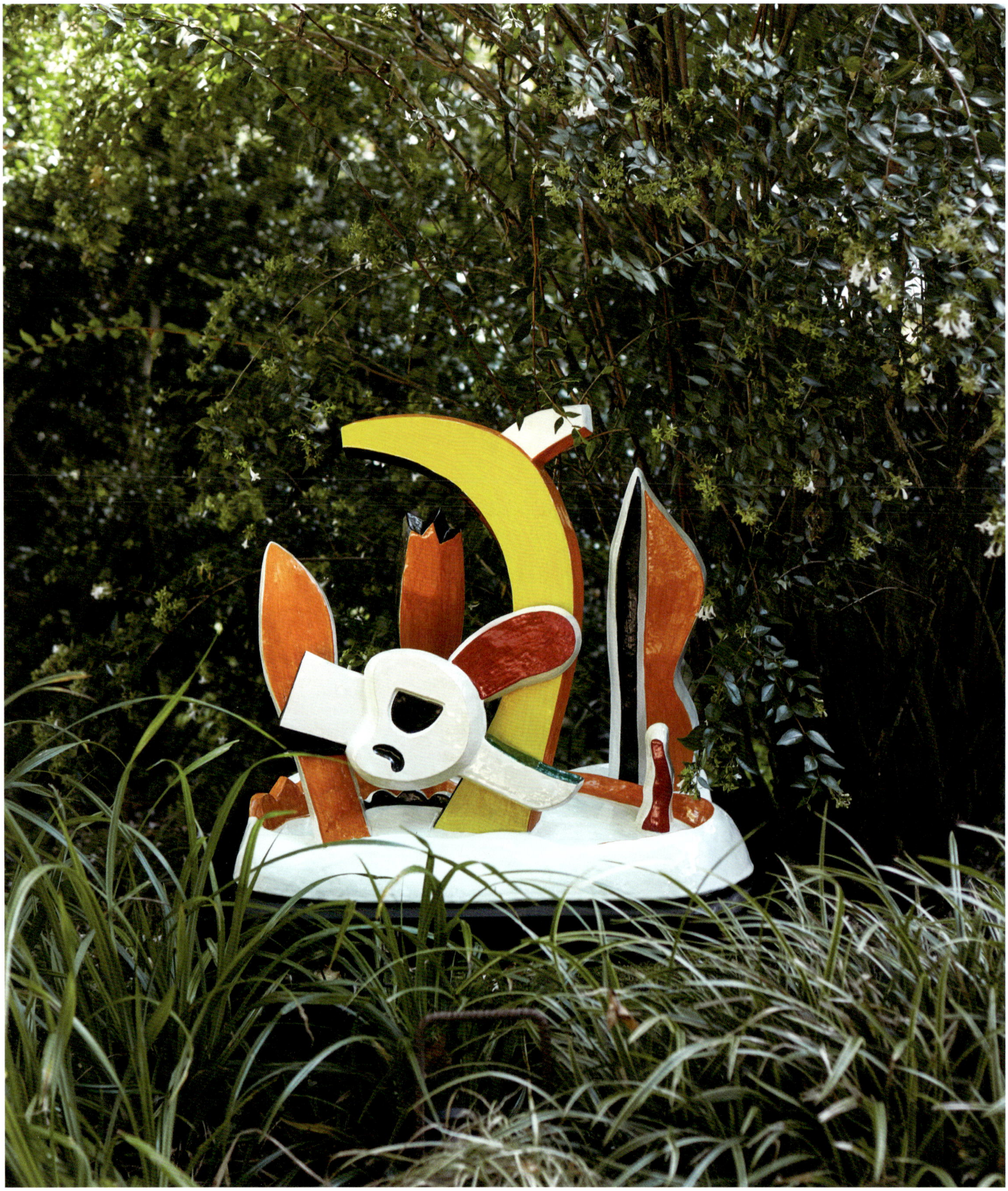

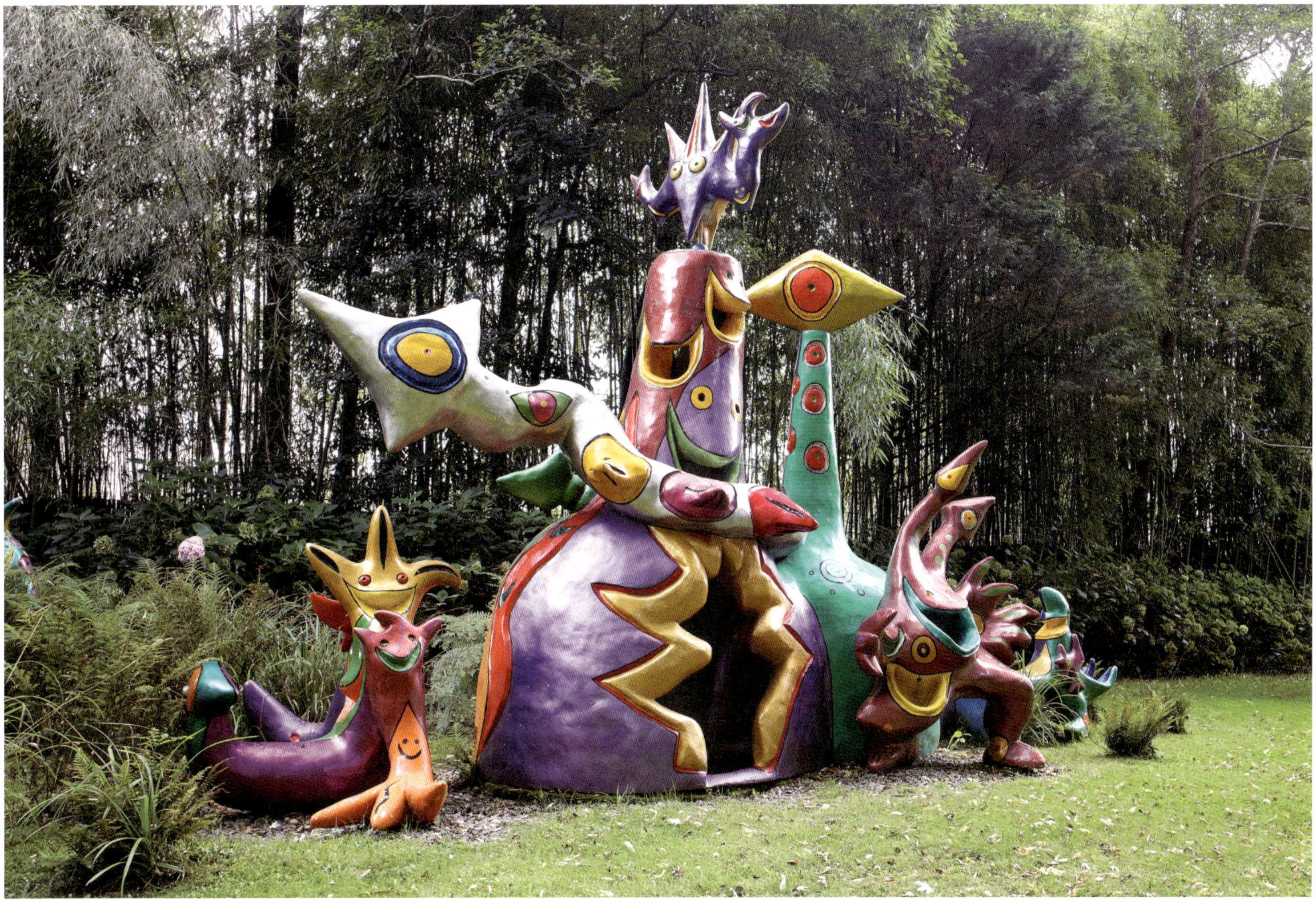

Federica Matta, *La Maison des enfants*, 1992.
Page de gauche. Fernand Léger, *Le Jardin d'enfant*, 1954.

INTUITIVE GARDEN

JARDIN INTUITIF

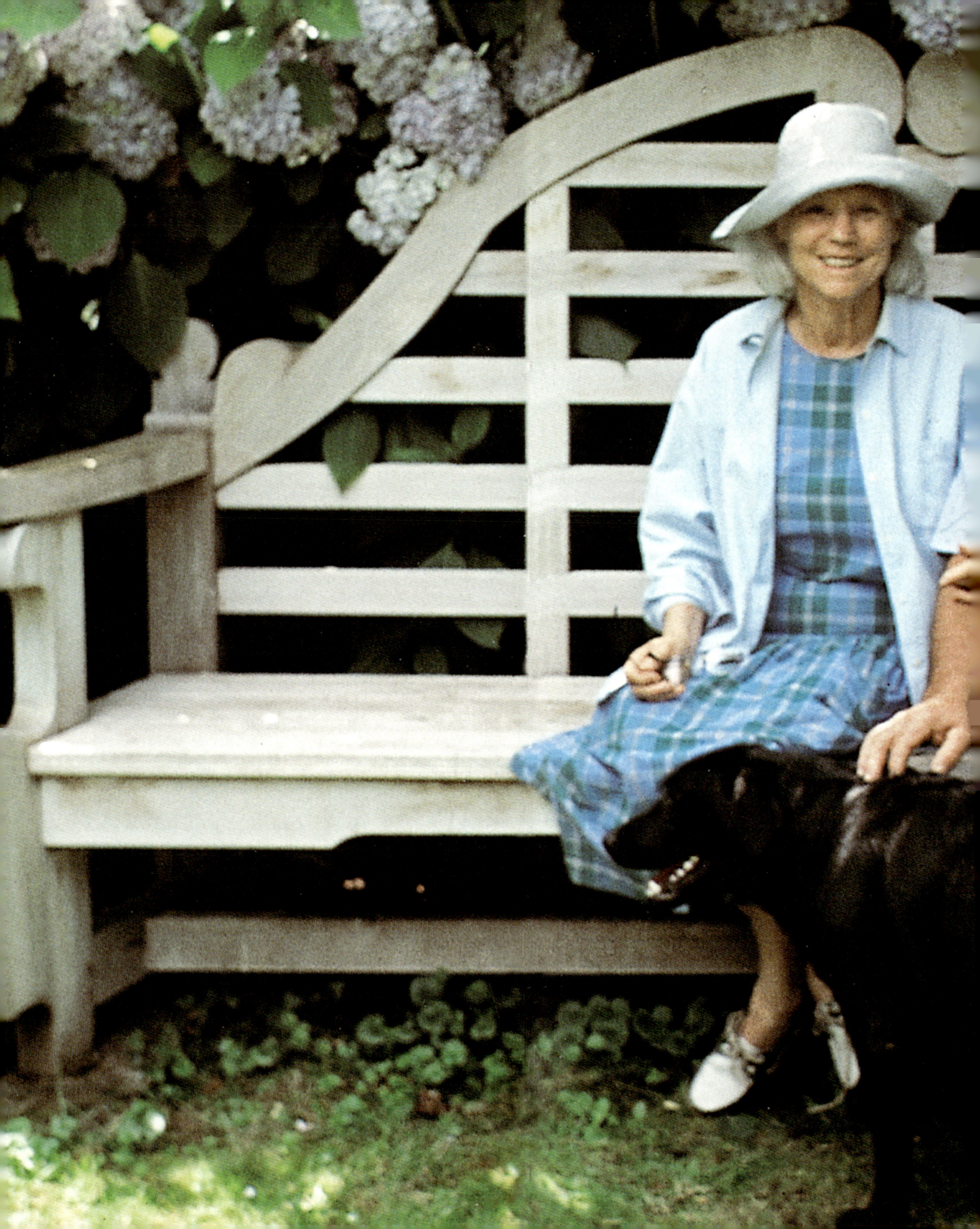

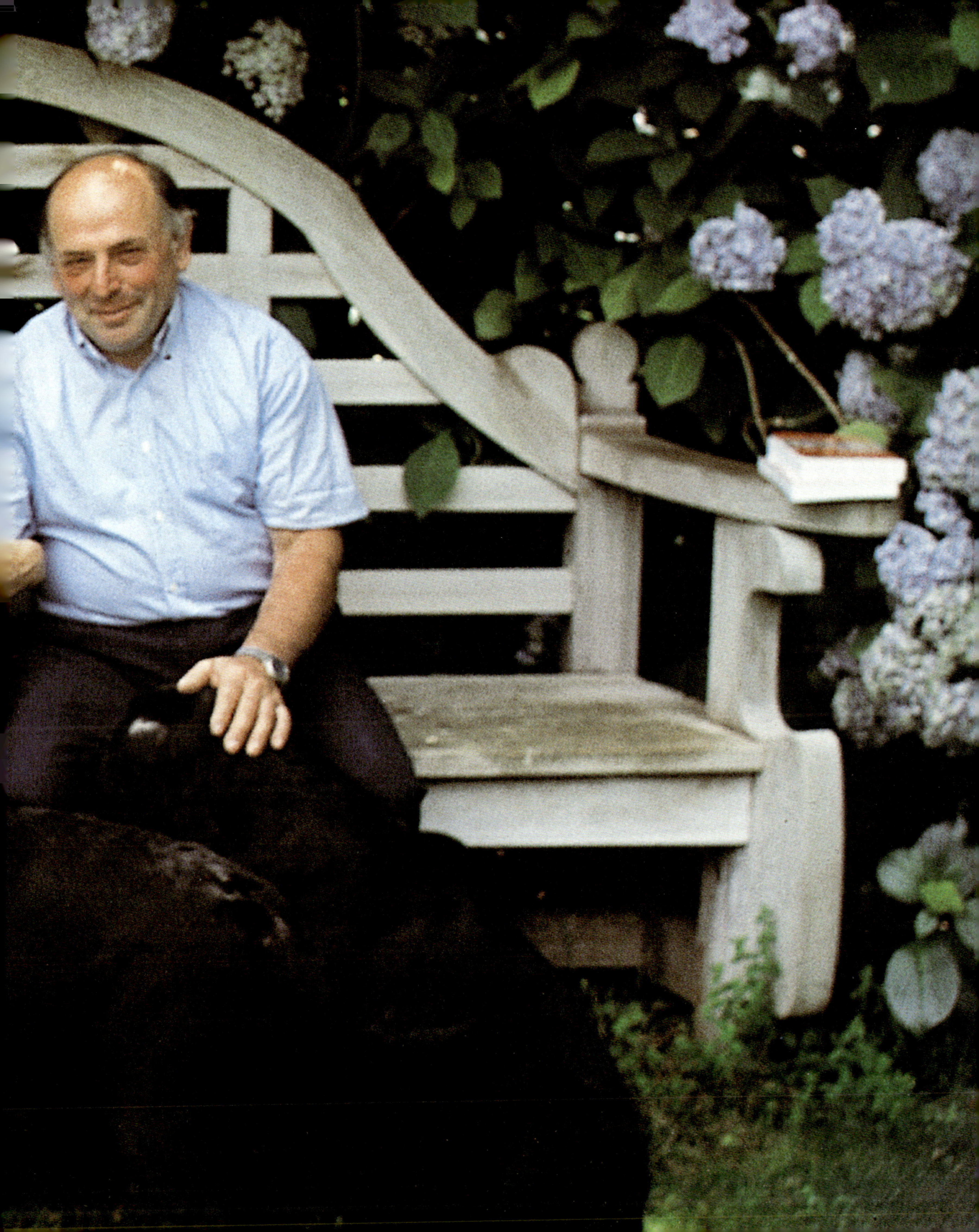

JARDIN INTUITIF

JEANNETTE LEROY HAIM

« Je voulais bien que Paul installe ses sculptures mais je ne voulais pas qu'elles soient en évidence.
Je voulais qu'on fasse l'effort d'aller les voir. On a planté en fonction des sculptures pour les découvrir l'une après l'autre. »

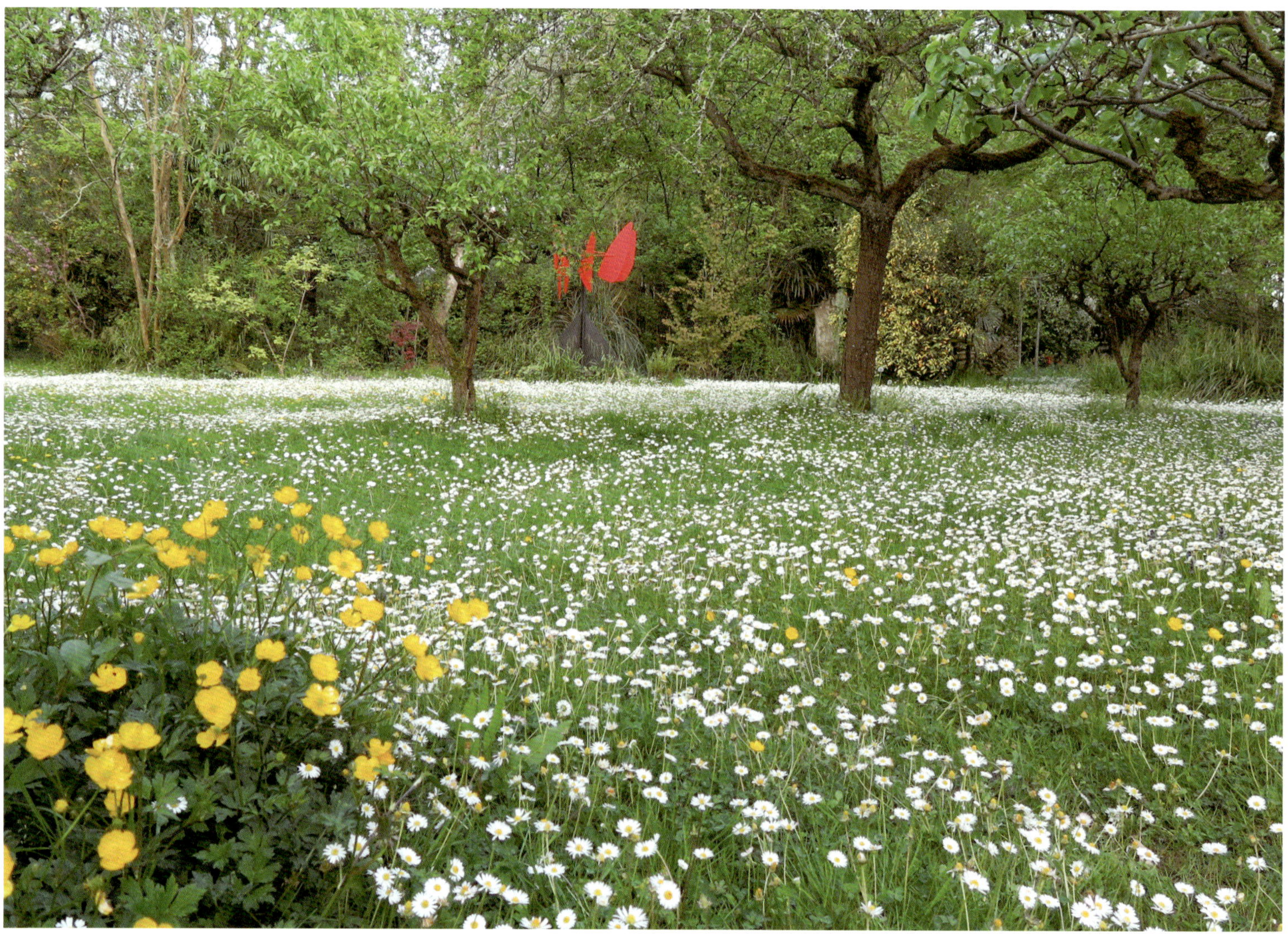

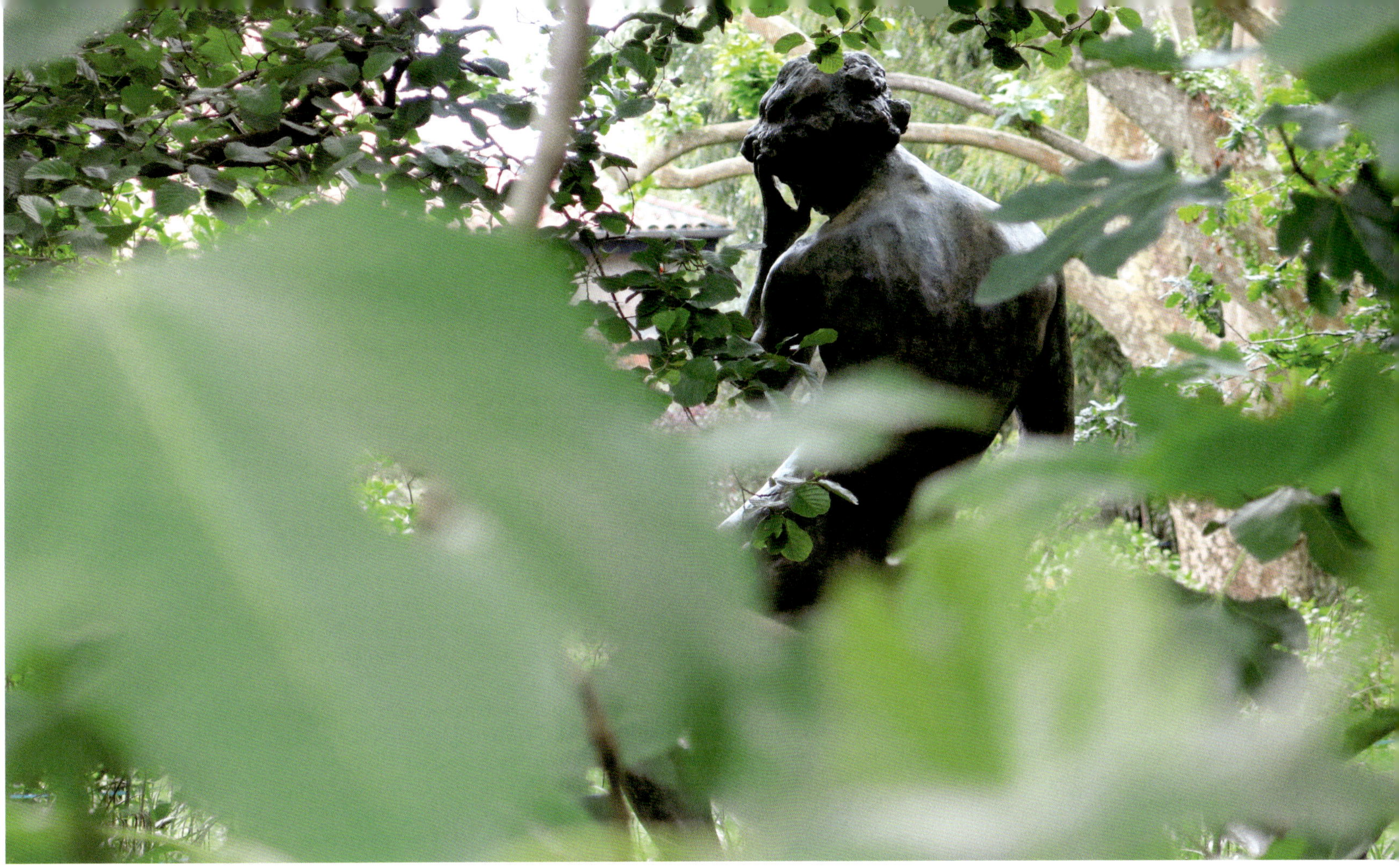

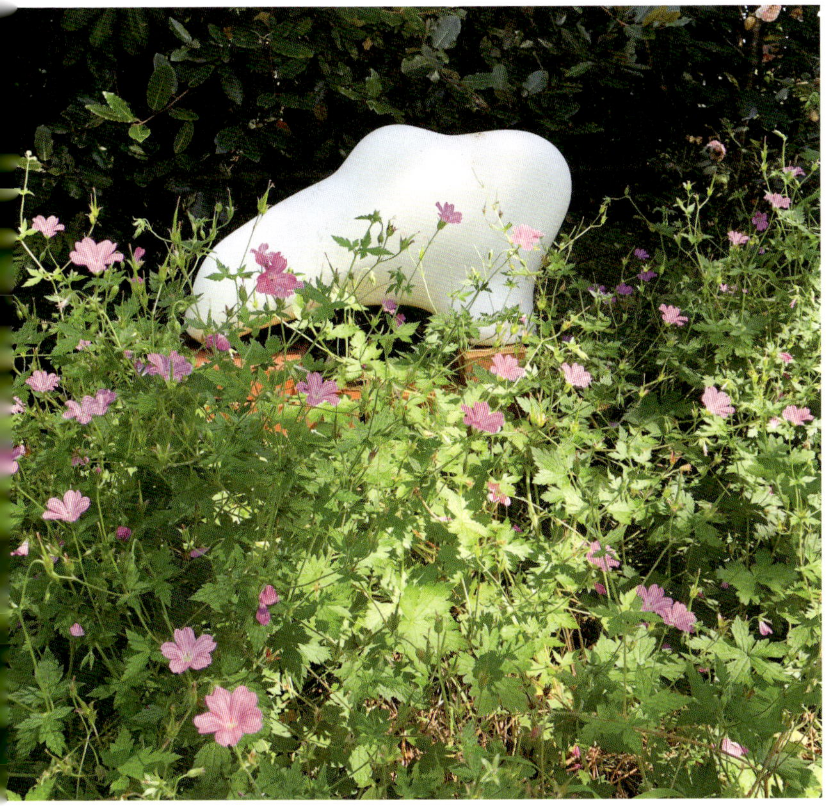

« Je n'avais jamais eu de jardin auparavant. C'était complétement intuitif. Comme une peinture. Je voyais des changements de couleurs, des profondeurs de champ. »

Antoine Bourdelle, *Adam*, 1889.
Agustín Cárdenas, *Sans titre*, 1964.
Page de gauche. Alexander Calder, *Gouvernails rouges, n° 9*, 1967.
Pages précédentes. Jeannette Leroy et Gilbert Carty à La Petite Escalère.

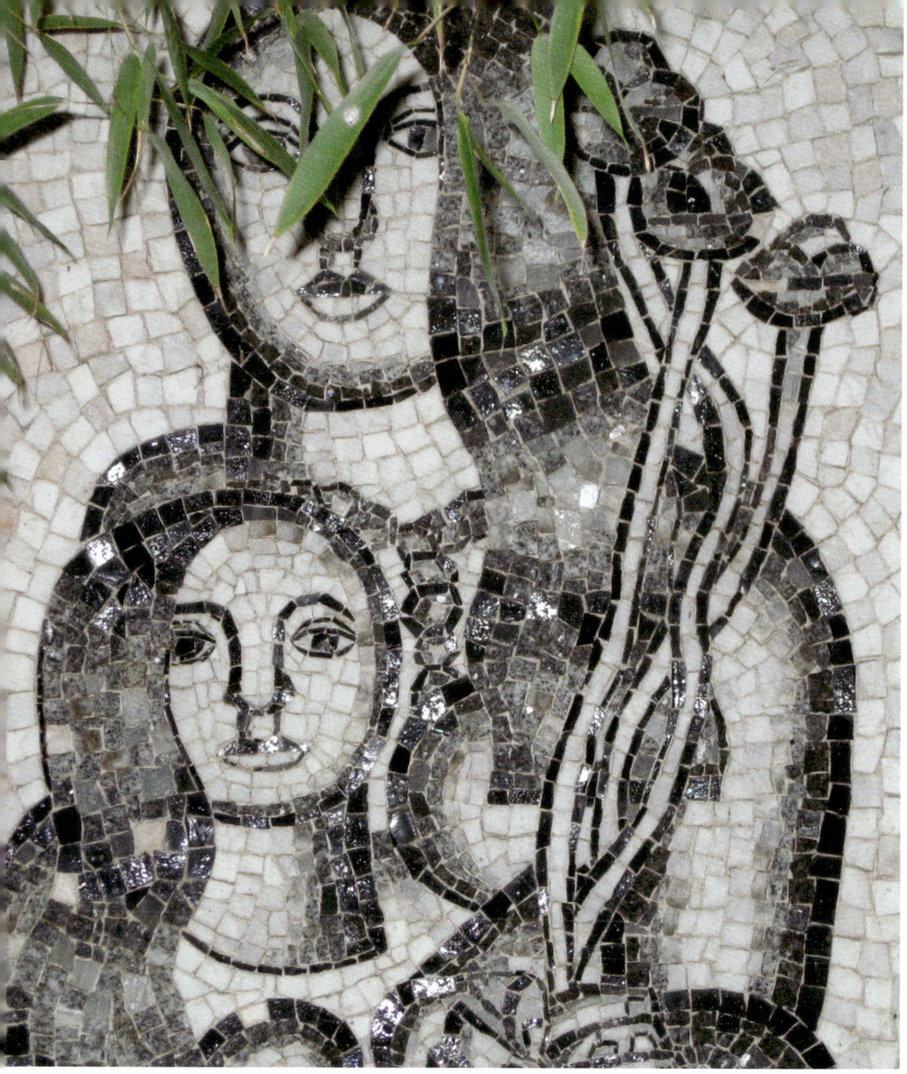

*« C'est formidable
toutes ces sculptures
et ces mosaïques qui vivent
dans la nature.
Cette union des deux
est extraordinaire.
On s'approche et on découvre
la sculpture.
Elle est mariée à la plante. »*

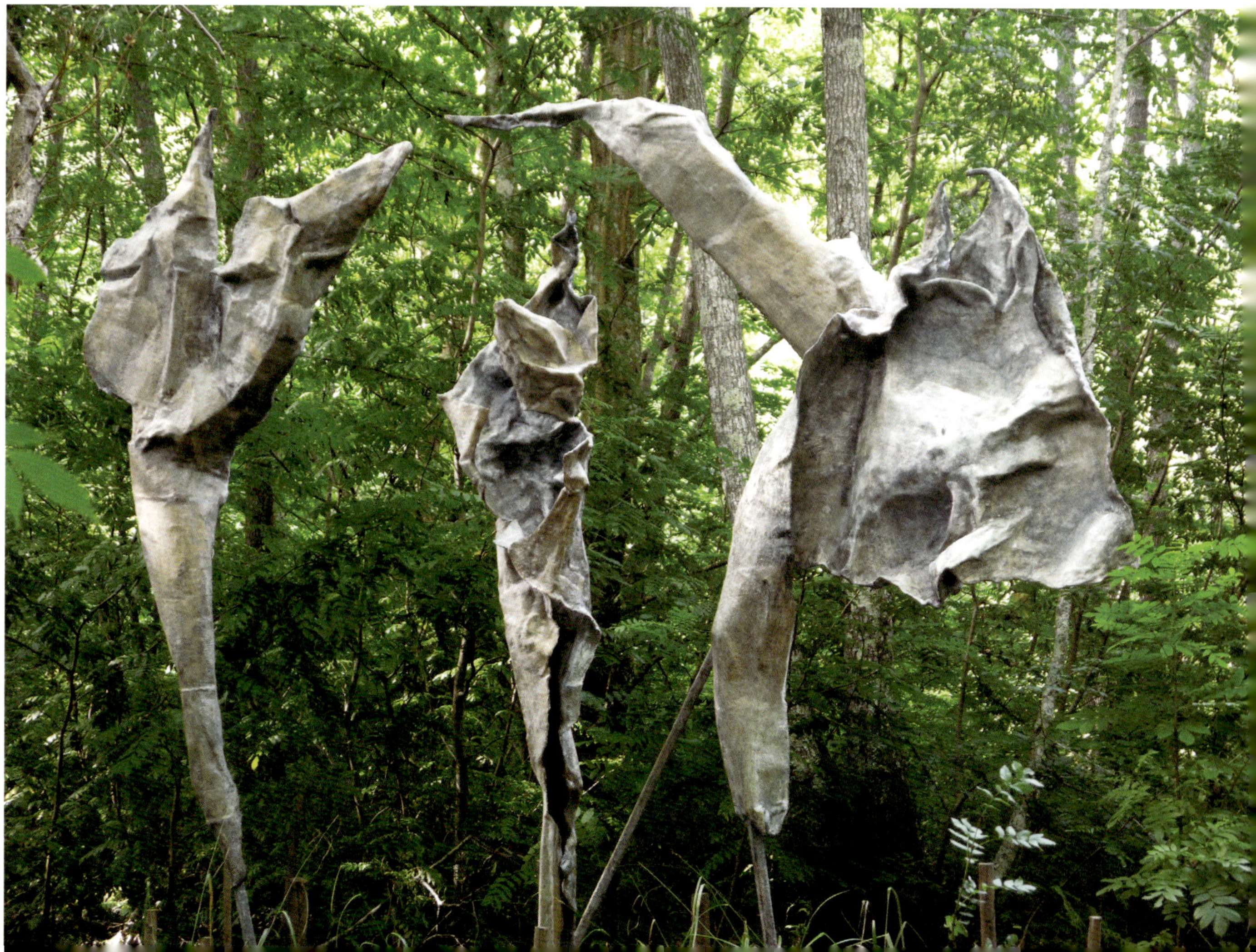

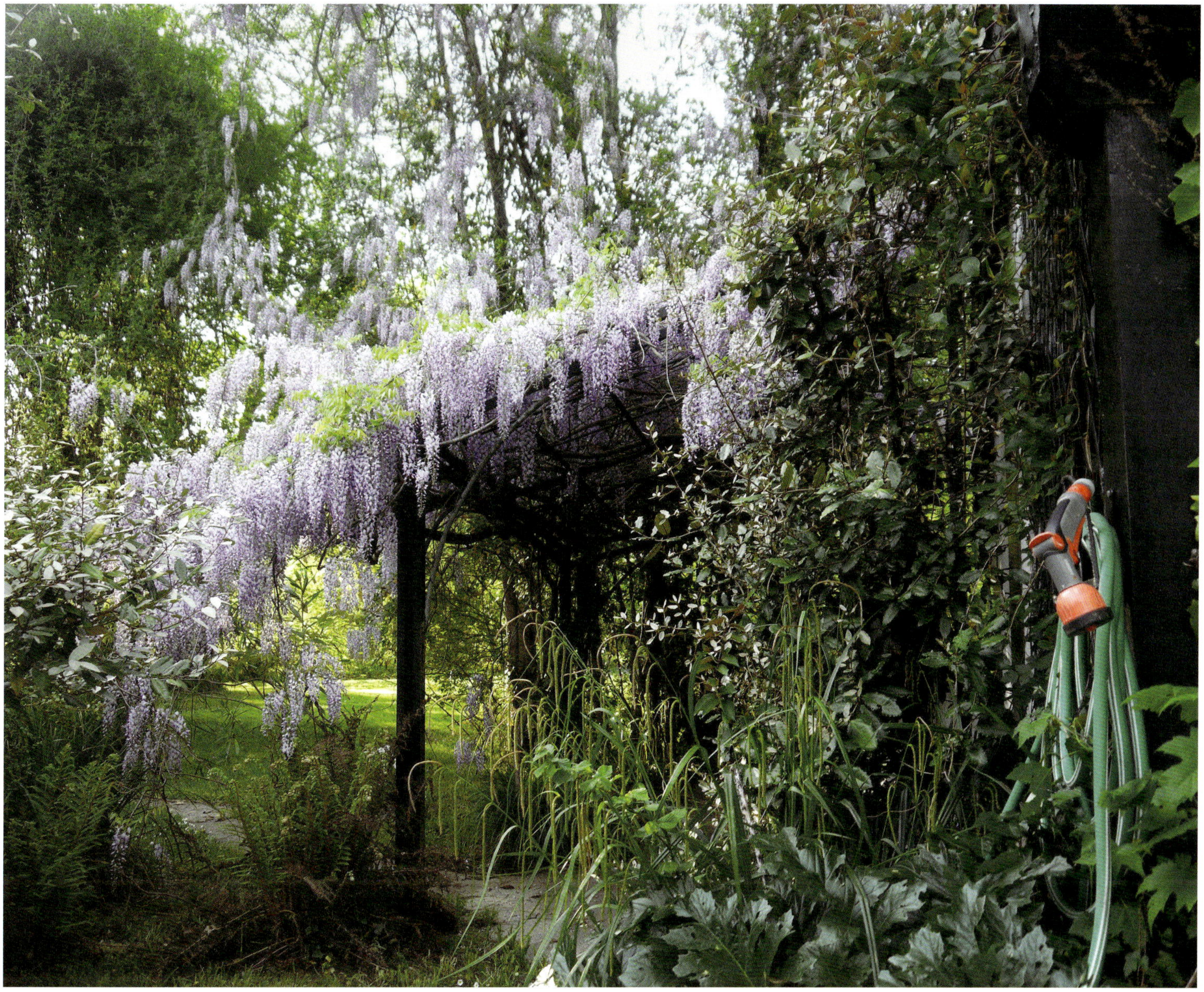

*« J'aime que les choses se mélangent
sans que l'on sache d'où elles viennent.
La nature est heureuse.
On lui laisse la chance de prendre sa forme. »*

Page de gauche. Fernand Léger, *Deux femmes aux fleurs sur fond gris*, d'après une œuvre originale de 1927.
Jean-Pierre Pourtier, *J'eux d'ombres – Grande porte*, 2003-2005.

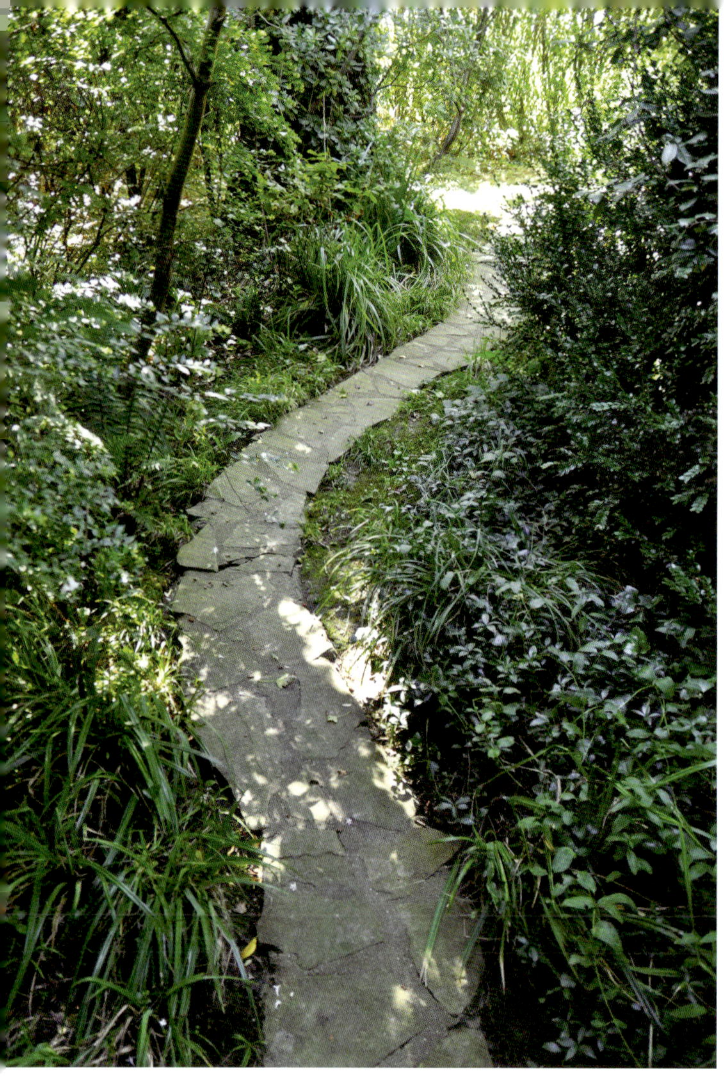

*« On a tout fait avec Gilbert.
Il a compris tout ce que je voulais du jardin.
Il est génial d'avoir fait ces petits chemins
qui tournent. J'aime que ça n'aille pas droit.
On a acheté très peu de choses,
presque tout vient de boutures.
On a pris des herbes et on les a mises
dans les rosiers.
On a fait les choses spontanément
d'abord parce que l'on ne savait rien,
Gilbert et moi. »*

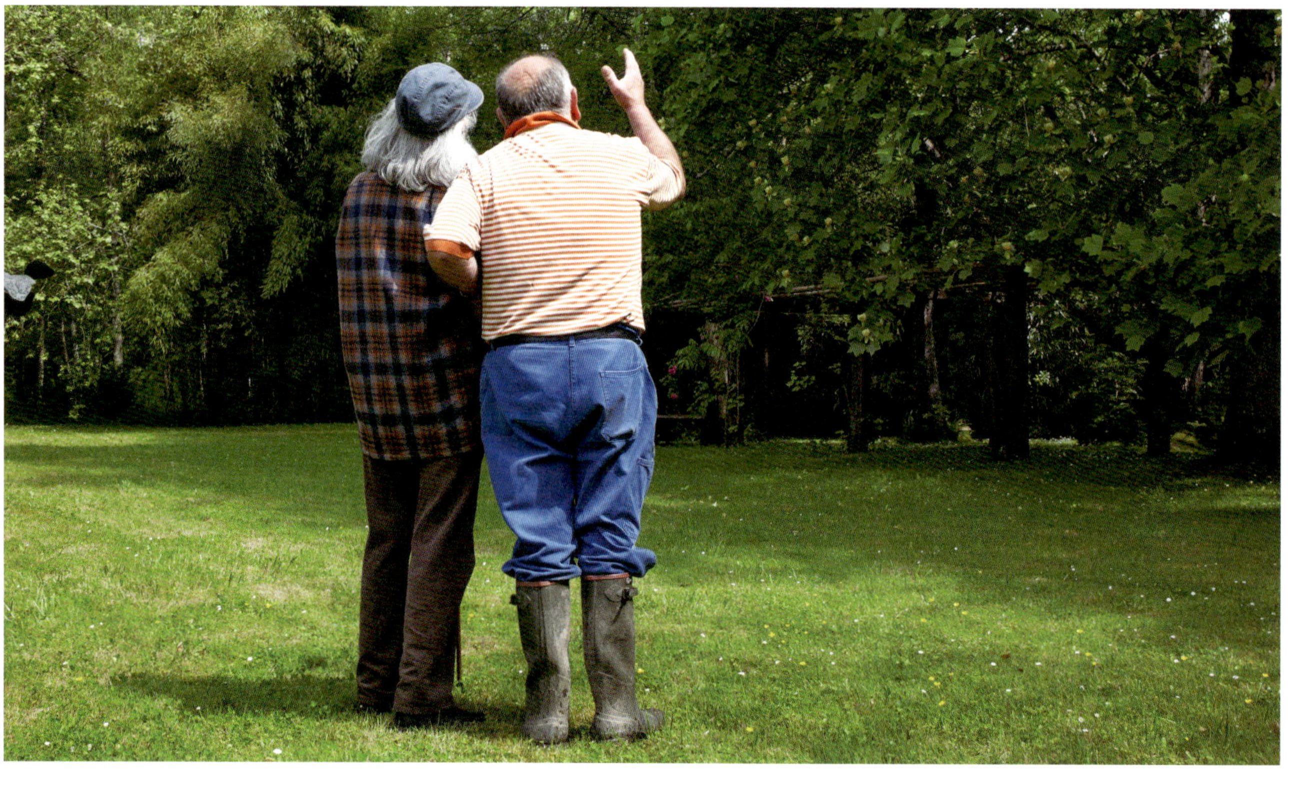

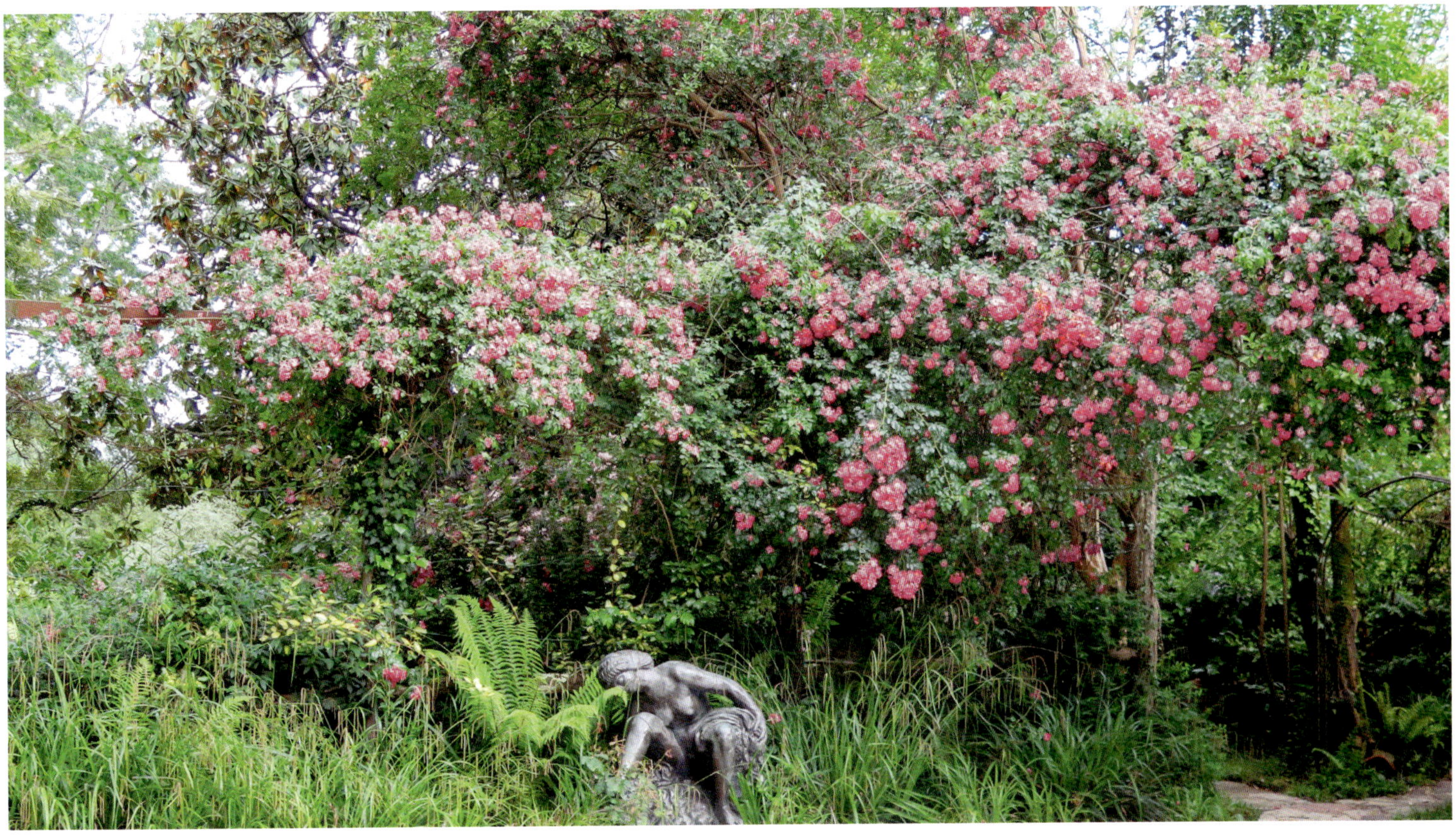

« Il ne fallait pas que ça devienne sophistiqué, fabriqué, pompeux. Sinon, c'est bête et ça perd son âme. L'âme de ce jardin c'est la spontanéité et la liberté de faire quelque chose qu'on ne connaissait pas. On est partis à l'aventure. Comme la vie de Paul et ma vie. Ce jardin est une aventure. »

Antoine Bourdelle, *Grande baigneuse (variante)*, 1907-1909.
Page de gauche. Jeannette Leroy et Gilbert Carty à La Petite Escalère.

Propos recueillis par Marian Lacombe

INTUITIVE GARDEN

JEANNETTE LEROY HAIM

"I allowed Paul to install his sculptures, but I didn't want them to be conspicuous. I wanted people to have to make an effort to go and see them. We placed the sculptures so that they would be discovered one at a time."

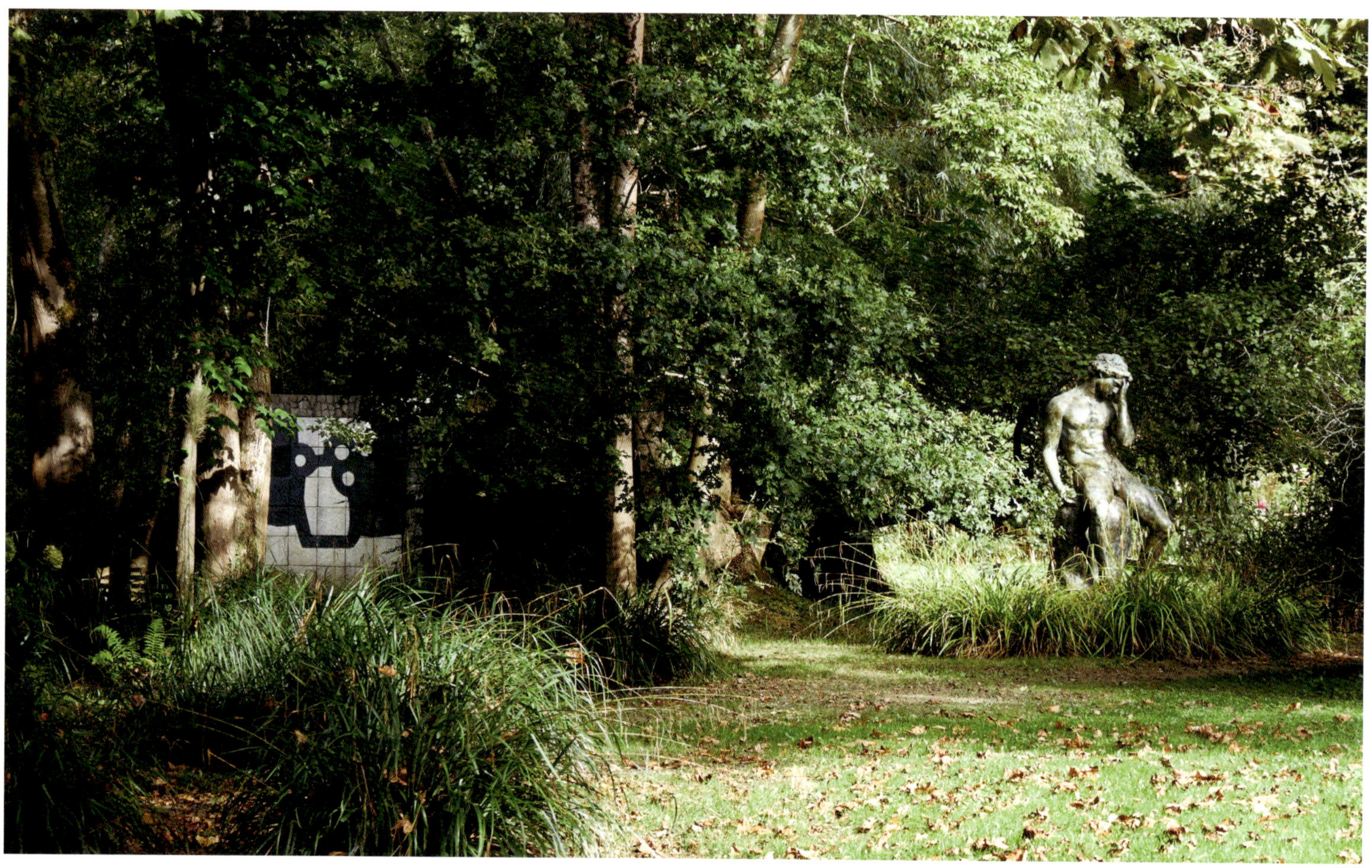

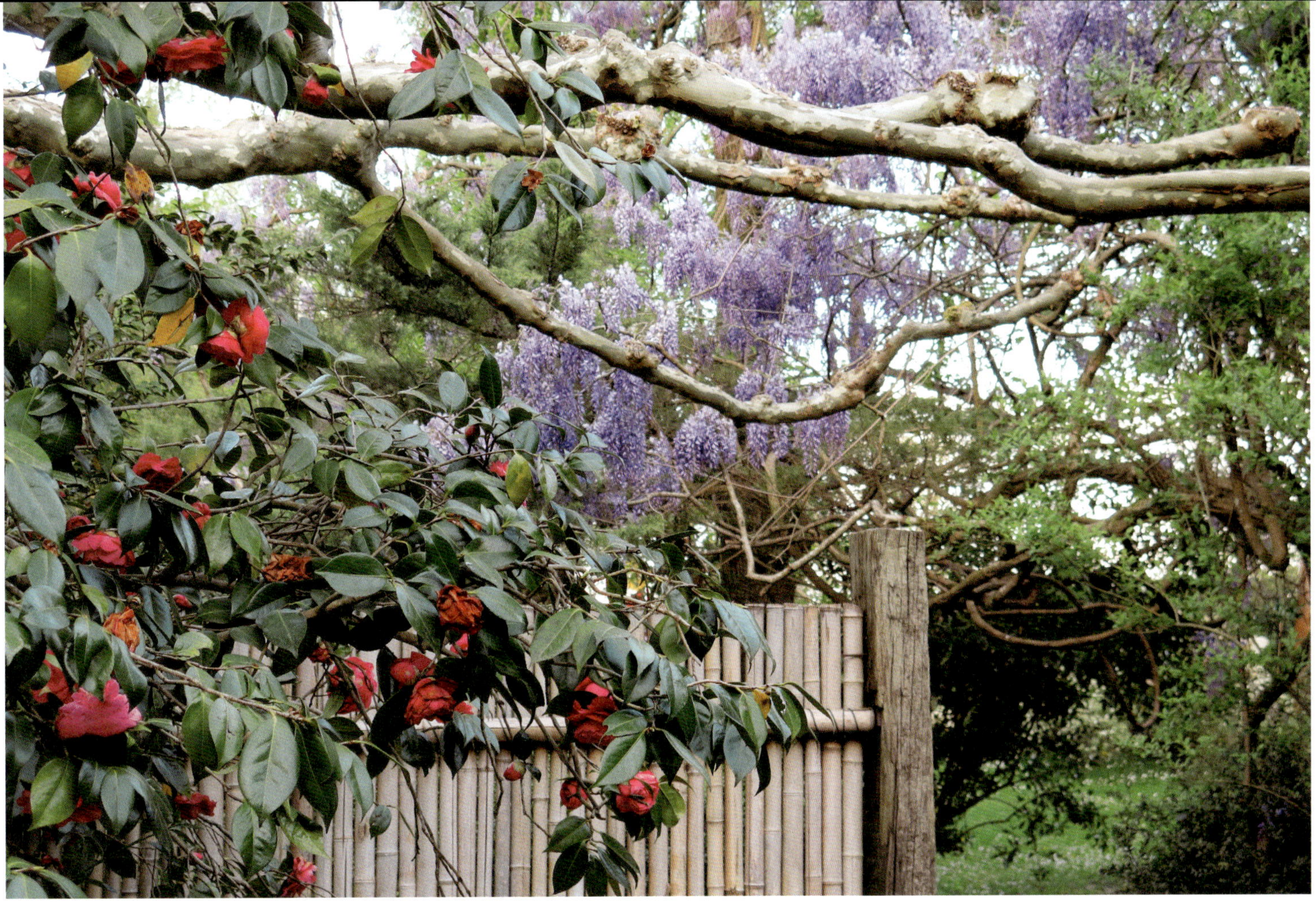

"I had never had a garden before. It was completely intuitive. Like a painting. I planted different colours to create depth of field."

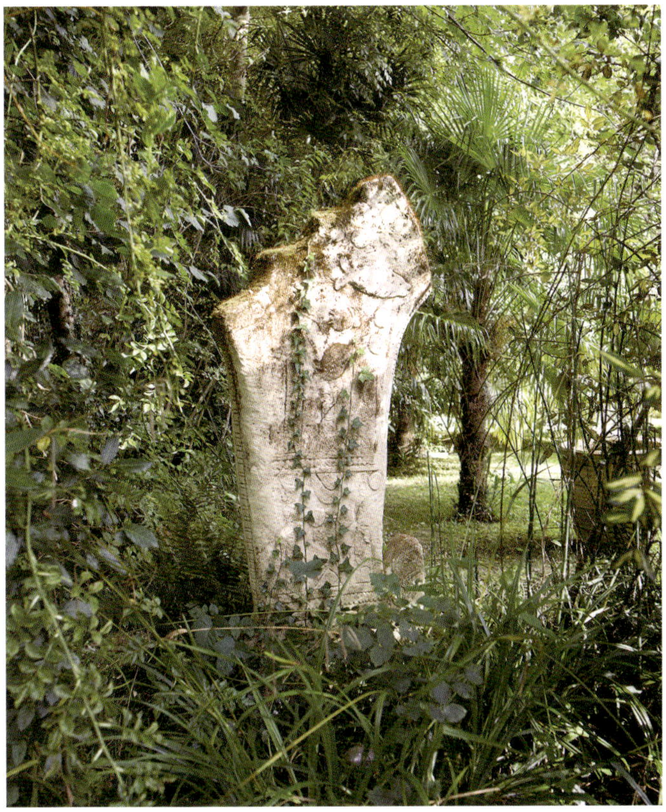

Stèle funéraire « Penji ». Île de Sumba, Indonésie, XIXe siècle.
Page de gauche. Eduardo Chillida, *Mural III*, 1999.
Antoine Bourdelle, *Adam*, 1889.

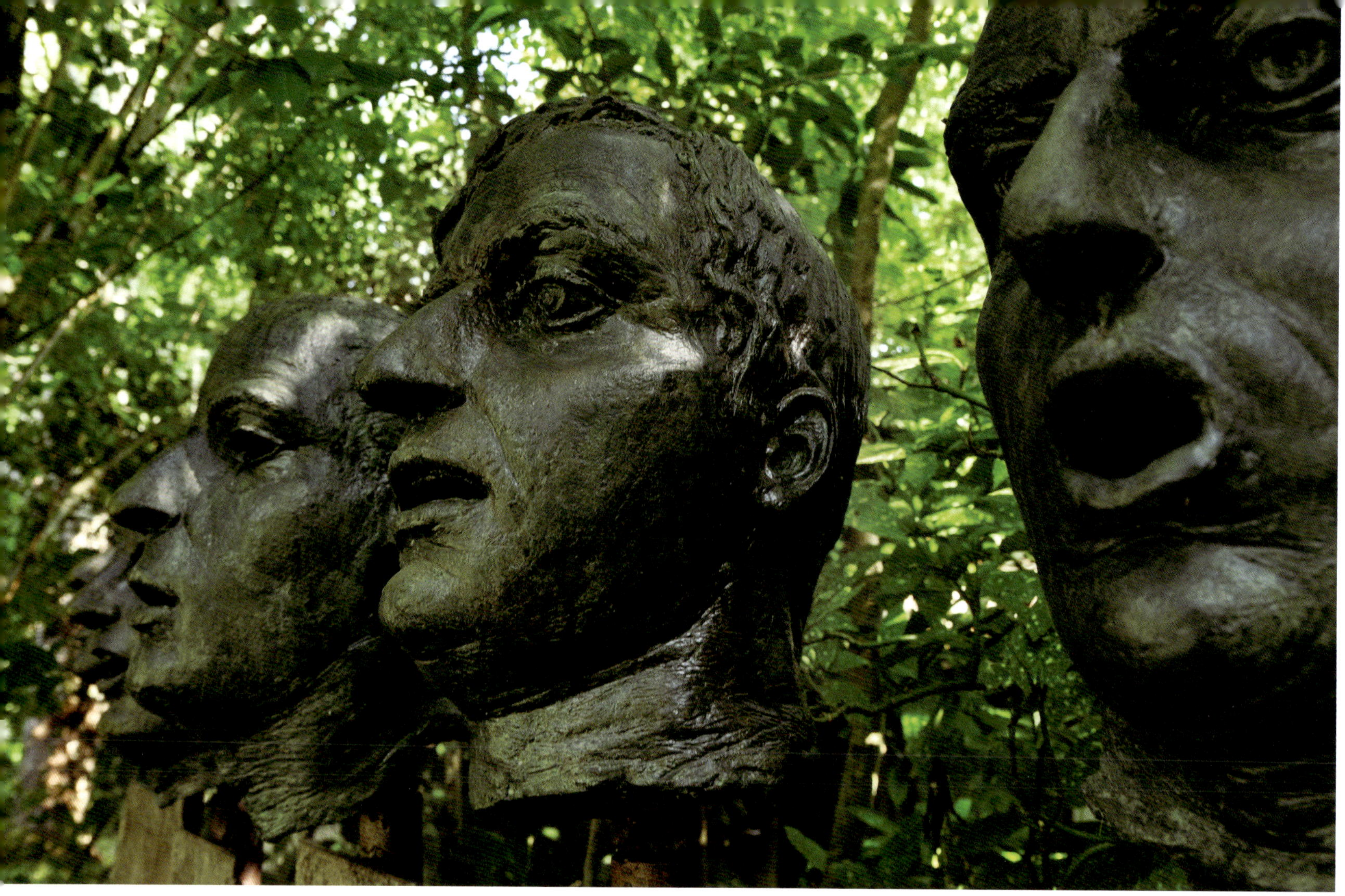

"It's amazing, all these sculptures and mosaics that live in nature. This union of the two is extraordinary. You come close, and you discover the sculpture. It is in harmony with the plants."

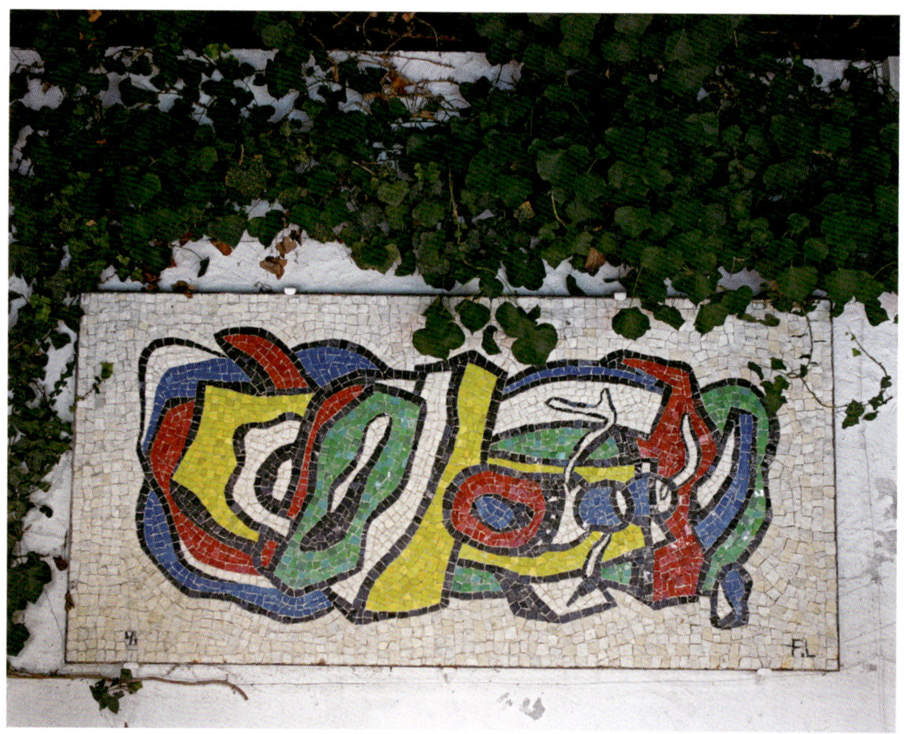

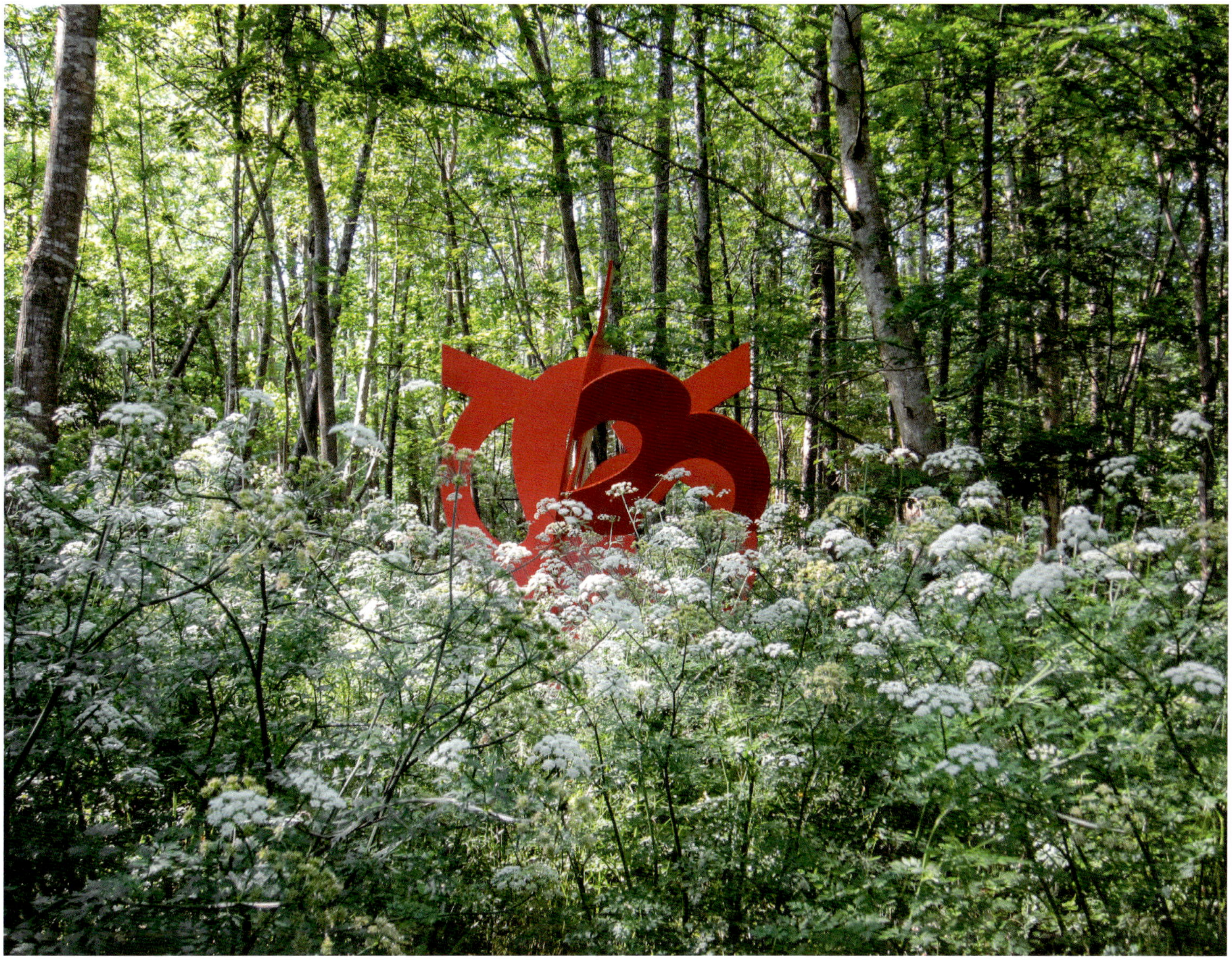

"I like things that get mixed up without you knowing where they come from. Nature is joyful. You leave it to take its own shape."

Mark Di Suvero, *Tumbleweed II*, 1986.
Page de gauche. Juan Bordes, *Oradores*, 1990.
Fernand Léger, *Composition abstraite*, d'après une œuvre originale de 1952.

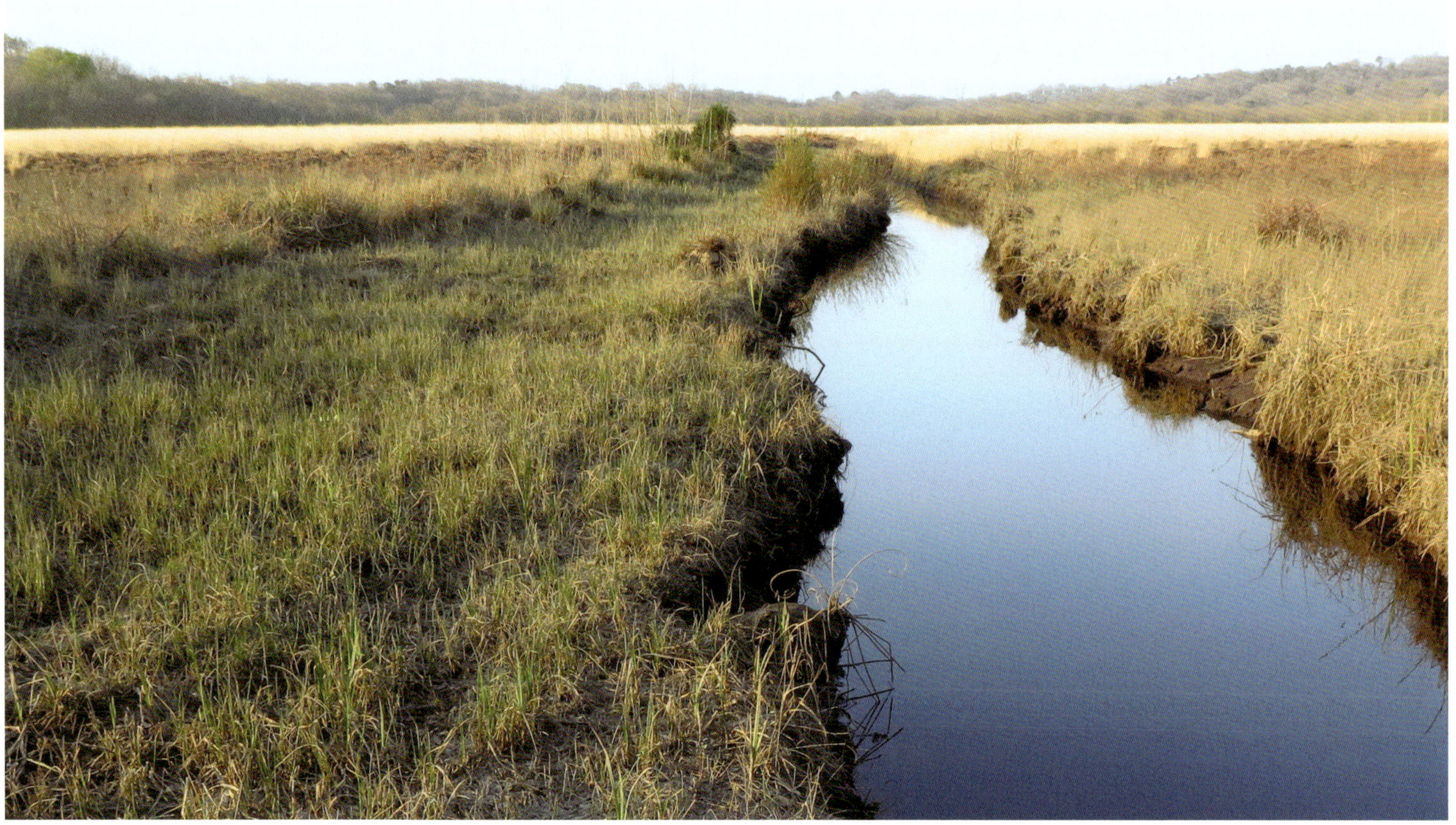

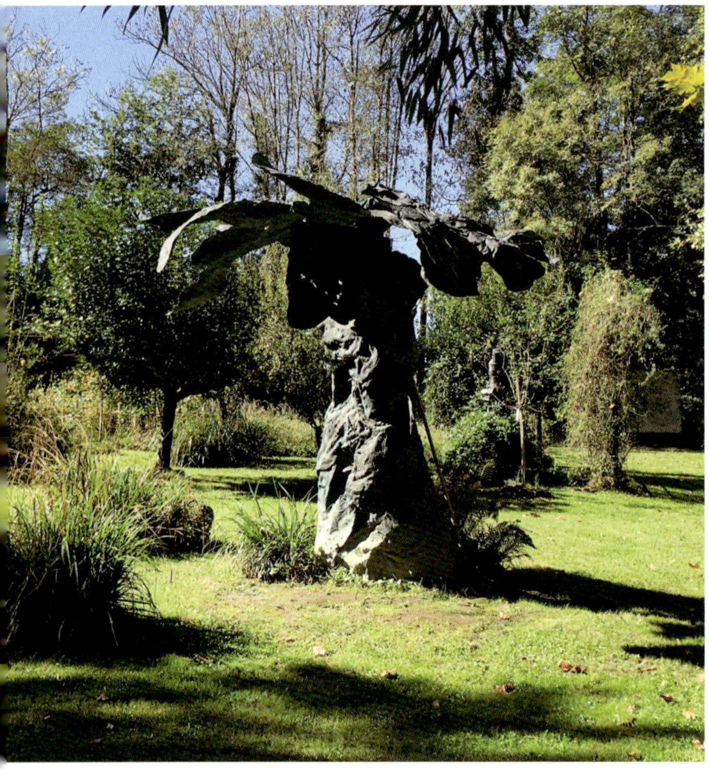

"We did everything with Gilbert. He understood everything I wanted from the garden. It's brilliant how he made those little paths that twist and turn. I like it that they aren't straight. We bought very little. Almost everything came from cuttings. We took some herbs and put them in the rosebeds. We did things spontaneously. At first it was because Gilbert and I really knew nothing."

Roberto Matta, *Eramen*, 1985-1987.

Interview by Marian Lacombe

"It wasn't meant to become sophisticated, contrived, pompous. Because otherwise, it's stupid and soulless. The soul of this garden is its spontaneity and the freedom to do something which we knew nothing about. We set out on an adventure. Like Paul's life and my life. This garden is an adventure."

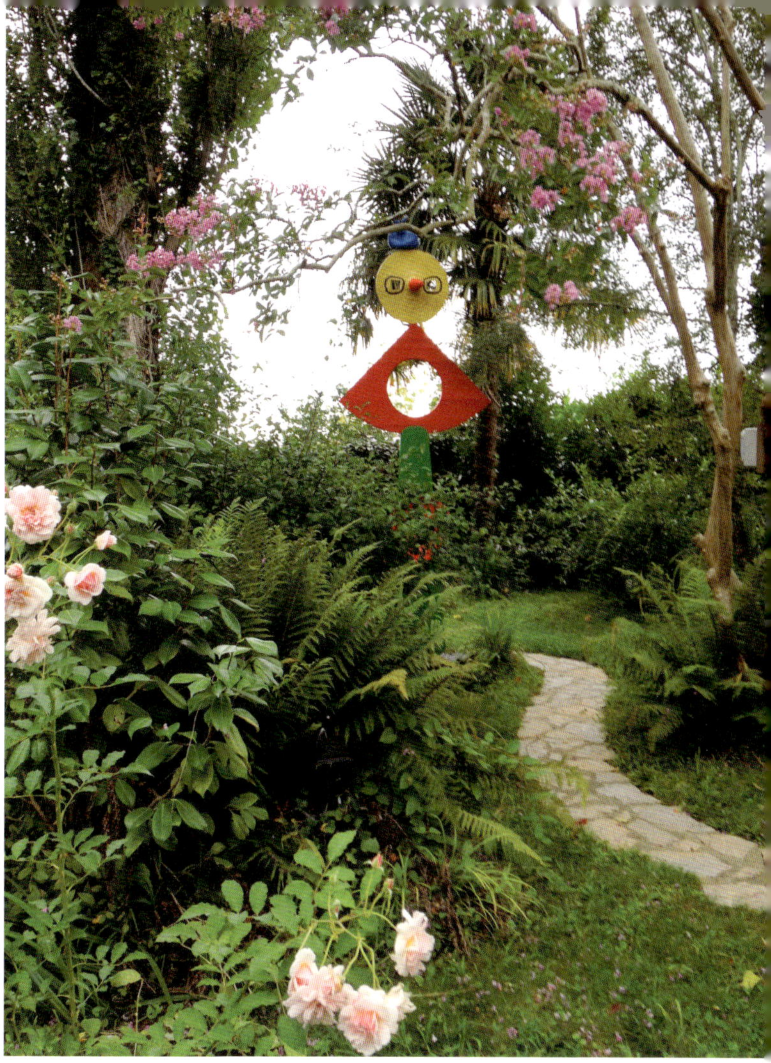

Joan Miró, *La Caresse d'un oiseau*, 1967.
Juan Bordes, *Fontaine*, 1994.

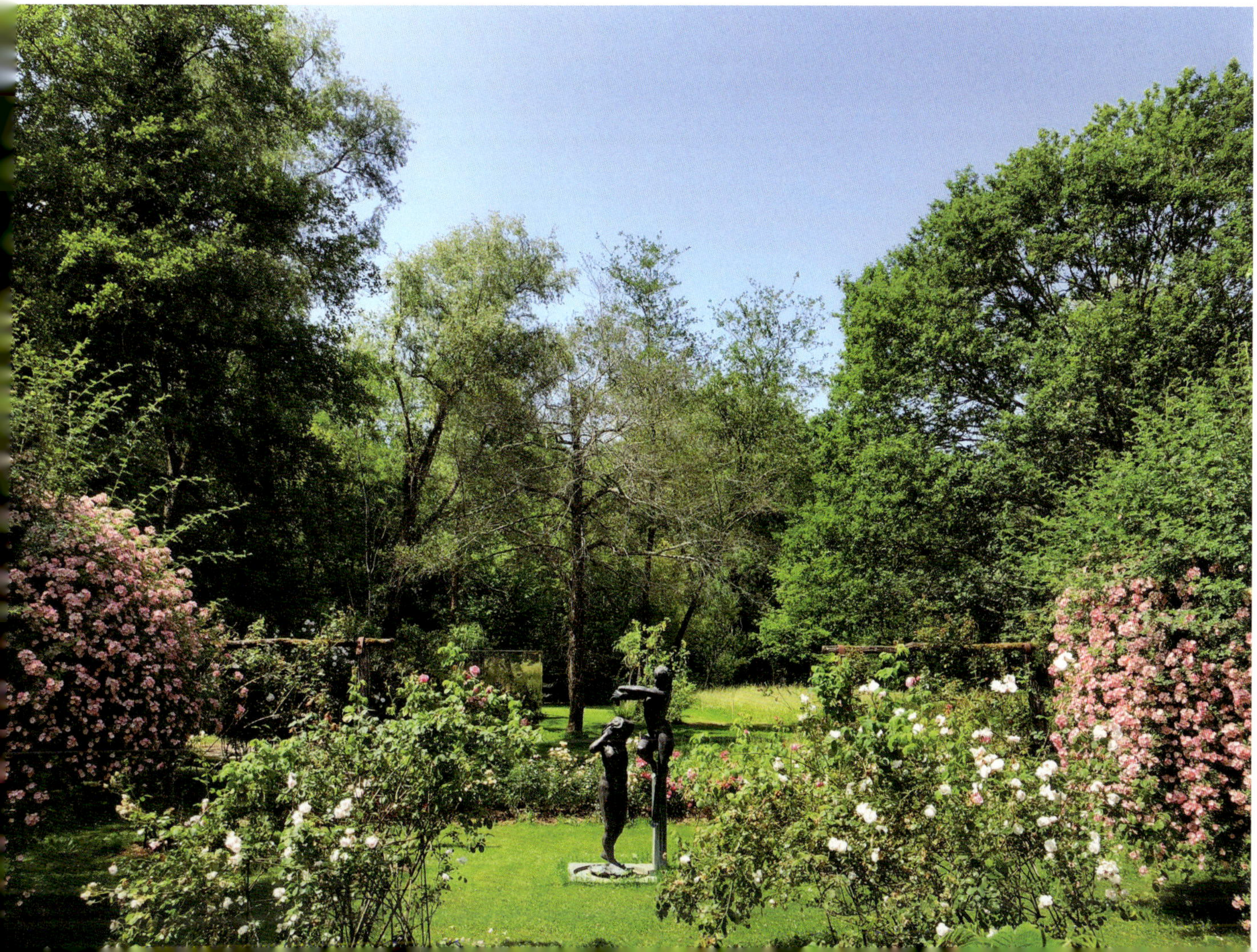

GARDEN OF PRESENCE

JARDIN
DE LA PRÉSENCE

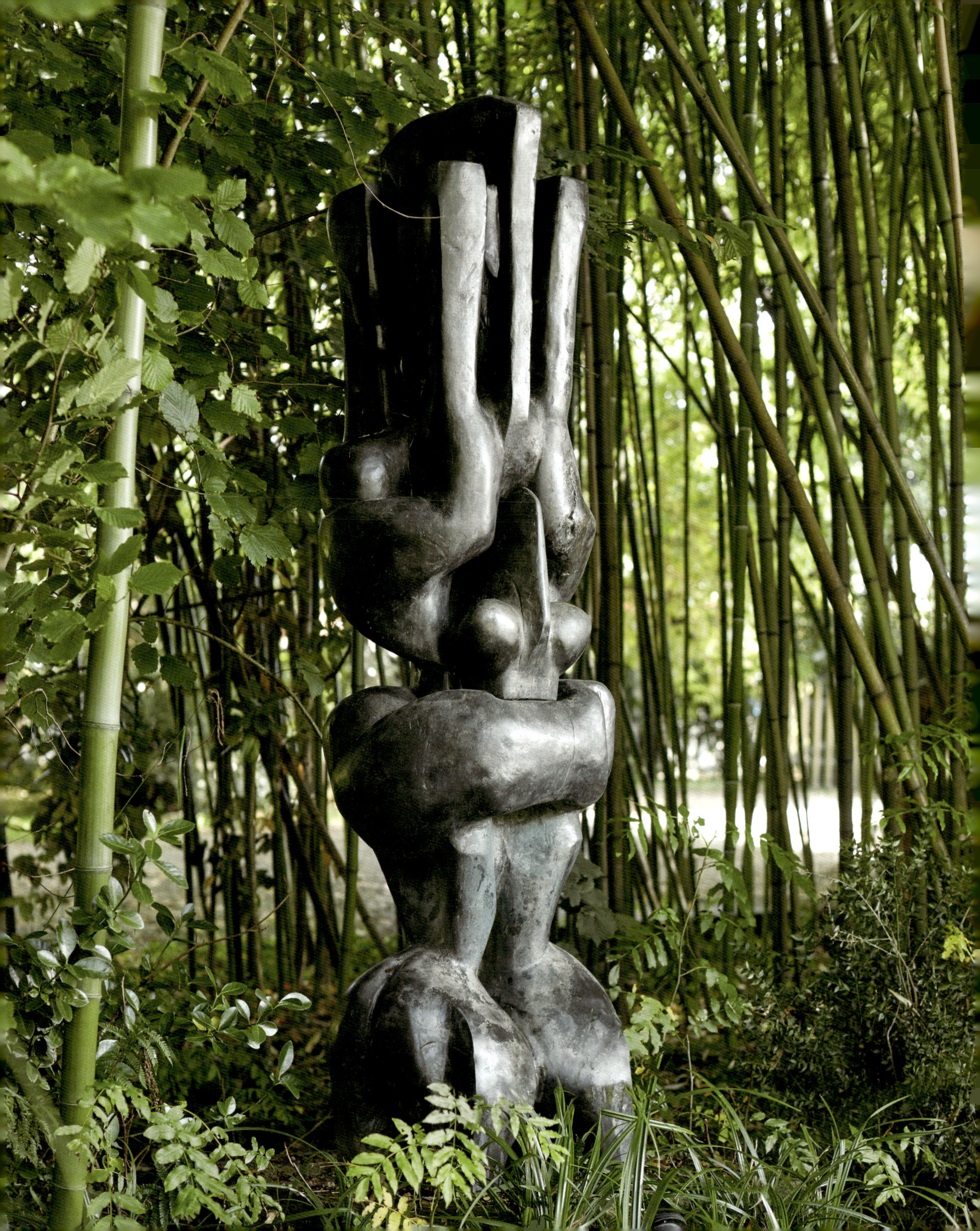

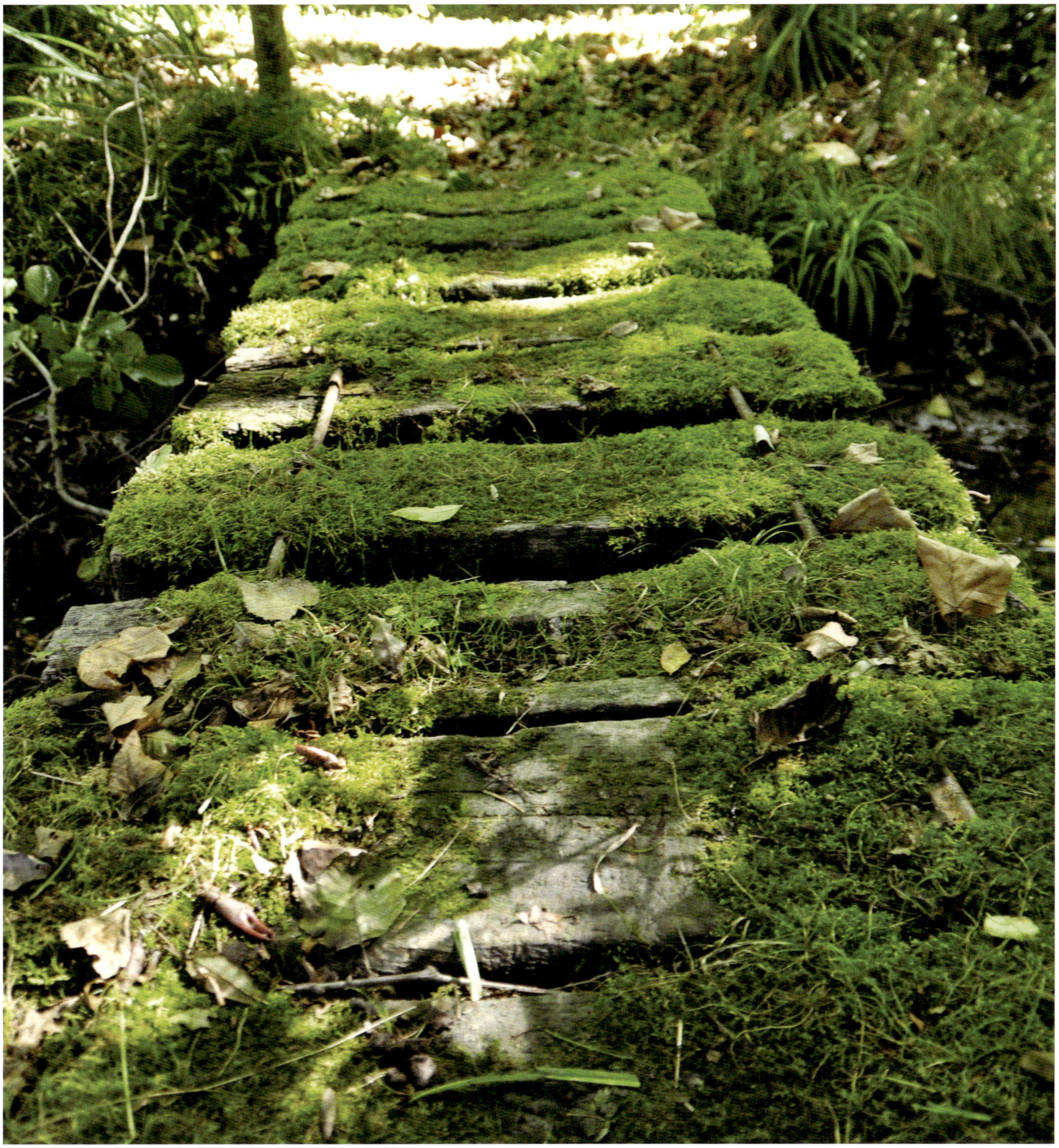

Page de gauche. Étienne-Martin, *Le Grand Couple*, 1946.

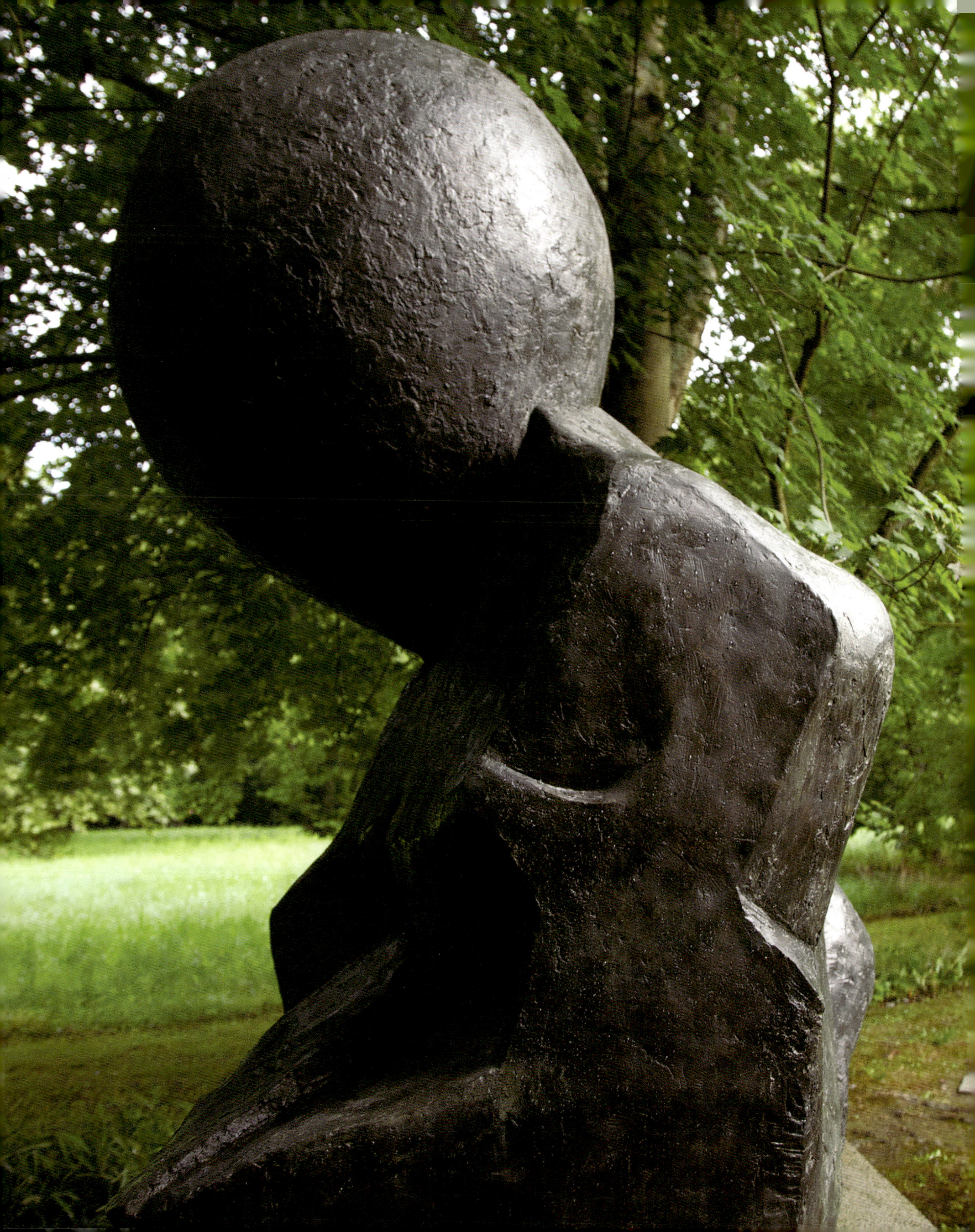

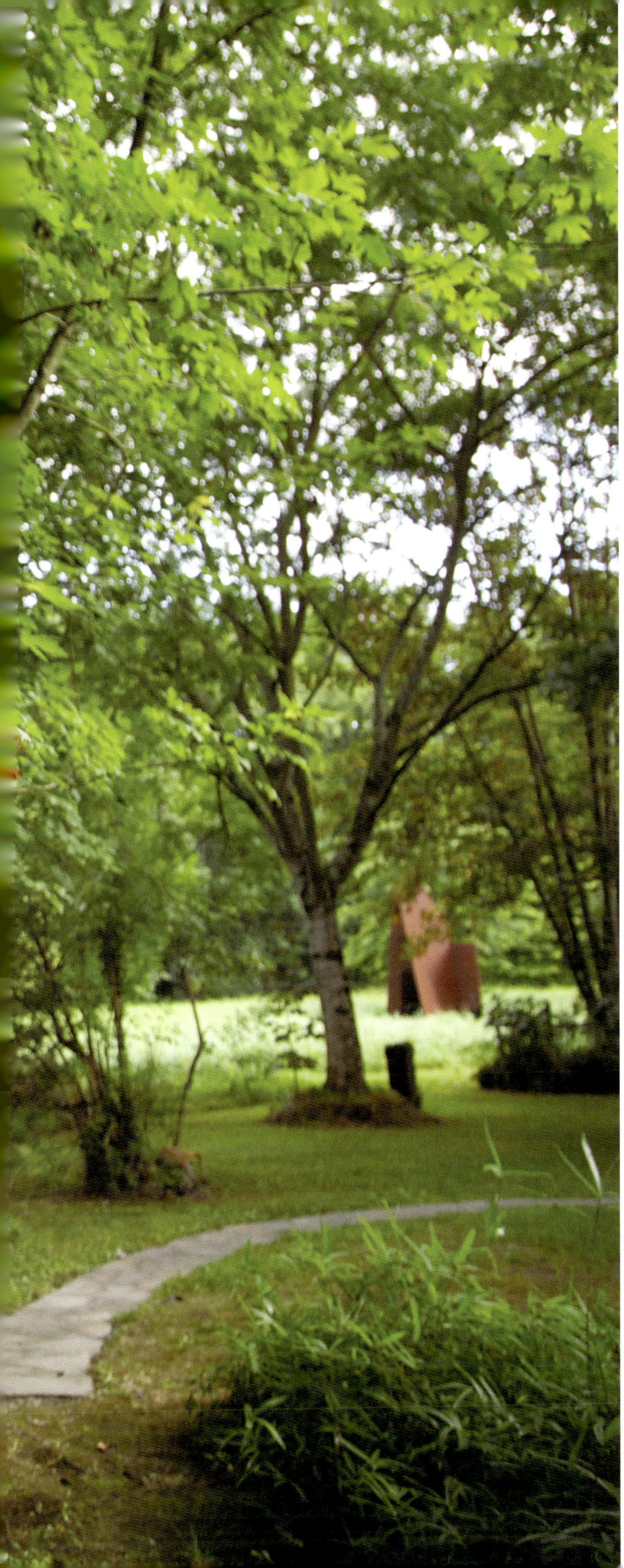

Jean-Michel Sanejouand, *Le Silence*, 1989-1996.
Page suivante. Likichi Takikawa, *Sans titre*, 1995.

JARDIN DE LA PRÉSENCE

PIERRE WAT

Pour celles du jardin.

Ils sont là. Je marche sur ces traverses de bois qui dessinent un possible chemin et ils sont là. Je dis « ils » pour désigner ces sculptures parce que, marchant, c'est à des géants que je songe, ou à Hermès, ce dieu qui, dans l'Antiquité, se tenait à la croisée des chemins, dieu messager des dieux, dieu protecteur des voyageurs. Est-ce pour cela, est-ce parce qu'ils sont là, que je me sens protégé ? Est-ce ce souvenir d'Hermès qui me donne la sensation, lorsque j'emprunte ces chemins de traverse, que les sculptures se parlent entre elles, s'adressant quelque secret message que mon cheminement contribue à propager ?

Être à La Petite Escalère, cela veut dire marcher. Hermès est le dieu de la translation. Les sculptures, en ce jardin, sont des haltes : stases temporaires, moments d'arrêt entre deux étapes ; l'arrêt, comme la marche, étant ce qui rend possible la vision. Pour regarder ces sculptures, pour les voir vraiment, pour éprouver à quel point elles font corps avec ce lieu dont elles sont l'une des composantes vives, il faut combiner l'approche et la halte, la recherche et la contemplation, et puis toucher, avec les mains et le corps, car ici tout l'autorise. Les sculptures, comme les arbres, comme les fleurs, comme l'eau qui partout s'écoule, s'éprouvent de la main comme de l'œil. Être à La Petite Escalère c'est donc faire l'épreuve, physique, de ce que marcher veut dire. Ce sol drainé, ce sol que l'eau menace autant qu'elle le féconde, doit être parcouru à pied, afin de connaître corporellement ce paysage-là. Pas de séparation, mais une expérience du dedans : une pérégrination en un pays inconnu, qui s'ouvre et s'offre à quelques heureux élus – une initiation.

À côté des sculptures, sur leurs socles ou bien au sol, on ne trouvera nul cartel offrant aux curieux la possibilité de connaître titre et paternité de ce qu'il rencontre dans l'herbe des prés comme parmi les arbres du sous-bois. Certes, quelques œuvres, de Rodin, de Bourdelle, de Miró, se laissent reconnaître sans besoin d'aucune explication. Mais ce silence qui accompagne, délibérément, chacune de ces sculptures est une invitation : une manière de laisser au marcheur la possibilité de se perdre, traçant ainsi un chemin qui racontera bientôt l'histoire de son errance heureuse – sa trace. Une manière, aussi, d'empêcher la prévision de tuer la véritable vision. L'absence de tout cartel est la condition d'accès à ce qui a lieu : à cet événement qu'est le vrai regard. Car il s'agit de voir, non de reconnaître, d'être libre d'aimer sans lier son jugement à la notoriété de tel ou tel sculpteur. C'est la relation qui fait l'œuvre, pas le nom. Ainsi, moi qui ai eu, d'emblée, un coup de foudre fort comme l'évidence devant une sculpture-fontaine, faite d'un assemblage de traverses, de tuiles romaines et de tiges métalliques, quel bonheur fut le mien de découvrir, plus tard, que cette œuvre qui ne portait pas de titre était d'un artiste qui m'était inconnu : Likichi Takikawa.

On peut, si on le souhaite, se munir d'une carte afin, au gré de sa déambulation, d'attribuer nom et auteur à ce que l'on rencontre : *Le Silence*, de Jean-Michel Sanejouand, figure pensive qui veille sur la grande allée, *Nuit ouvrante*, d'Étienne-Martin, qui se niche à l'abri d'un bosquet, la *Nana* de Niki de Saint Phalle jaillissant d'une mare forestière, *Le Tournesol* de Fernand Léger éclaboussant de soleil l'ombre du sous-bois, *Eramen*, l'arbre de Matta, cœur mouvant de La Petite Escalère, sensible telle une rose aux inflexions des vents, et puis le grand *Adam* de Bourdelle, mélancolique et beau. On peut se munir de cette carte d'emblée, mais on peut aussi, comme je le fis, n'en faire l'emploi que dans un second temps : durant cette deuxième déambulation dont le désir naît, sans bruit, dès les premiers pas de la première promenade où seul le hasard sert de guide. Après avoir vu, la carte attend celui qui a envie de revoir. Il y trouvera des noms, il y trouvera des titres, mais il découvrira une carte d'un genre singulier, qui ne prescrit ni n'indique nul trajet. Ici, c'est le marcheur qui fait le lieu. Certes, le sol propose ce que la carte tait. Les traverses, sauvées de quelque ligne de chemin de fer désaffectée, dessinent des voies possibles. Mais on peut aussi, muni de ces bottes qui, à l'entrée du jardin, attendent le visiteur, sortir des sentiers esquissés, couper à travers prés afin, peu à peu, d'aller vers la tourbière qui borde le sous-bois. On peut, enfin, se passer de carte lors de chacune de ses pérégrinations, afin, les mains vides, d'avoir les yeux grands ouverts et le corps en éveil, pour mieux éprouver ce qu'offre cette fusion de la marche et du regard.

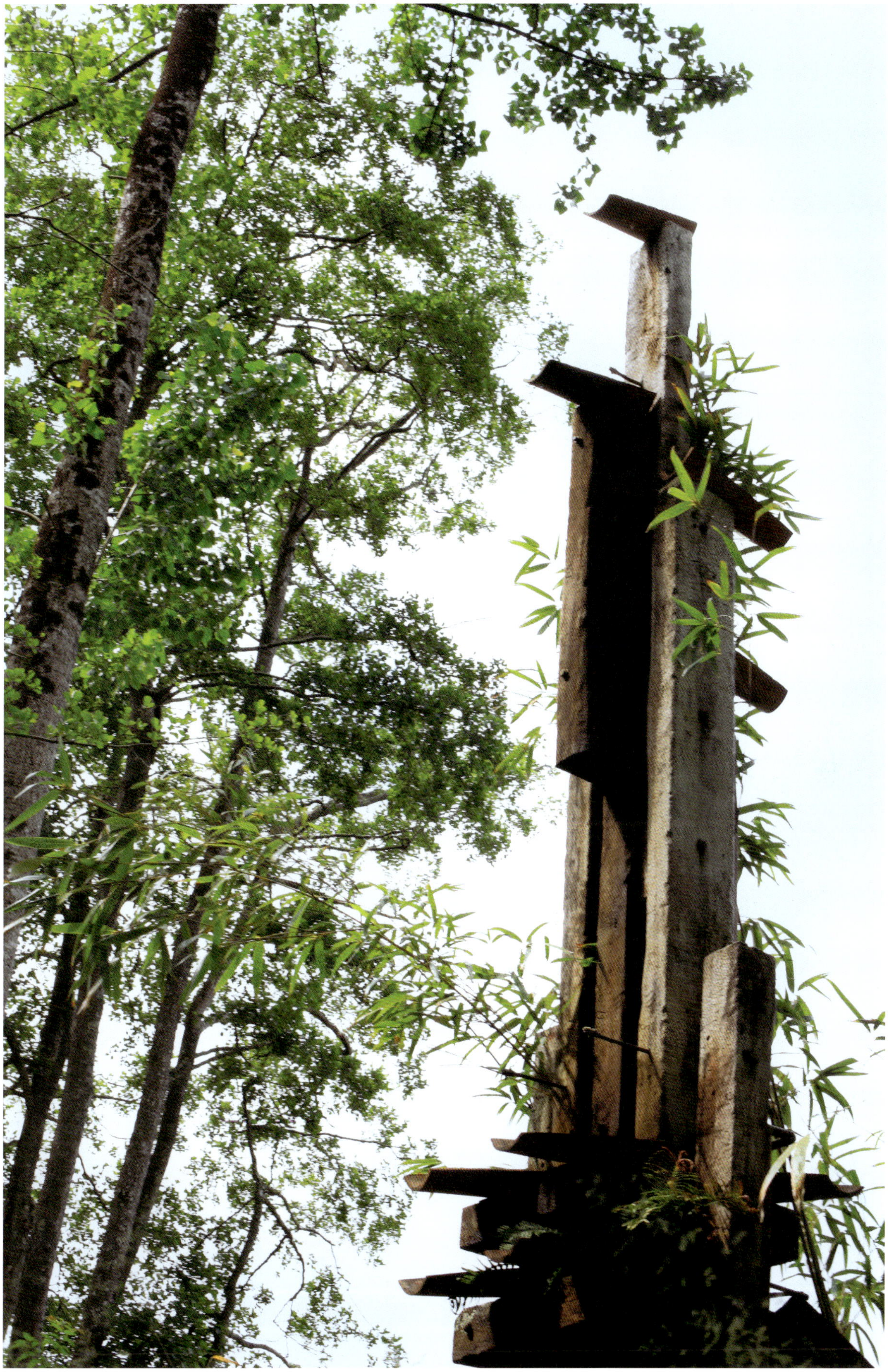

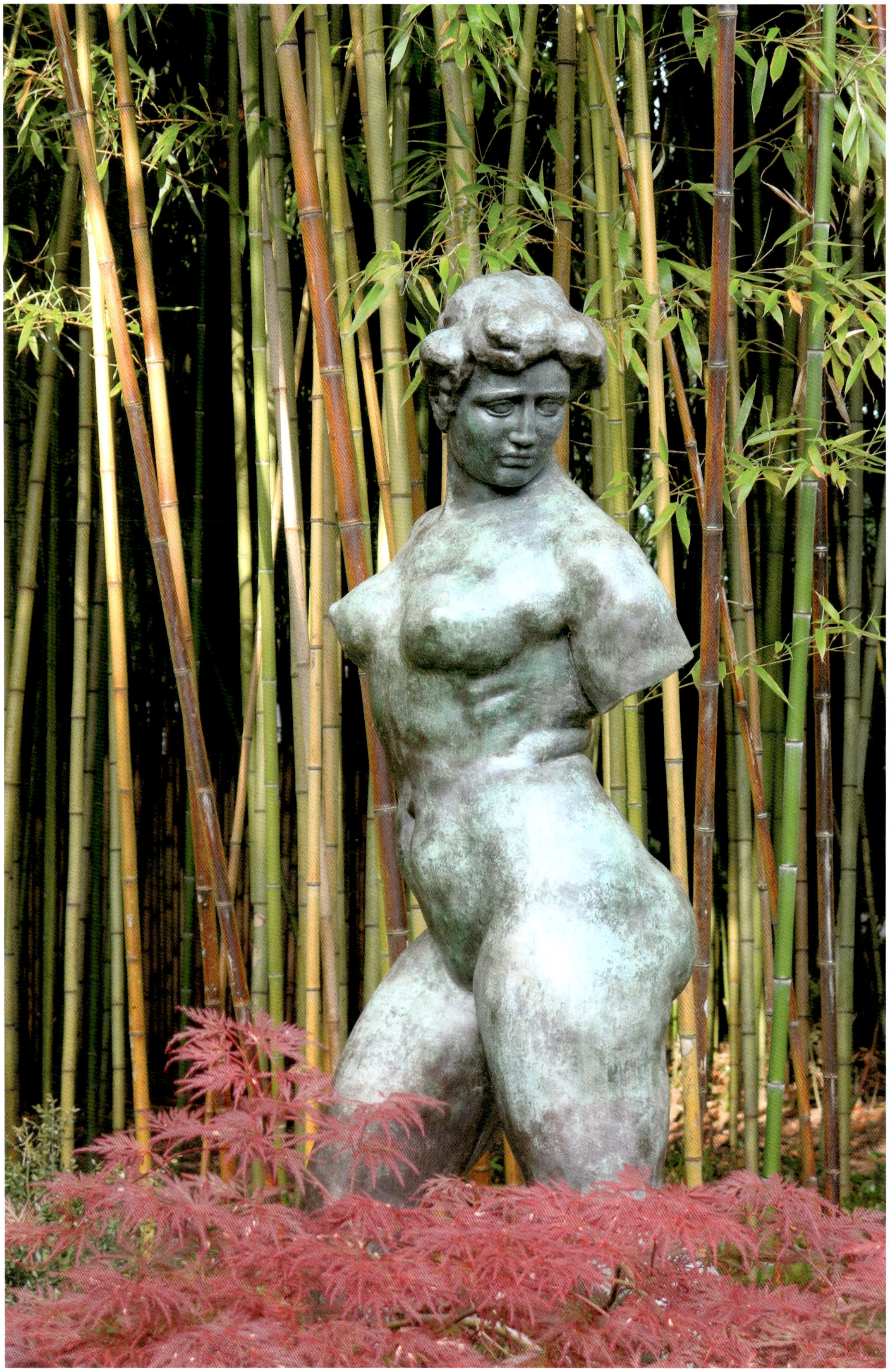

Aristide Maillol, *L'Action enchaînée (monument à Auguste Blanqui sans bras)*, 1905.
Page suivante. Jean-Pierre Raynaud, *Autoportrait*, 1980-1991.

C'est au retour, alors, comme en un geste de remémoration, que l'on ouvrira cette carte pour lui confier, par le souvenir, la trace de nos trajets. Le plan devient histoire et mémoire : la nôtre, celle du jardin, celle des êtres rares qui firent de ce lieu un jardin.

Comment définir La Petite Escalère pour qui ne l'a pas éprouvée ? Un jardin de sculptures ? L'expression, banale, qui désigne ces espaces verts aménagés afin d'y présenter des sculptures, le plus souvent monumentales, ayant vocation à être installées dans l'espace public, ne dit rien de la singularité d'un tel lieu. Certes, il y a bien ici des sculptures (une soixantaine environ), comme il y a ici un lieu, naturel, qui fut mainte et mainte fois travaillé par l'homme pour prendre, pour partie, l'allure d'un jardin que borde un bois annonciateur d'une vaste tourbière, le Moura. C'est tout cela, La Petite Escalère, en d'autres mots c'est la relation entre tous ces éléments - œuvres, jardin, eau, tourbière - qui fait lieu. Car pour qu'il y ait lieu, et non espace, étendue sans fin, il faut une limite, que la tourbière et l'eau, celle de l'Adour qui longe la route qu'à chaque instant elle menace de recouvrir, incarnent. C'est avec et contre cette double limite, en s'appuyant sur elle comme en luttant contre son extension, que le jardin a pu naître et plusieurs fois renaître, telle la version provisoirement domestiquée de forces qui, ailleurs, ne se laissent pas dompter. C'est enfin parce qu'il y a limites, et parce qu'il y a jardin, nature cultivée à laquelle l'homme a donné forme parcourable, que les sculptures, ici, ont pu trouver leur place. La Petite Escalère, jardin rêvé par quelques Hollandais façonneurs de canaux et de polders, est comme ces tableaux que l'on appelle nature morte : des vies silencieuses où l'on ne sait ce qui, des objets qui les occupent ou du lieu qui les accueille, façonne l'autre. Dans ce jardin, déplacer une sculpture, la faire passer, mettons, du sous-bois au pré, n'est pas qu'une affaire d'agencement : c'est une reformulation de l'espace, de tout l'espace, de ce qu'il contient comme des bornes qui contiennent et donnent forme à ce tout.

Pour tenter de comprendre ce qui s'est noué ainsi, pour tenter de rendre lisibles les liens eux-mêmes, et ce qu'ils ont fait jaillir de si fécond, de si fort et de si fragile en même temps, il faut en revenir, une fois encore, à des noms propres qui, eux aussi, ne se trouvent sur aucun cartel, lors même qu'ils sont partout présents. Ils sont au nombre de trois : Paul Haim, Jeannette Leroy et Gilbert Carty. Ce lieu est leur histoire : le fruit et la trace de ce qu'ils firent ensemble. Paul Haim, dans ce trio, joue le rôle du collectionneur : un marchand si amoureux de l'art qu'il en vint à préférer acquérir et préserver, plutôt que vendre. Que cet homme ait également été romancier importe aussi dans cette affaire où la puissance de l'imagination, et le désir de lui donner forme visible, jouent un rôle déterminant. Jeannette Leroy est peintre. Elle est également l'épouse de Paul Haim. C'est avec elle que Paul acquit cette terre destinée à devenir leur jardin privé. Le troisième, Gilbert Carty, devrait sans doute être nommé en premier, car, dans cette histoire, il est le jardinier. Ici, chacun a un rôle bien précis, qui diffère de celui des deux autres, et c'est cette différence - on devrait dire complémentarité - qui a présidé à la création, commune, de cet unique jardin.

Paul fut donc le premier acquéreur. Celui qui commença par collectionner des œuvres qui racontaient son goût, son époque, et son aventure de marchand : Rodin, Bourdelle sont les témoins de cette étape-là. Et puis, peu à peu, il ne se contenta plus d'acheter de la sculpture, il l'acheta pour le jardin, celui-ci devenant à la fois le destinataire, mais aussi, à bien des égards, le commanditaire de l'œuvre. Chillida, Oteiza, tous deux basques et sculpteurs, tous deux ayant éprouvé, par leur travail, la relation entre ces deux termes, traduisent l'implantation de ce jardin en un lieu plus vaste, cette frontière fluviale entre Landes et Pays basque que La Petite Escalère exprime à la façon d'un microcosme. Commanditaire, le jardin le fut aussi au-delà de tout lien géographique, lorsque des artistes - Matta, Zao Wou-Ki, entre autres - se mirent à concevoir des œuvres pour ce lieu-là, comme si c'était un monde, ou une arche, où il s'agirait de mettre à l'abri le représentant d'une espèce, en attendant le Déluge. L'histoire, la géographie, l'amitié sont les meilleurs ferments d'une possible création.

Que fit Jeannette, dans cette aventure, elle qui était peintre ? C'est elle, en 1969, qui acheta le premier lopin de terre, 2 000 m^2 de terrain, avec une maison. C'était avant que Paul n'empiète sur le champ du voisin, qu'il finit par racheter. C'était avant qu'il ne décide de mettre une puis deux puis trois sculptures dans ce lieu qui, comme le nombre des œuvres, semblait devoir s'accroître à l'infini. Face à cela, qui était comme une vague, que fit-elle ?

Elle agit en artiste, n'ayant de cesse, dès lors, de faire bouger les lignes qui menaçaient de se figer, n'ayant de cesse de perturber les ordonnancements qui devenaient trop attendus. Lorsque Paul installait une sculpture dans le jardin, elle plantait un buisson, ou un rosier, voire un arbre auprès de celle-ci. Pas pour cacher la statue, mais comme en un rite de bienvenue où c'était la nature, occupante originelle des lieux, qui venait accueillir et prendre la nouvelle arrivante sous son aile. Dans un jardin de sculptures, les statues l'emportent sur l'environnement qui leur sert d'arrière-plan. À La Petite Escalère c'est l'entrelacement qui prévaut, l'union féconde de l'art et du vivant. Le jardin se fit labyrinthe, autour des sculptures, afin de mieux les enlacer, afin que leur découverte soit une surprise et une récompense pour les marcheurs aventureux.

Pour que cela soit juste, pour que l'équilibre entre sève et bronze soit sans cesse maintenu, sur le mode du vif, il fallait à ce monde son jardinier. Ce fut Gilbert Carty. Il arriva en 1977, et ne repartit point de ce lieu qu'il fit sien. Avec Paul Haim ils drainèrent des canaux enfouis, ressuscitant sans le savoir la mémoire endormie de ces ingénieurs – des Hollandais sans doute – qui, autrefois, avaient appris aux habitants des barthes à conquérir la terre là où règnent les eaux. Ils en creusèrent aussi de nouveau, dans l'espoir que jardin et fleuve vivraient en harmonie, comme le faisaient désormais sculptures et arbres dont il devenait difficile de dire qui jouait pour l'autre le rôle de tuteur. Gilbert Carty fut donc l'homme de l'équilibre et de l'accord : celui qui, entre la pulsion collectionneuse de Paul et le désir d'ensemencement de Jeannette, faisait le lien, sans abolir ni le désir de l'une ni le besoin de l'autre. Lui aussi savait se tenir au carrefour des chemins, pour mieux protéger et porter les messages.

De cet esprit jardinier, tout, ici, porte la trace, les dahlias aux formes ouvragées comme les œuvres elles-mêmes, à l'allure si souvent biomorphe. *Eramen*, l'arbre de Matta, en est l'emblème. Mais que dire ici de la présence de Rodin, ce sculpteur qui emprunta à l'art des jardins l'une de ses pratiques majeures, le marcottage ? Que dire, surtout, de la façon dont une bambouseraie a été délibérément plantée là même où se tiennent le *Pierre de Wissant* de Rodin et *L'Action enchaînée* de Maillol ? Dans quel jardin de sculptures ferait-on cela ? Dans quel jardin de sculptures trouverait-on, présentés de la sorte, un relief de Bourdelle (*La Danse*), des mosaïques (Matta, Zao Wou-Ki), et d'autres œuvres murales (Fernand Léger) que l'on s'attendrait à trouver dans des lieux clos, musées ou maisons ? Poser ces questions c'est faire perdurer l'esprit de Jeannette, qui, avec la complicité de Gilbert, mena un combat constant contre les convenances et autres règles muséales. Ici règne l'hétérodoxie. Et le désir d'ouverture. Il suffit, pour s'en persuader, de s'arrêter sur les sculptures d'Oteiza, ou bien encore sur *La Maison des enfants* de Federica Matta comme sur la *Chambre végétale* de Cristina Iglesias. À La Petite Escalère les maisons rêvées sont comme les maisons réelles : ouvertes, ouvertes aux humains qui les parcourent en les traversant (Dan Graham, *Pavilion for Pisces*), ouvertes à cette nature partout à l'œuvre qui en constitue le cœur. Lorsqu'un lieu secret joue son rôle d'abri, il peut accueillir des maisons sans portes, où vient se nicher le vif.

Aux noms des trois inventeurs de La Petite Escalère, il faut en ajouter un quatrième : celui de Dominique Haim, fille de Paul, qui eut la tâche belle et délicate de continuer l'œuvre entreprise. C'était en 2006, à la mort de son père. En 2008, *Refuges*, d'Andy Goldsworthy, trouva, naturellement, sa place en ce lieu. Le titre de l'œuvre, le nom de son auteur pour qui il n'est de création que procédant d'un lieu spécifique, dont il s'agit à la fois d'exprimer et de respecter ladite spécificité, tout indique l'incroyable justesse de la façon dont Dominique conçut ce que continuer voulait dire. Il s'agissait de prolonger : non pas de répéter, ce qui eût été mortel, mais d'apporter sa propre marque humaine car ce jardin n'était que cela – marques entrelacées – tout en respectant l'esprit des lieux. Ici, souvenons-nous-en, c'est le jardin qui est le véritable commanditaire.

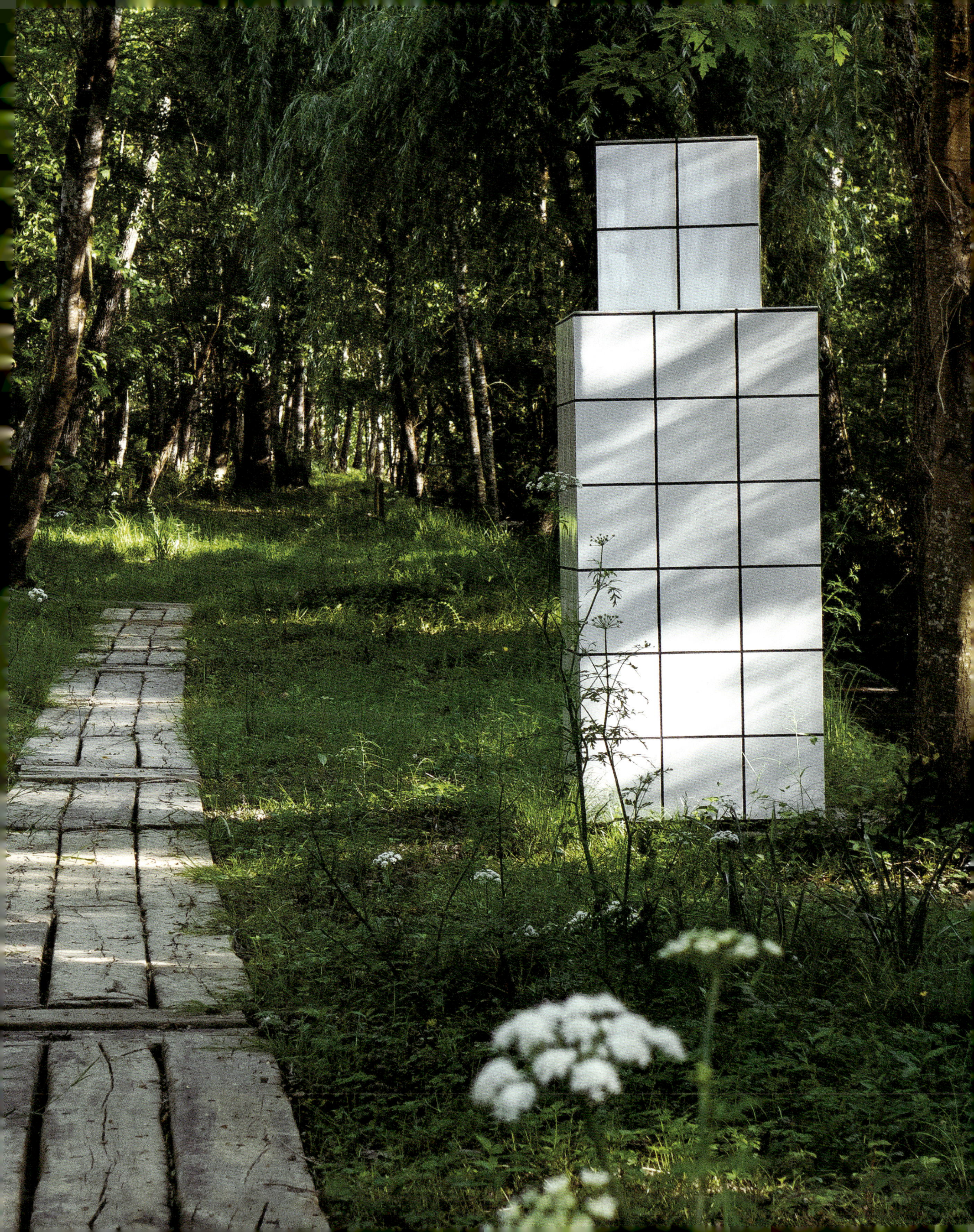

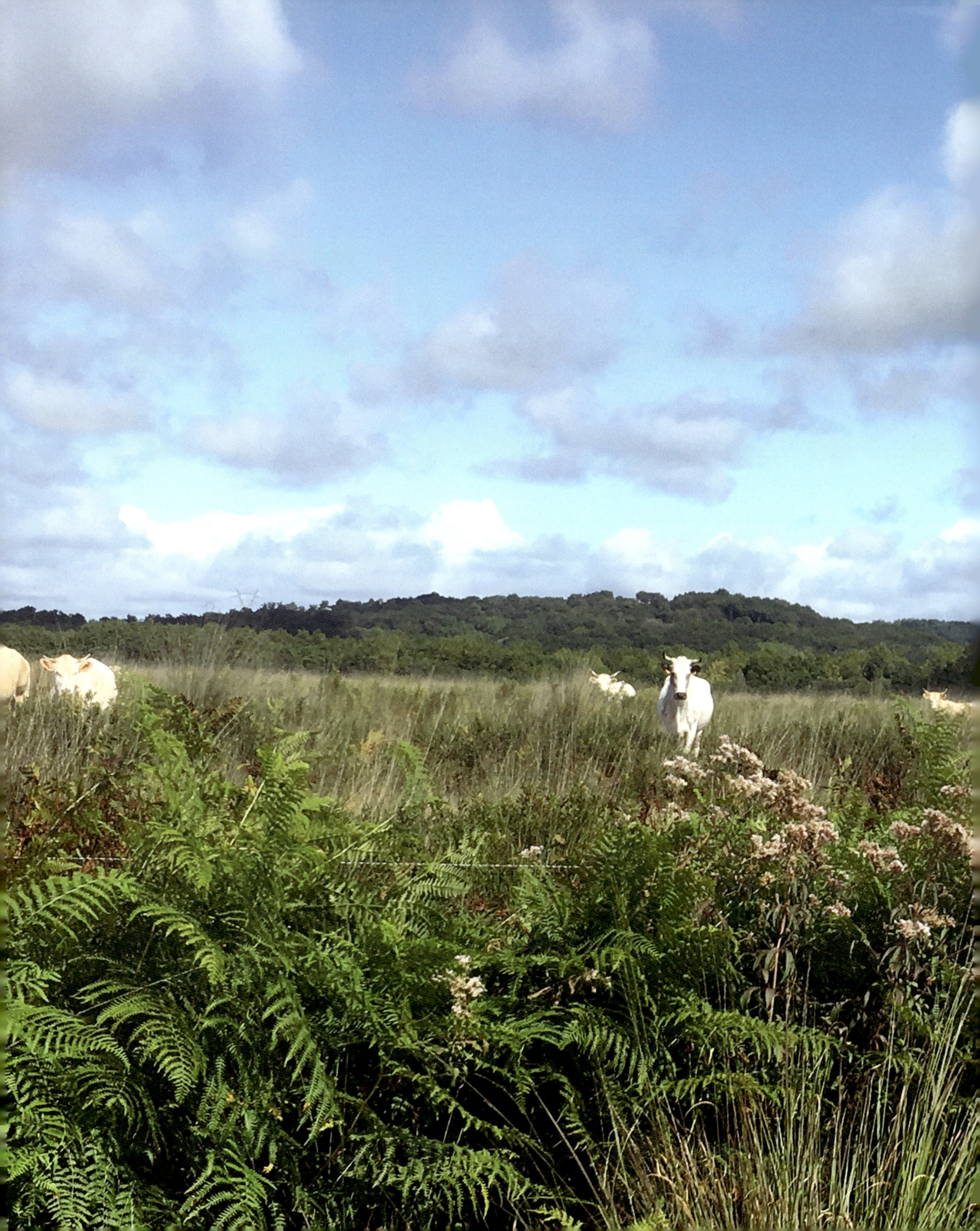

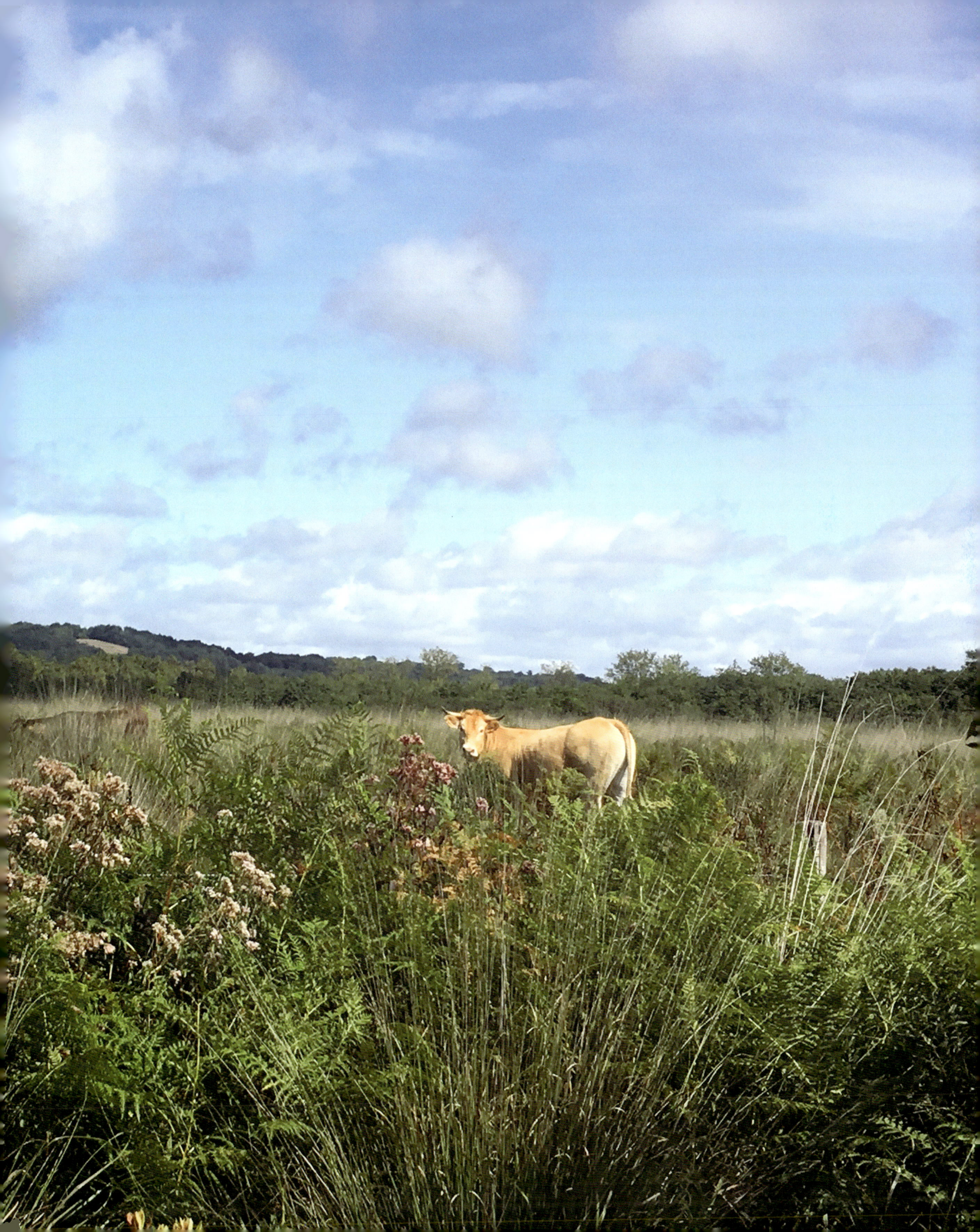

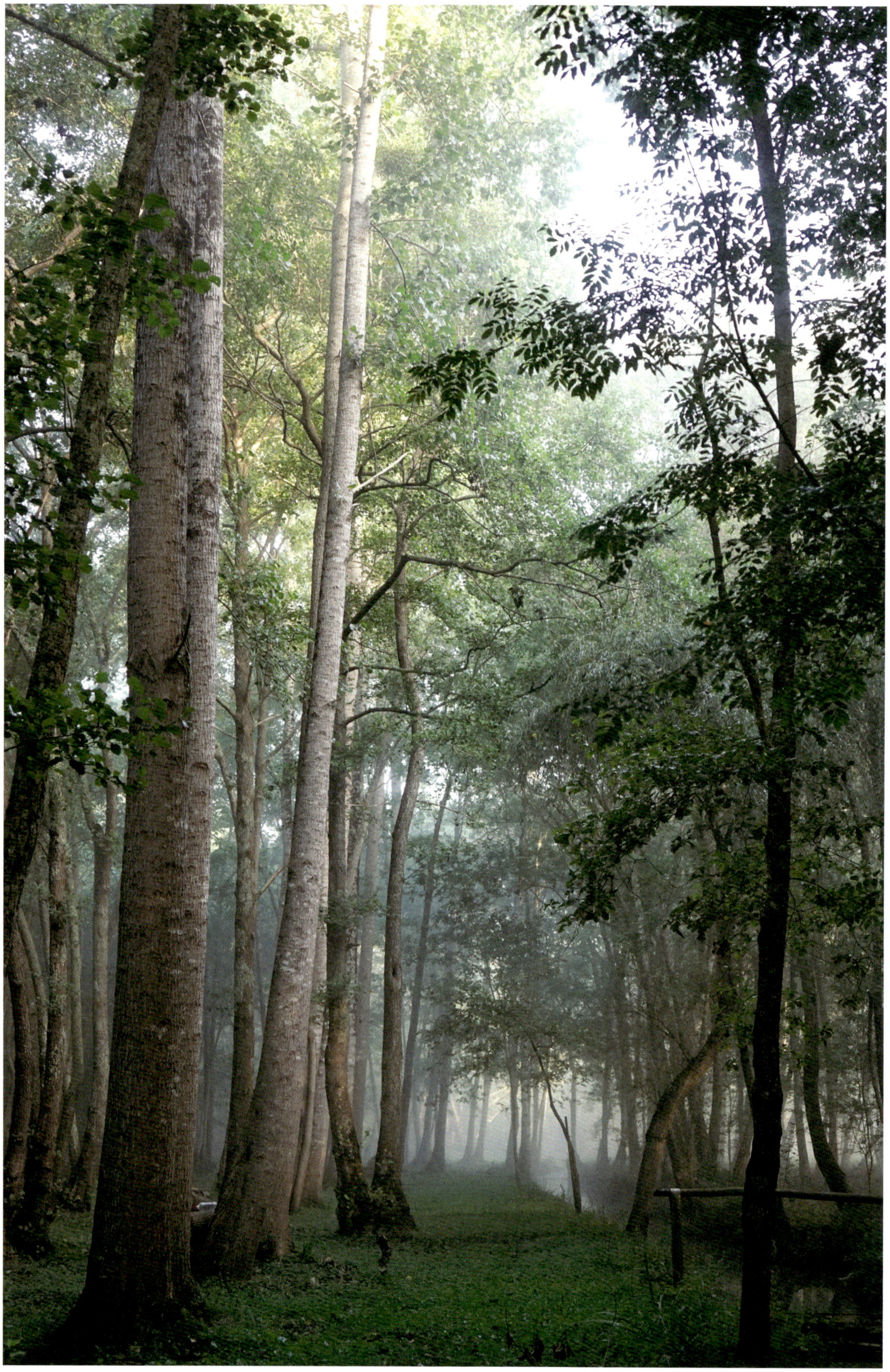

> *« La Petite Escalère est une utopie. »*

Continuer, c'est perpétuer une présence, au-delà de l'absence des êtres chers. Rendre les absents présents : en peinture on appelle cela portrait, en sculpture, monument. Si ce jardin dessine un portrait de groupe – Paul, Jeannette, Gilbert, Dominique –, combien d'œuvres qui s'y tiennent debout (de Jean-Pierre Raynaud, Françoise Lacampagne, Joan Miró, Antoine Poncet et de bien d'autres encore) prennent en ce lieu l'allure d'une mémoire vive ?
Écrivant cela, parlant de mémoire vive par opposition à tant de monuments aux morts, je comprends soudain la présence si forte, si joyeuse et si nécessaire, à La Petite Escalère, de toutes ces sculptures-fontaines. Quelle meilleure manière, en effet, de rendre la mémoire heureuse qu'en associant la forme monument et l'eau ? Il suffit d'avoir été arrosé par les seins généreux et fantasques de la *Nana* de Niki de Saint Phalle pour comprendre cela. Quelle façon, enfin, y aurait-il, plus exacte que celle-là, de dire de quoi La Petite Escalère est le lieu qu'en conjuguant, comme le fit Takikawa, l'eau du canal de Gilbert, les traverses de bois récupérées par Paul et la tuile romaine qui évoque la maison dont Jeannette fit autrefois l'acquisition ? Takikawa, c'est l'esprit des lieux devenu sculpteur.
La Petite Escalère est une utopie. Pas une utopie naïve, certes, pas un monde idéal et clos, idéal parce que clos, loin de la fureur du monde réel. Mais une utopie d'autant plus belle qu'elle fut, comme les pays de polders, arrimée au bord du précipice. Celui-ci s'appelle Adour, côté fleuve, et Moura, côté terre. Dans les deux cas il est ce dont viendra la fin, et c'est ce qui est terrible, et c'est ce qui est beau : ce paradis placé sous le signe du danger, abri temporaire mais abri malgré tout, abri parce que temporaire, d'autant plus précieux et nécessaire qu'il se tient là, dans cet entre-deux.

S'il y a quelque chose de foncièrement déraisonnable dans cette manière d'agencer sculpture et nature, hors de toute convention, hors de toute chose nommable dans un monde où règnent les cartels, cette déraison est porteuse d'une beauté sauvage qu'offre seule l'acceptation de cette finitude qui se niche au cœur du vivant. À La Petite Escalère, à la tombée du soir, comme en un rituel, ceux qui ont marché durant le jour sortent du jardin pour aller au ponton qui, de l'autre côté de la route, tel un balcon sur l'Adour, les attend. À ceux qui viennent le voir, l'Adour, parfois, dévoile son allure la plus secrète : celle d'une stase, d'un suspens temporel, au moment où la marée se retire, après avoir pénétré haut dans le fleuve, au point d'en avoir presque inversé le cours. Soudain, pour un instant, avant que l'eau ne reprenne son juste cours, tout est étale : immobile et étale. Ce suspens, c'est le temps de La Petite Escalère : celui du marcheur qui fait une halte entre deux étapes, afin de regarder vraiment. L'Adour, comme les sculptures que la nature enlace, s'offre brièvement, dans cet entre-deux, dont la brièveté n'a d'égale que la beauté. C'est la vie même qui s'offre ainsi : utopie possible car limitée par sa fin. Un nom encore, un dernier nom manque dans notre liste des noms qu'il faut invoquer ici tels les gardiens de la présence : Petite Escalère. C'est quoi, une escalère ? Dans un vieux livre je trouve que c'est ainsi qu'autrefois on nommait une barque, ou une chaloupe. L'image est belle tant elle évoque ce qui flotte malgré tout, offrant un juste et fragile abri au voyageur qui affronte les périls du monde. D'autres disent que c'est une échelle, et cette hypothèse, soudain, ouvre mon regard sur tous ces chemins de traverse qui furent autant de voies vers une possible ascension. Celles qui vivent là me disent que c'est à l'escale, ce temps où le marin s'arrête, entre deux traversées, que le mot fait songer. Escale des humains, pareille à ce suspens du temps et de l'eau qu'offre l'Adour à ceux qui vont au ponton. La Petite Escalère, c'est donc bien un entre-deux : une présence que rien, pas même les débordements d'un fleuve, ne pourra jamais abolir.

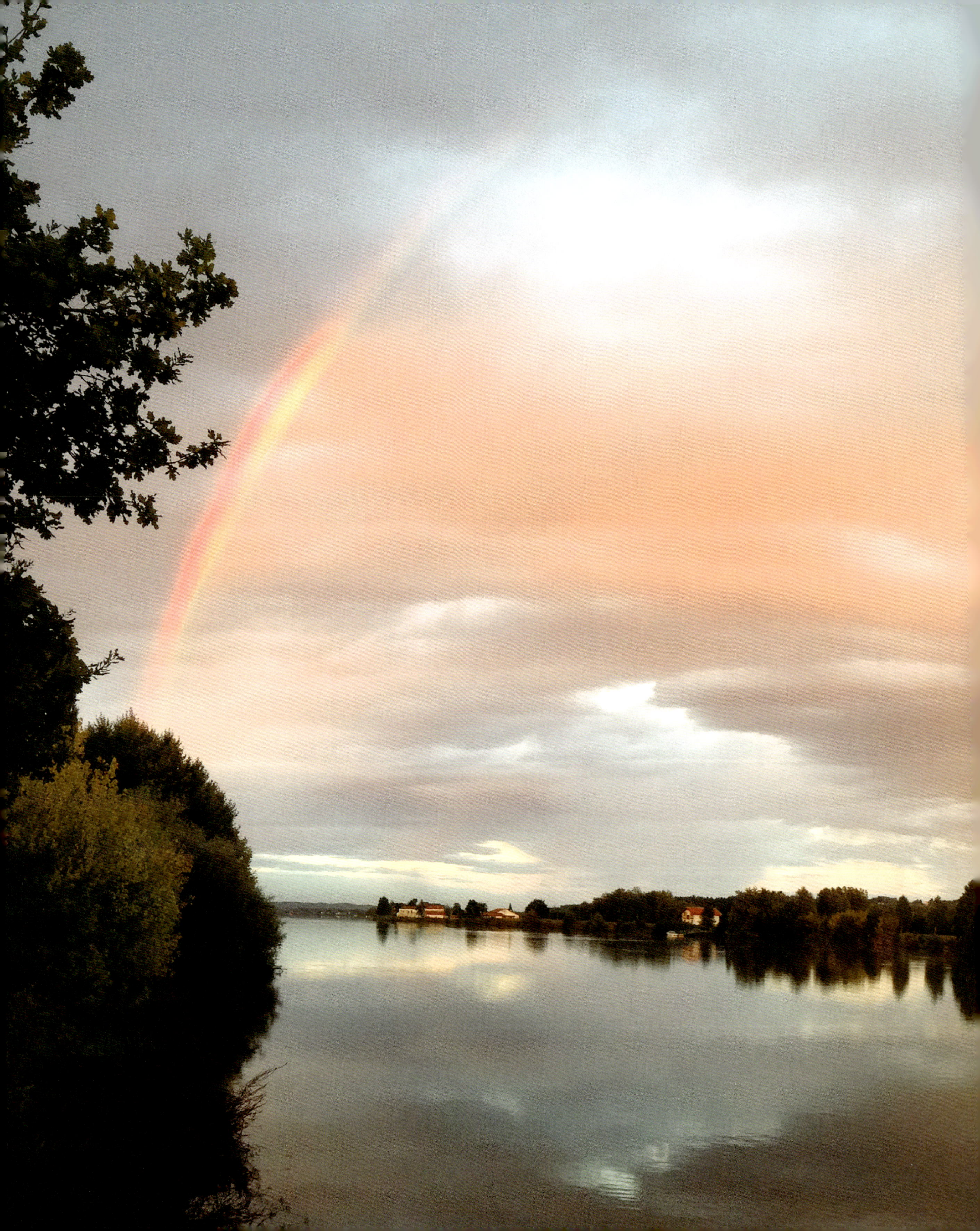

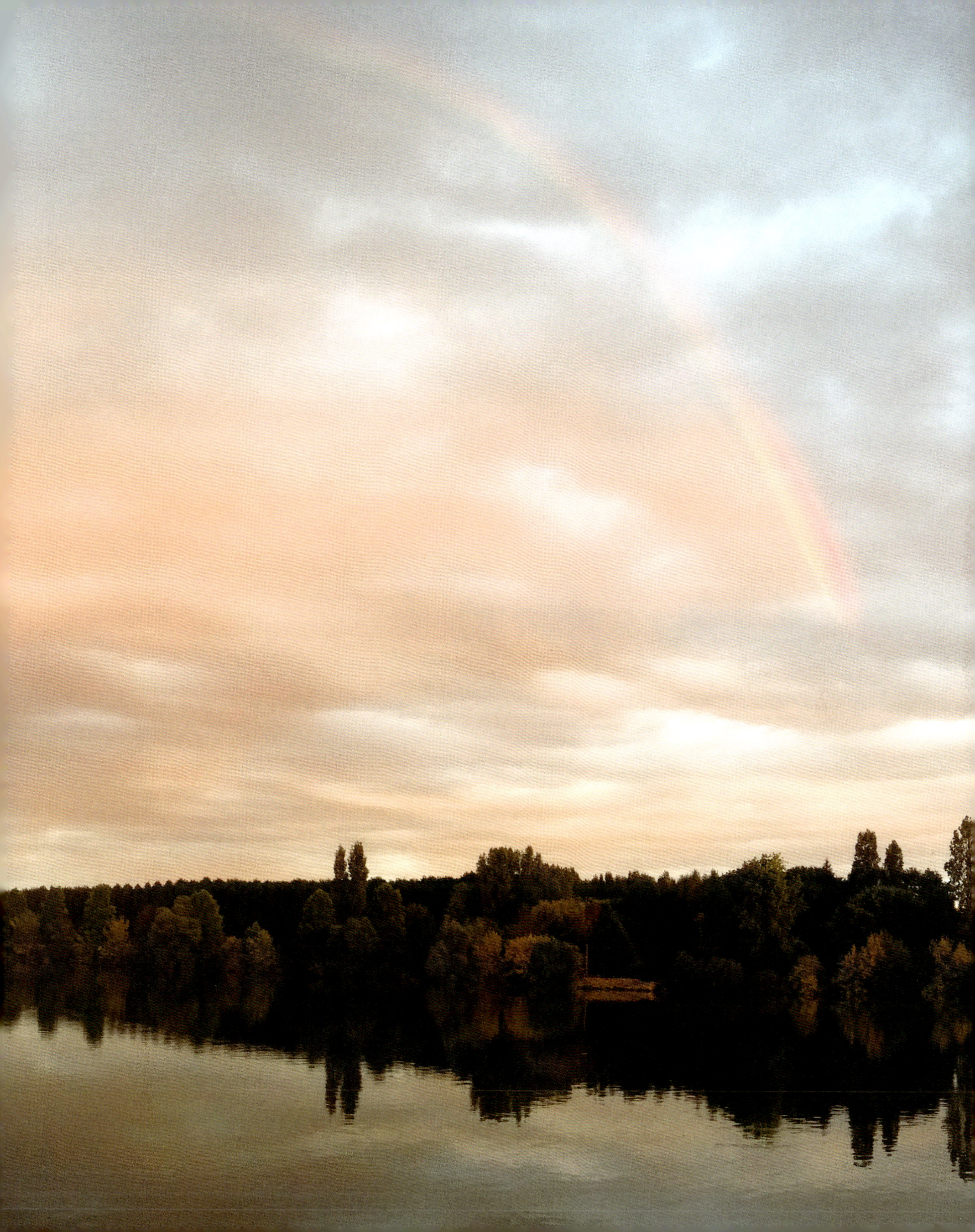

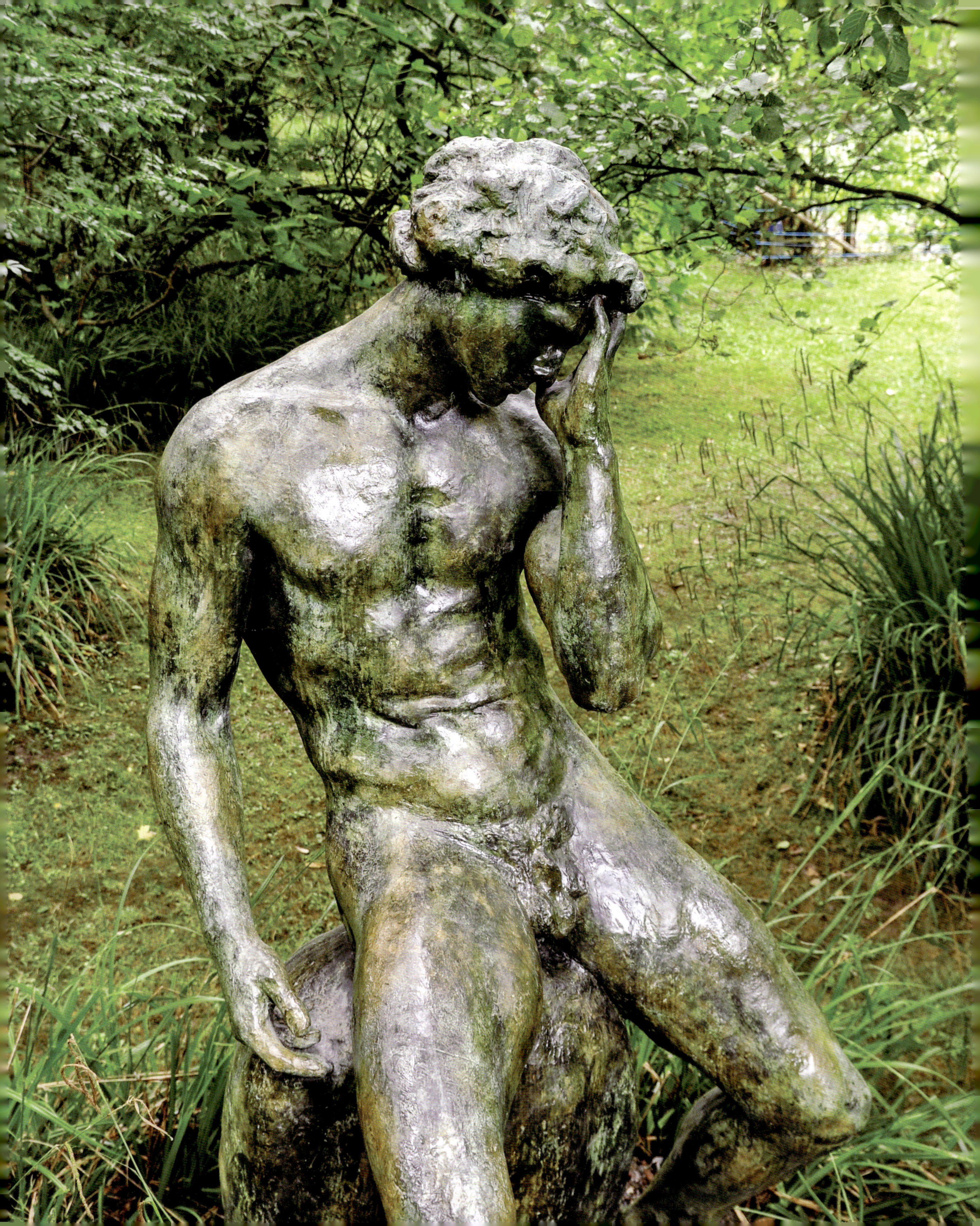

GARDEN OF PRESENCE

PIERRE WAT

For the women of the garden

There they are. I walk along on the wooden railway ties that trace the possible ways through, and there they are. I say "they" to designate these sculptures, because as I walk, I think of giants, or of Hermes, the ancient god of the crossroads, the messenger god of the gods, the protective god of travelers. Is this why, because they are there, that I feel protected? Is it this memory of Hermes that gives me the feeling, when I take these paths, that the sculptures seem to speak to each other, communicating a secret message that my journey helps to transmit?
To be in La Petite Escalère means to walk. Hermes is the god of movement, of transitions, of the in-between. The sculptures in this garden are stopping places: temporary stases, pauses between two stages. The stop, like the step, is what makes viewing possible. To look at the sculptures, to really see them, to experience the extent to which they are at one with this place, where they are one of the living components, requires blending approach and arrival, quest and contemplation, and then touching them with hands and body, because everything here allows it. The sculptures, like the trees, like the flowers, like the water that flows everywhere, are experienced as much by the hand as by the eye. To be at La Petite Escalère is thus to demonstrate, physically, what it means to walk. This drained soil, at once threatened by water and nourished by it, must be crossed on foot so that one may come to a bodily understanding of the landscape. Not a departure, but an experience from within: a pilgrimage to an unknown country, one that opens up and offers itself up as an initiation to a happy chosen few.

Antoine Bourdelle, *Adam*, 1889.

There are no labels beside the sculptures, either on their pedestals or on the ground, to offer the curious viewer the option of knowing the title and authorship of what is encountered in the grass of the meadows or the undergrowth of the trees. Some works—by Rodin, Bourdelle, and Miró—can easily be recognized and need no explanation. But the silence that deliberately accompanies each of the sculptures is an invitation: a way to allow the rambler the possibility of getting lost, thereby tracing a path that will soon tell the tale of an elated errancy, of one's own trail. A way, too, of preventing expectation from eclipsing true vision. The absence of any label is the condition of access to what is taking place, to this event that is the true gaze. For it is a question of seeing, not of recognizing: of being free to admire a work of art without basing a judgment on the reputation of one sculptor or another. It is the interaction that creates the work of art, not the name. Thus, I, who fell in love, immediately and at first sight, with a fountain sculpture made of an assemblage of crossbeams, Roman tiles and metallic rods, was delighted to discover later that this untitled work was by an artist unknown to me: Likichi Takikawa.
One can, if one wishes to do so, equip oneself with a map in order to attribute title and author to what one encounters in the course of one's wanderings: *Le Silence*, by Jean-Michel Sanejouand, a pensive figure that watches over the wide avenue; *Nuit Ouvrante*, by Étienne-Martin, that nestles in the shelter of a grove; *Nana*, by Niki de Saint Phalle, springing from a forest pool; *Le Tournesol* by Fernand Léger, splashing sunlight on the shade of the undergrowth; *Eramen*, the tree of Matta, the fluttering heart of La Petite Escalère, as delicate as a rose in the shifting breeze, and then the great *Adam* by Bourdelle, beautiful and melancholy. One can take this map along from the outset, or one can, as I did, use it only later, on a second stroll, the desire for which silently arose in the very first steps of the first, when chance alone served as a guide. After having seen the garden once, the map awaits those who want to see it all again. Therein can be found the names and the titles, but only these: the map neither prescribes nor indicates any itinerary. Here, it is the wanderer who sets

the scene. Of course, the ground reveals what the map conceals. The wooden ties, salvaged from some old abandoned railroad line, delineate possible paths. But, equipped with the boots that await the visitor at the entrance to the garden, one can also abandon the marked trails, and cut across meadows in order, step by step, to approach the bog bordering the undergrowth. Or one can dispense with the map entirely, in order, empty-handed, to keep one's eyes wide open and one's body alert, to best enjoy what is offered by this fusion of the step and the gaze. It is on our return, then, as a gesture of remembrance, that we open the map to confide in it a recollection of the course of our journey. The map becomes history and memory: ours, that of the garden, and that of the rare beings who made this place into a garden.

How to define La Petite Escalère for those who have not experienced it? A sculpture garden? This banal term, used to describe green spaces arranged to display sculpture, most often of the monumental variety intended for public installation, captures nothing of the uniqueness of such a space. There are certainly sculptures here (in fact, about sixty), and there is also a natural setting that has been repeatedly modified by people to take on, in part, the appearance of a garden bordered by a wood heralding a vast bog, the Moura. La Petite Escalère is all of this; more precisely, it is the relationship among all of these elements—art works, garden, water, bog—that defines this place. In order for there to be a place—not a space, or an endless expanse—there must be a boundary, which here is embodied by the bog and by the waters of the Adour that runs along the road and threatens to overwhelm it at every instant. It is with and against this double boundary, relying on it as well as resisting its spread, that the garden has been born and repeatedly reborn, like a provisionally domesticated version of forces that, elsewhere, are untamable. It is because there are boundaries, and because there is a garden, a cultivated natural space to which people have given a form that can be explored on foot, that the sculptures here can find their place. La Petite Escalère, a garden dreamed up by a few Dutch builders of canals and polders, is like the paintings called still lifes, in which you aren't certain whether it is the objects that shape the setting, or the setting the objects. In this garden, to relocate a sculpture, to move it, say, from the undergrowth to the meadow, is not simply a matter of rearrangement: it is a reformulation of the space, of the entire space, both of its contents as well as the boundary markers that contain and define the whole. In order to try to understand all that is bound up with this, to attempt to make legible the bonds themselves, as well as what they have brought forth in a manner so fruitful, so strong and fragile at the same time, one must return, once again, to proper names that again cannot be found on any label, although they are present everywhere. There are three of them: Paul Haim, Jeannette Leroy, and Gilbert Carty. This place is their history: the fruit and the imprint of what they did together.

Paul Haim, in this trio, plays the role of the collector: a dealer so in love with art that he came to prefer acquiring and preserving, rather than selling. That he was also a novelist is also important in this context, where the power of the imagination and the desire to give it visible form plays a determining role. Jeannette Leroy is a painter. She is also the wife of Paul Haim. With her, Paul acquired the land that was to become their private garden. The third person, Gilbert Carty, should really be named first, because he is the gardener in this story. Here, each person has a very specific role, distinguished from that of the two others; it is this difference—this complementarity—that has guided the collective creation of this unique garden.

So Paul was the first buyer. He began by collecting works that revealed his taste, his time, his adventure as a dealer: the works by Rodin and Bourdelle are the witnesses to this stage. And then, little by little, he was no longer content simply to buy sculpture; he bought it for the garden, which became both the recipient, and, in many ways, the patron of the work. Chillida and Oteiza, two Basque sculptors, both having experienced through their work the interrelation between these two terms, translate the creation of this garden into a vaster space, the fluvial frontier between the region of the Landes and the Basque Country that La Petite Escalère represents in microcosm. As a patron, the garden transcended geographical boundaries when the artists—Matta, Zao Wou-Ki, among others—began to conceive works of art for this place as if it were a world or an ark where the representative of a species could take shelter while awaiting the Flood. History, geography, friendship are the best seedbeds for potential creativity.

Françoise Lacampagne, *Sans titre*, sans date.
Pages suivantes. Zao Wou-Ki et Dominique Hideaux, *Sans titre*, 1984.

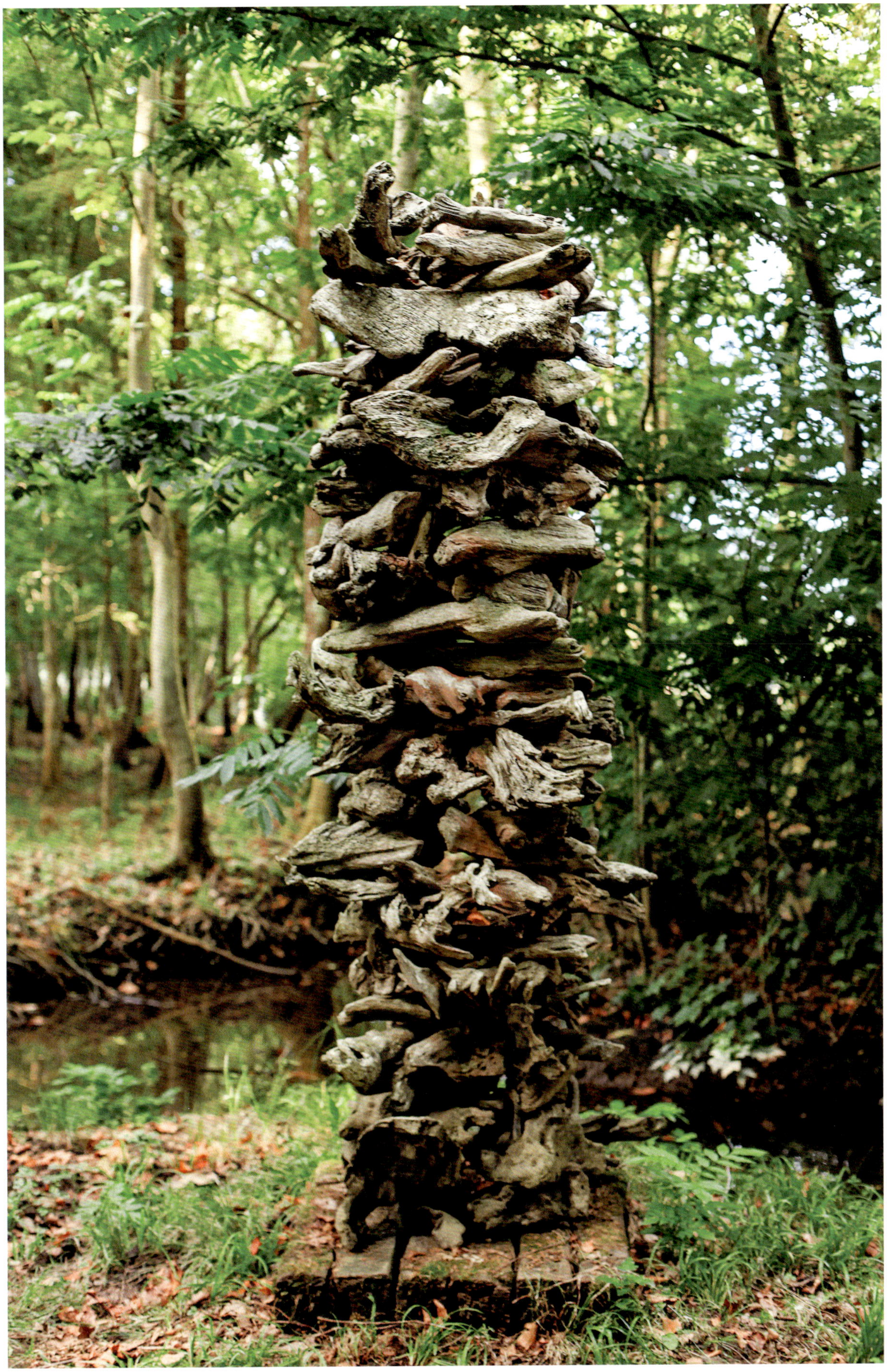

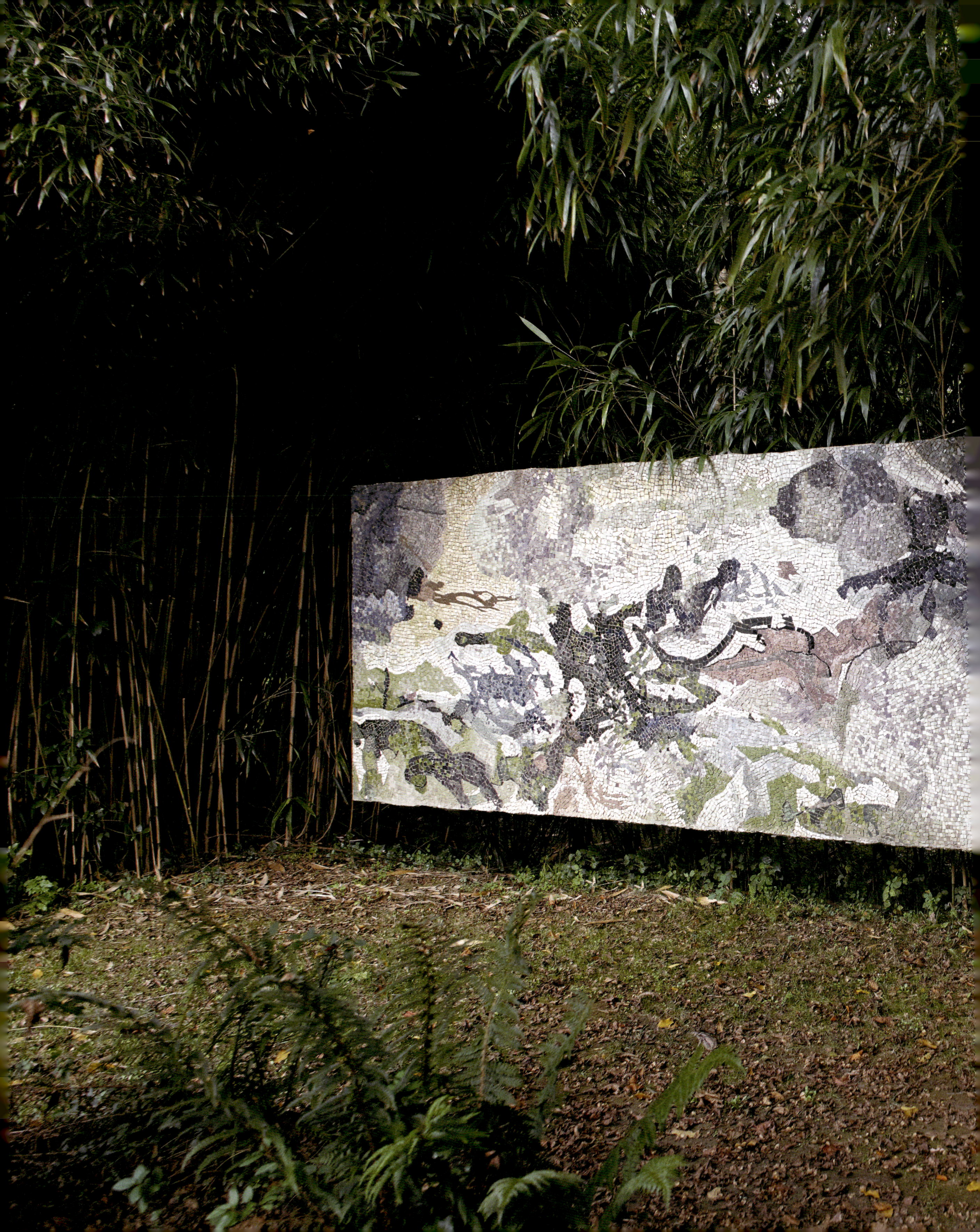

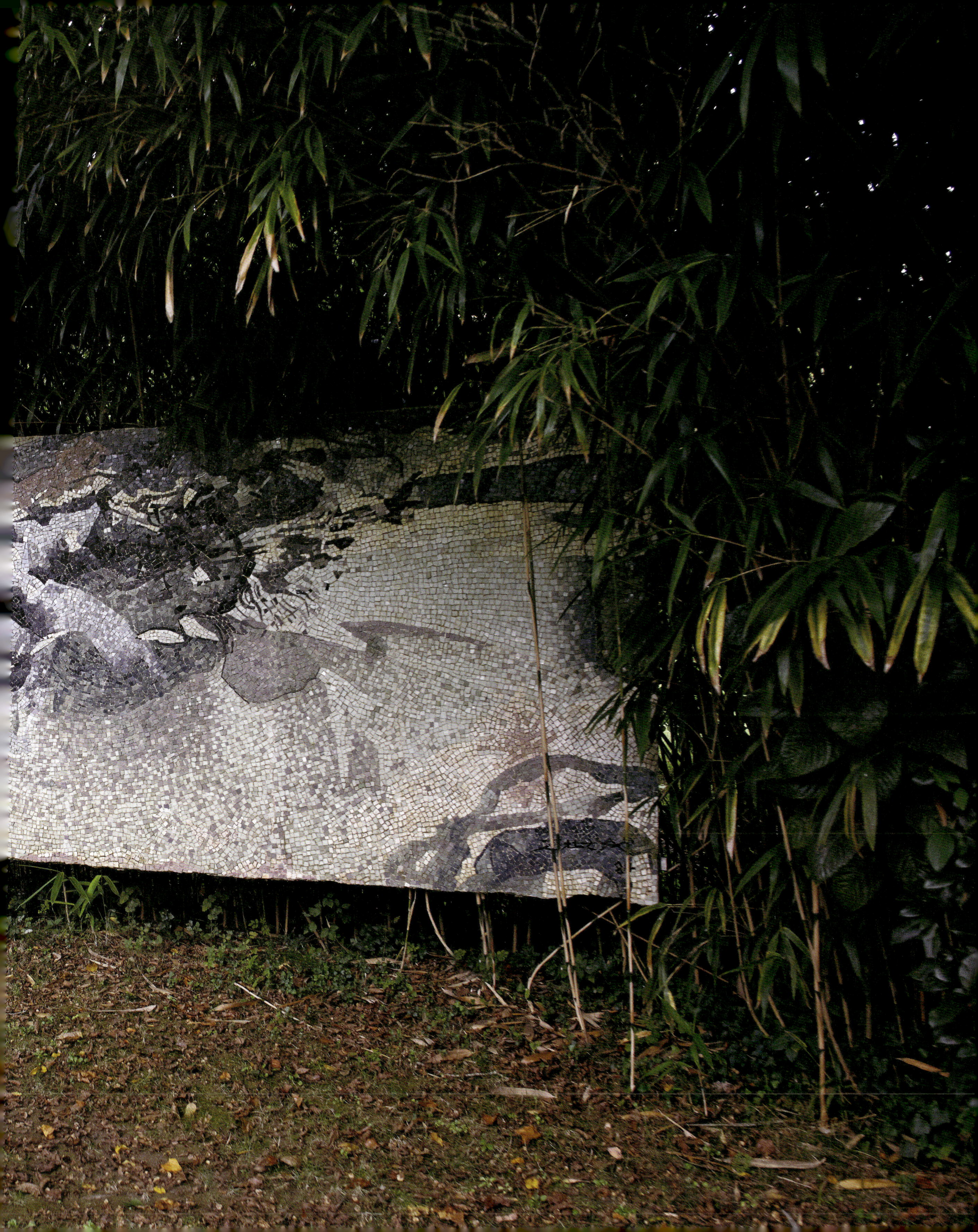

What role did Jeannette, the painter, play in this project? It was she, who, in 1969, bought the first piece of land, 2000 square meters, with a house. This was before Paul encroached upon the neighbor's field, which he ultimately bought. This was before he decided to put one, then two, then three sculptures in this space, which, like the works of art, seemed destined to increase into infinity. In the face of this wave of expansion and acquisition, what did she do? She worked as an artist, ceaselessly adjusting rows that threatened to become rigid, to disrupt sequences that became too predictable. When Paul placed a sculpture in the garden, she planted a shrub or a rosebush or a tree next to it.

Not to hide the statue, but instead as a ritual of welcome, as if Nature, the original occupant of the place, came to welcome the new arrival and take it under her wing. In a sculpture garden, the statues take precedence over the context that serves as their backdrop. At La Petite Escalère it is the intertwining of the two that prevails, the fertile union of the art and the alive. The garden became a labyrinth around the sculptures, in order to better embrace them, so that their discovery might be both a surprise and a reward for adventurous wanderers.

For this to work, for the equilibrium between sap and bronze to be constantly maintained, on the living side this world needed its gardener. This was Gilbert Carty. He arrived in 1977, and never left this place that he made his own. He and Paul Haim drained buried canals, unknowingly reviving the sleeping memory of the engineers—undoubtedly Dutch—who, long ago, taught the inhabitants of the region of Les Barthes to conquer the land there where the water reigns. They also dug new canals, in the hope that the garden and the river would live in harmony, as was already the case with the sculptures and the trees, for which it had become difficult to discern which was the guardian of the other. Gilbert Carty was therefore the man of balance and concord, the one who served as the bridge between Paul's drive to collect and Jeannette's desire to sow seeds, without sacrificing either the desire of the one or the need of the other. He, too, knew how to stand at the crossroads, to protect and transmit messages.

Everything here bears the imprint of this gardening spirit: the dahlias with their elaborate forms, and the works of art themselves, which are often biomorphic. *Eramen*, the tree by Matta, is the garden's emblem. But what to say here of the presence of Rodin, a sculptor who borrowed from the art of gardening one of his favorite working practices, layering? What to say, above all, of the manner in which a grove of bamboo was deliberately planted in the very place where Rodin's *Pierre de Wissant* and Maillol's *L'Action enchaînée* both stand? In what sculpture garden would one do this? In which sculpture garden would one find a relief by Bourdelle (*La Danse*), mosaics (Matta, Zao Wou-Ki), and other murals (Fernand Léger), presented as one would expect to find them in enclosed spaces, like museums or houses? To pose these questions is to perpetuate the spirit of Jeannette, who, with Gilbert's complicity, constantly combatted conventions and other museological rules. Here, heterodoxy reigns. And the desire for openness. To be persuaded of this, one has only to pause before the sculptures of Oteiza, or again before *La Maison des enfants* by Federica Matta or the *Chambre végétale* of Cristina Iglesias. At La Petite Escalère, dream houses are like real houses: open, open to the humans who roam through them (Dan Graham, *Pavilion for Pisces*), open to this nature everywhere and to the work that forms its heart. When a secret place plays its role as shelter, it can accommodate houses without walls, where the living come to nestle.

To the names of these three creators of La Petite Escalère should be added a fourth: that of Dominique Haim, daughter of Paul, to whom the beautiful and delicate task of continuing the project fell after the death of her father in 2006. In 2008, *Refuges*, by Andy Goldsworthy, naturally found its place here. The title of the work of art, the name given by its maker, for whom all works of art are site-specific, and in which that specificity must be both expressed and respected, reveals the incredible rightness of the manner in which Dominique conceived what to continue really meant. It was a question not of repeating, which would have been deadly, but of prolonging, of making her own human mark—because the garden was just that: intertwined marks—while respecting the spirit of the place.

"La Petite Escalère is a utopia"

Here again, let's remember that it is the garden that is the real patron.

To continue is to perpetuate a presence, beyond the absence of loved ones. To make the absent present: in painting we call this a portrait; in sculpture, a monument. If this garden draws a group portrait—Paul, Jeannette, Gilbert, Dominique—how many works standing there (by Jean-Pierre Raynaud, Françoise Lacampagne, Joan Miró, Antoine Poncet and many others) appear as a living memory?

Writing this, speaking of living memory as opposed to so many monuments to the dead, I suddenly understand the presence, so strong, so joyous and so necessary, at La Petite Escalère, of all of the fountain sculptures. What better way, in effect, to gladden memory than to associate the form of the monument with water? You only need to have been well sprinkled by the generous and whimsical breasts of Niki de Saint Phalle's *Nana* to understand this. How could one better describe La Petite Escalère than to say it is the place that brings together, as Takikawa did, the water of Gilbert's canal, the railroad ties recovered by Paul, and the Roman tiles that evoke the house that Jeannette once acquired? Takikawa is the spirit of the place transformed into a sculptor. La Petite Escalère is a utopia. Not a naïve utopia, for sure: not an ideal and enclosed world, ideal because enclosed, far from the fury of the real world. But a utopia all the more beautiful because it was, like the land of the polders, anchored at the edge of a precipice. This precipice, on the river side, is called the Adour, and on the land side the Moura. In both cases, it is from these edges that the end will come, both terrible and beautiful, to this paradise placed under the sign of danger, in a temporary shelter but shelter nonetheless, shelter because temporary, all the more precious and necessary because it is there, in the in-between.

If there is something fundamentally unreasonable in this manner of arranging sculpture and Nature, beyond all established conventions, beyond anything namable in a world where labels reign, this folly is the bearer of a savage beauty that only the acceptance of this finitude that nestles in the heart of the living can provide. At La Petite Escalère, like a ritual, as evening falls, those who have wandered during the day leave the garden to go to the pontoon that awaits them, from the other side of the road, like a balcony over the Adour. To those who come to see it, the Adour sometimes reveals its most secret side, that of a stasis, a temporal suspension, at the moment when the tide recedes, after having penetrated deep into the river, to the point of having almost reversed its course. Suddenly, for an instant, before the water resumes its proper flow, everything is slack, immobile and slack. This suspension, this is the moment of La Petite Escalère, the moment of the wanderer who stops between two stages in order to really look. The Adour, like the sculptures embraced by Nature, offers itself up briefly, in this in-between, whose brevity is equaled only by its beauty. It is life itself that is so offered: a utopia made possible because it is delimited by its own end.

One more name, a last name missing from the list of names that must be invoked here as the guardians of the presence: La Petite Escalère. What is an *escalère*? In an old book, I find that this is what one used to call a boat or a rowboat. The image is beautiful, as it evokes that which floats in spite of everything, offering a fair and fragile shelter to the traveler facing the perils of the world. Other sources say that an *escalère* is a ladder, and this hypothesis suddenly opens my eyes to all of the paths of railroad ties that could equally serve as steps towards a possible ascent. Those who live by the garden tell me that the word should make one think of a stopover, as when a sailor stops between two crossings. A human stopover, like the suspension of time and of water offered by the Adour to those who go over to the pontoon. La Petite Escalère is thus an in-between, a presence that nothing, not even the flooding of a river over its banks, can extinguish.

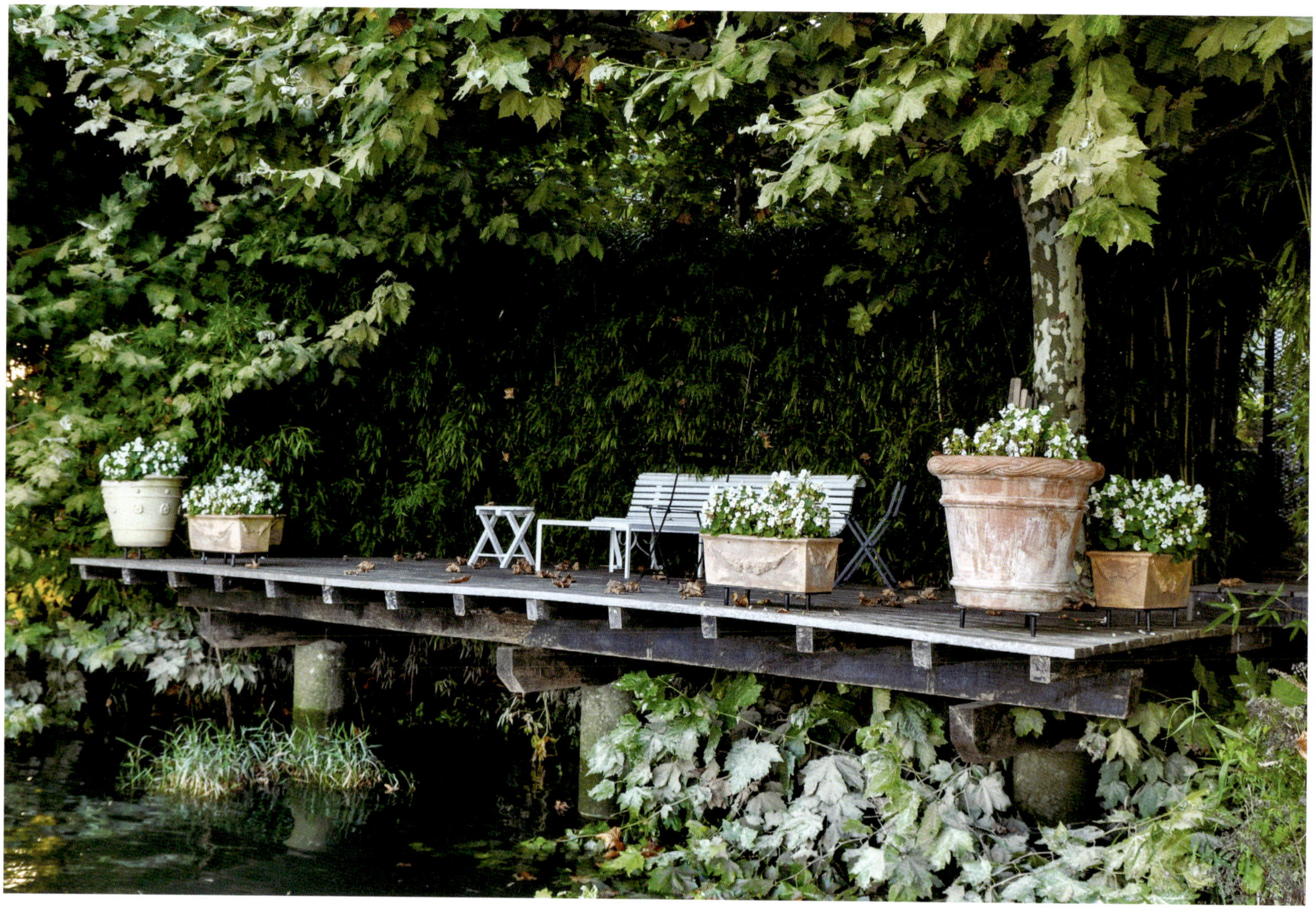

Le ponton de La Petite Escalère sur l'Adour.
Page de droite. Françoise Lacampagne, *Sans titre*, sans date.

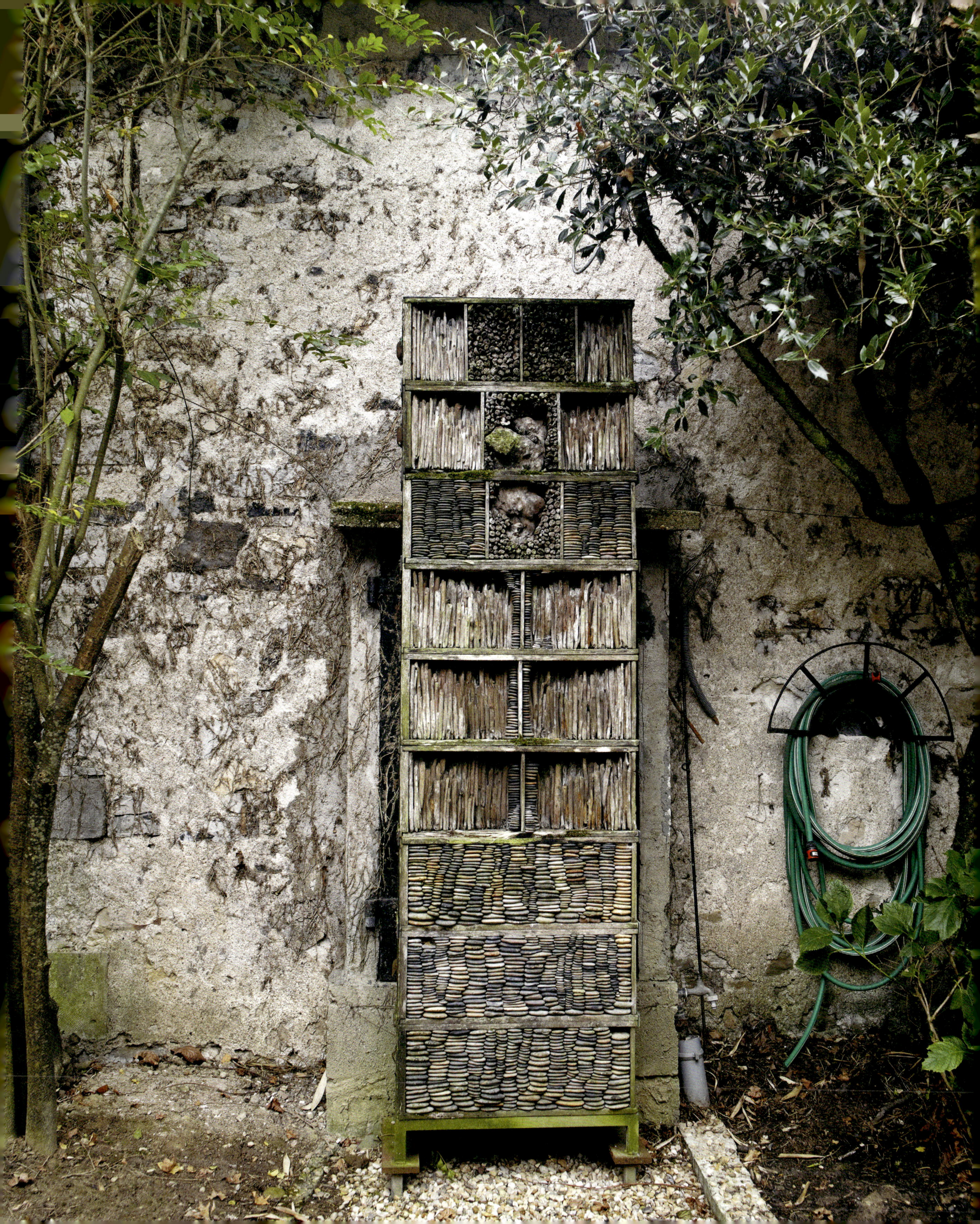

GARDEN OF A LIFETIME

JARDIN
D'UNE VIE

JARDIN D'UNE VIE

GILBERT CARTY

Je suis né à Bayonne et j'ai passé ma vie ici.

Je suis rentré à La Petite Escalère parce que je travaillais au château de la Gurgue, près de Biarritz, où Monsieur et Madame venaient chaque année en vacances chez leur amie Rose-Marie Tchaïkovska. Monsieur avait dit à la comtesse : « Je te pique Gilbert », et la comtesse lui avait répondu : « Tu attendras que je ne sois plus là. »

Quand je suis arrivé ici, le 1er janvier 1977, La Petite Escalère ne ressemblait pas à grand-chose. Il y avait moins d'un hectare de terrain, à peine entretenu, même les sangliers ne passaient pas au milieu des ronces. Un gars venait de temps en temps ouvrir des chemins avec sa faux. Au début je venais pour tondre le tour de la maison et faire le potager. L'hiver je travaillais à l'intérieur. Et puis on s'est agrandi jusqu'à vingt-huit hectares, avec le marais et la tourbière, le Moura.

Monsieur a acheté ce qui est devenu la forêt. C'était un défi à cause du lobby des chasseurs. Ils lui avaient dit : « Surtout n'y allez pas, il y a des sables mouvants et des gens qui n'en sont jamais ressortis. » Je lui ai dit : « Écoutez, dans le marais, il y a des centaines de vaches qui sont venues tous les étés et personne n'y est jamais mort. »
Au départ, c'était inondé en hiver. On a nettoyé les canaux, on les a réaménagés pour drainer la forêt.
À part les platanes qui délimitaient la propriété, on a planté tous les arbres et, à leur pied, des rosiers qui grimpaient jusqu'à vingt mètres de haut. On a mis de la vigne et des arbres fruitiers à la place des broussailles et du maïs. Les bambous, les peupliers, les noyers du Caucase, c'est moi qui les ai plantés avec Monsieur et Madame, bien sûr.
Monsieur était un fou de fougères.
Un jour, il est revenu de Paris avec des trucs minuscules dans une boîte à chaussures : « Vous comptez les voir ? », je lui demande. Je suis allé chercher celles du coteau d'à côté de chez moi. J'en ai planté des milliers. Il n'y en avait jamais assez.

C'était un défi de travailler avec Monsieur.

Au début, il n'y avait que de petites pièces dans la collection du jardin. Un Poncet, quatre Metcalf et un petit Étienne-Martin. Personne n'aurait imaginé pouvoir mettre des sculptures comme ça, de ce poids, de cette grandeur. Déjà rien que de les transporter !

Le grand *Adam* est l'une de celles qui m'a donné le plus de mal. Je ne savais pas trop comment m'y prendre parce que c'était la première de cette taille. On ne pouvait pas s'approcher en camion. On l'a déchargée à l'entrée du jardin, on l'a posée sur des couvertures et on s'est mis à huit pour la traîner en tirant les couvertures.

C'est à partir de celle-là que j'ai appris comment il fallait faire pour les autres. J'ai construit des ponts pour les faire passer. Et comme j'avais beaucoup de copains qui avaient des machines, je n'avais qu'à les appeler et leur dire : « Venez tel jour à telle heure, j'ai une sculpture qui arrive ! »

C'était un défi et un jeu entre nous. Monsieur me donnait les dimensions pour faire les socles. On les cachait parce que Madame ne voulait pas qu'on voie les sculptures de la maison.

C'est Madame qui mettait les arbustes en place.
Je les plantais et elle me les faisait déplacer pour dix centimètres.
Elle plantait son jardin comme elle faisait ses toiles.
Elle disait : « Je peins des tableaux et mon jardin leur ressemble. »

Mes sculptures préférées sont celles qu'on a fabriquées dans le jardin avec les artistes, comme la fontaine de Takikawa. Il avait vu qu'on avait ce qu'il fallait pour la construire : des traverses de chemin de fer et des tuiles. J'étais ami avec les artisans du coin et on l'a construite dans le garage avec le charpentier. On a tout numéroté pour la transporter.

Jeannette Leroy, Paul Haim, Gilbert Carty et le céramiste Claude Brice lors de l'installation du *Tournesol* de Fernand Léger.

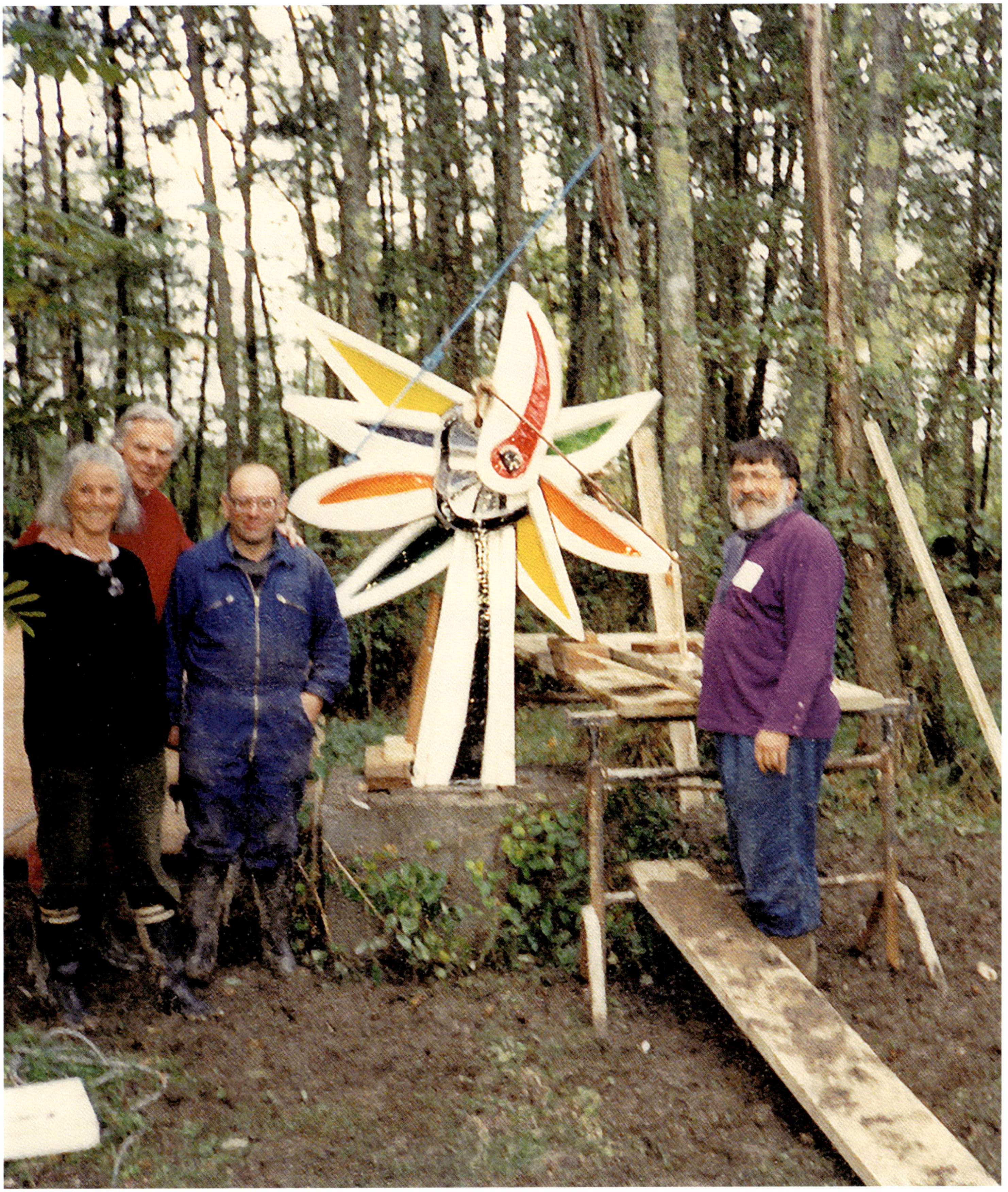

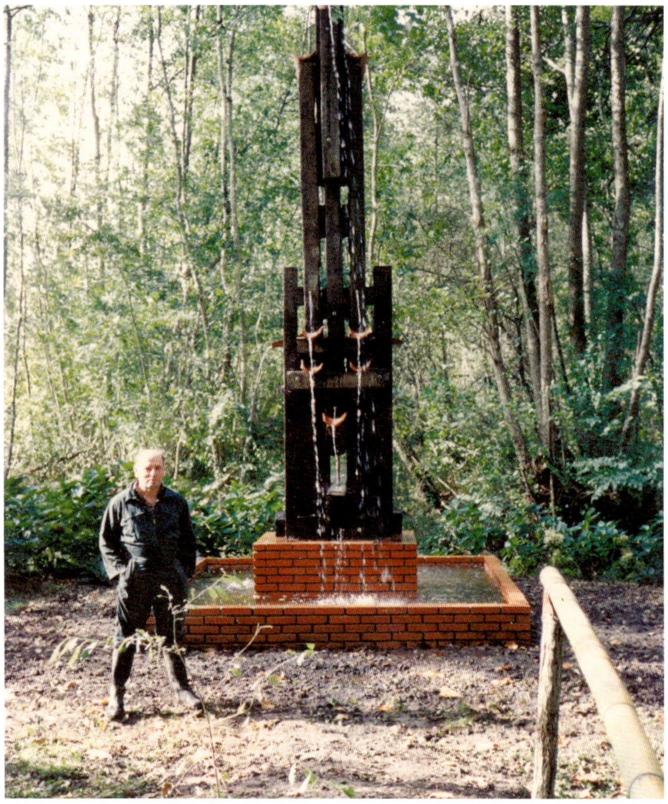

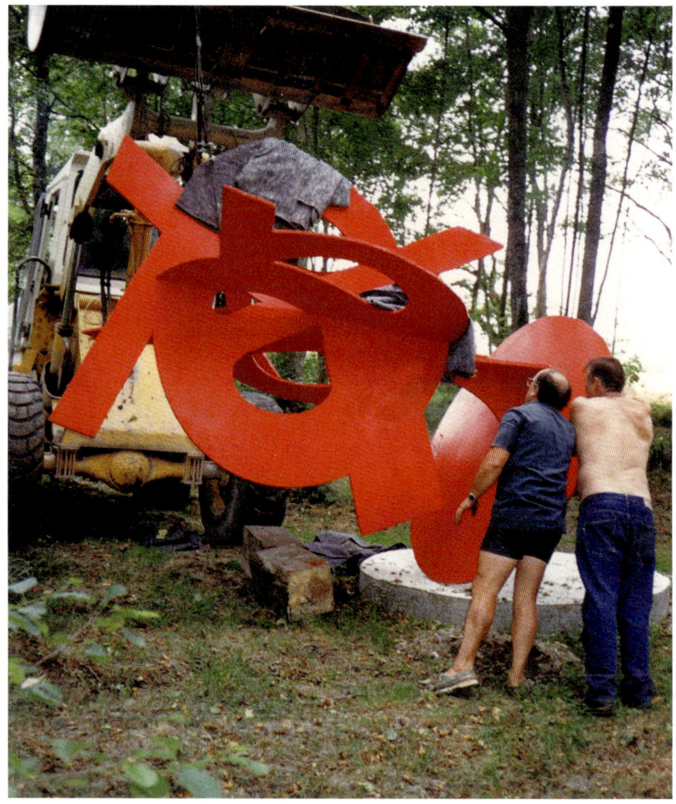

« Venez tel jour
à telle heure,
j'ai une sculpture
qui arrive ! »

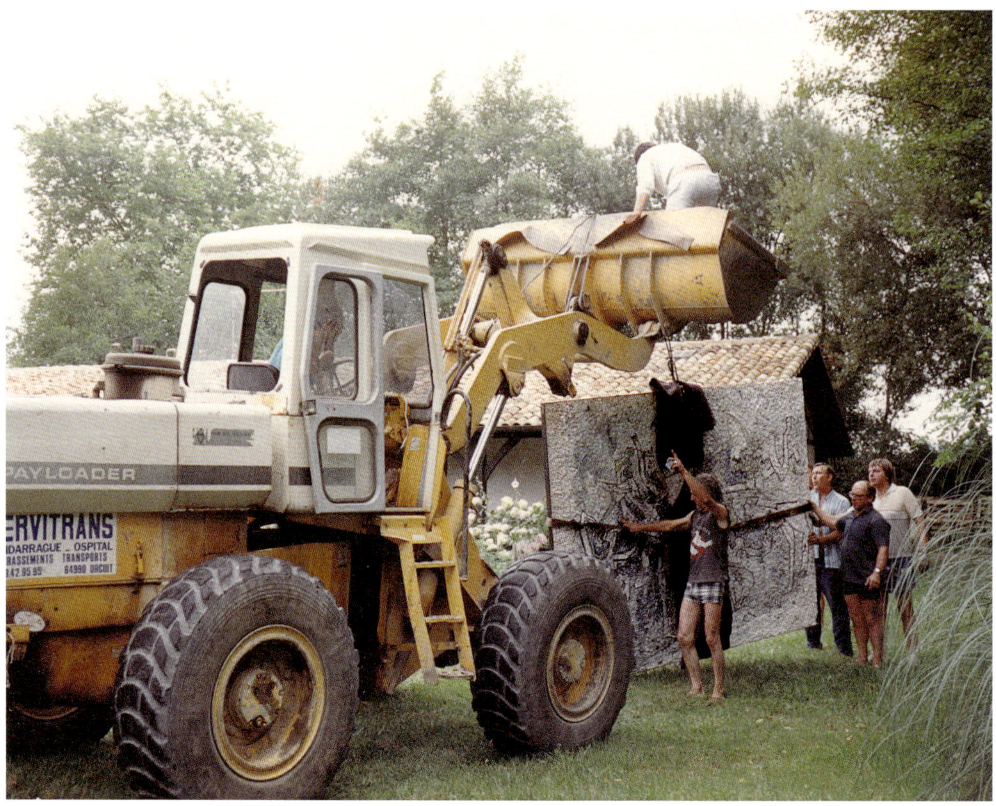

Gilbert Carty devant la fontaine de Likichi Takikawa, 1995.
Installation de *Tumbleweed II* de Mark Di Suvero, 1986.
Installation de la mosaïque *Sur le Nil* de Roberto Matta, 1989.
Page de droite. Installation de *Eramen* de Roberto Matta, 1987.

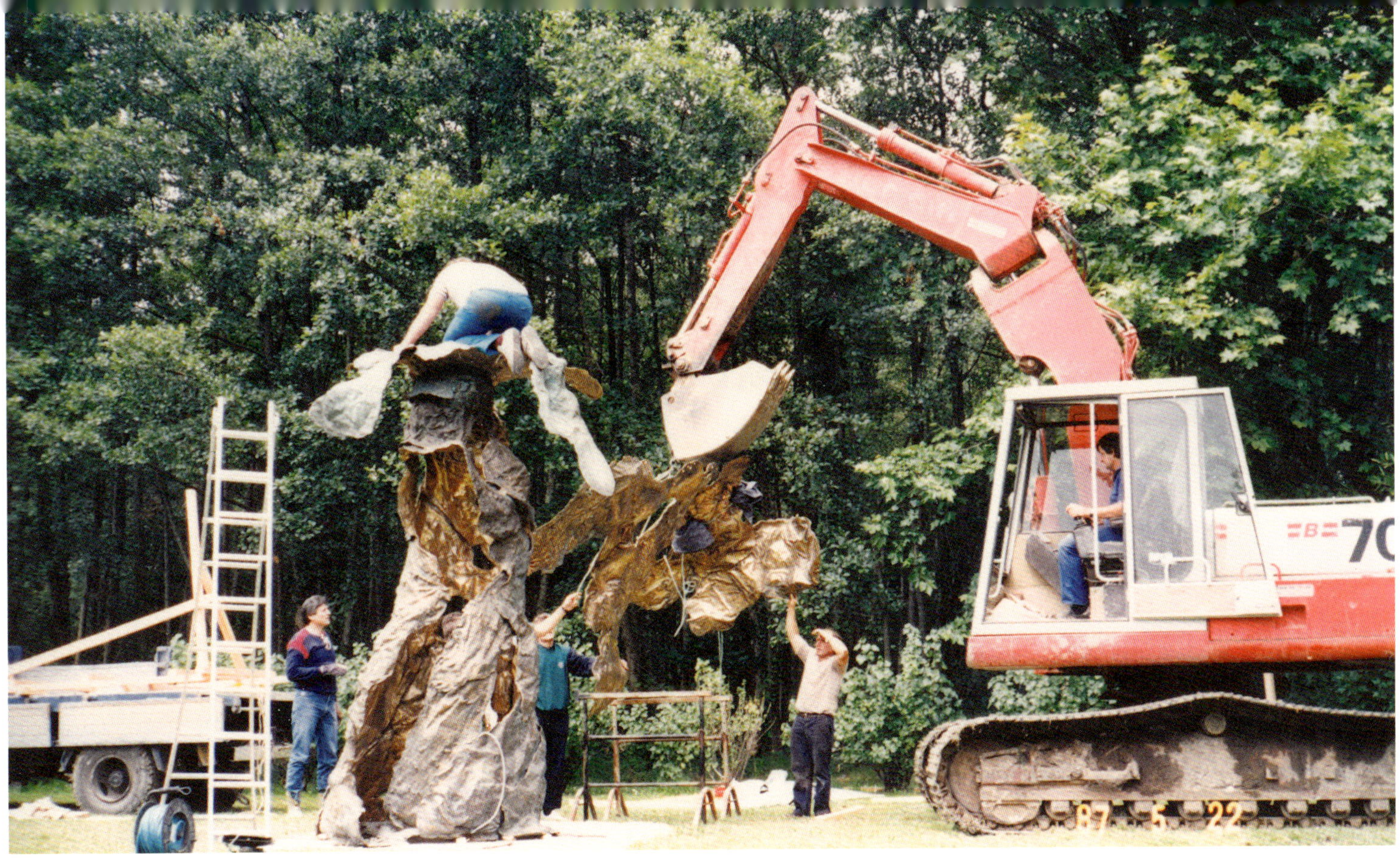

J'ai eu la peur de ma vie en l'installant. Je suis monté sur l'échafaudage avec une traverse de cent kilos sur le dos. Quand je suis arrivé au sommet, tout s'est mis à danser. J'ai dû lâcher la poutre de six mètres de haut.

Je peux quand même dire qu'il n'y en a pas beaucoup qui seraient restés à faire ce que j'ai fait.
Savoir faire, c'est une chose mais il faut oser. J'ai toujours été celui qui osait et fonçait. Pour moi, le jardin n'était jamais assez grand. Quand j'étais au fond de la forêt, ça ne me dérangeait pas de courir jusqu'au garage pour chercher un outil. Maintenant j'y vais en marchant et ça me suffit. Les voyages, je les fais ici, avec les sculptures.

Je ne sais pas si je serais devenu jardinier si j'avais appris à lire et écrire.

Autrefois, on passait des visites médicales à l'école. J'avais huit ans quand on m'a découvert myope. Et tous les matins l'institutrice me demandait quand est-ce que ma mère allait m'amener chercher des lunettes.
Est-ce que j'en savais quelque chose ? Au bout de quelques semaines, l'institutrice m'a dit : « Ton père a de l'argent pour s'acheter à boire. Ta mère n'en a pas pour aller chercher des lunettes, tu prends tes affaires et tu t'en vas au fond de la classe. Tu dors, tu fais ce que tu veux, mais je ne veux plus entendre parler de toi. »

Mon père savait très bien parler. Il se serait déplacé, ça aurait changé les choses mais il ne l'a pas fait et il a fallu que j'arrive ici pour lui pardonner. Je serais resté à l'école jusqu'au CAP, jamais je n'aurais vécu ce que j'ai vécu ici.

Je ne dois rien à l'école mais partout où je suis passé j'étais le plus curieux.
Il y avait des jardins potagers chez tous les paysans. C'étaient beaucoup de familles nombreuses. J'étais tout le temps fourré dans les vignes, dans les champs. Je suis resté jusqu'à 16 ans chez un paysan du côté de Sainte-Marie. C'est là où j'ai tout appris sur les jardins, les tracteurs, les outils… J'ai appris avec des gens avec qui je travaillais. Je gagnais cinq francs par jour et les repas. J'étais habillé pour travailler et pour sortir mais je suis parti pour gagner plus.

En février 68, mon père est décédé et j'ai trouvé un travail près de la maison pour continuer l'entretien du château de Saint-Laurent. Mon père le faisait et moi j'ai pris la relève, mais il me fallait un autre travail pas trop loin. Donc ma mère a été voir à la Gurgue s'ils avaient besoin de personnel et c'est là où j'ai eu la chance de rencontrer Monsieur et Madame.

Pour être heureux, il n'y a pas plus heureux que moi.
À La Petite Escalère, rien n'est à moi et tout est à moi.

Propos recueillis par Marian Lacombe

GARDEN OF A LIFETIME

GILBERT CARTY

I was born in Bayonne, and I have spent my life here.

I came to La Petite Escalère because I was working at the Chateau de la Gurgue, near Biarritz, where Monsieur [Haim] and Madame [Leroy] came every year on vacation to stay with their friend Rose-Marie Tchaïkovska. Monsieur said to the countess: "I am going to steal Gilbert from you," and the countess replied: "You will wait until I am gone."

When I arrived here, on January 1st, 1977, La Petite Escalère didn't look like much. There was less than a hectare of land, barely maintained; even the wild boars couldn't get through the brambles. Every now and then a guy would come to clear a path with his scythe. In the beginning, I came just to mow around the house and do the vegetable garden. During the winter I worked inside. And then it grew to be 28 hectares, with the marsh and the bog, the Moura.

Monsieur bought what became the forest. It was a challenge because of the hunting lobby. They told him: "Above all, don't go there; there is quicksand and people have been trapped." I told him, "Listen, there are hundreds of cows that come to the marsh every summer, and no one has ever died there."
In the beginning it flooded every winter. We cleaned up the canals and rebuilt them to drain the forest.

Apart from the plane trees that marked the boundaries of the property, we planted all of the trees, and at their feet, roses that climbed up twenty meters. We put in grape vines and fruit trees where there was scrub and corn. The bamboo, the poplar, and the Caucasian walnuts were planted by me, with Monsieur and Madame, of course.

Monsieur was crazy about ferns.
One day he came back from Paris with some tiny little things in a shoebox. I asked him: "Do you expect to see these soon?" And I went to find the ones that grew on the hillside next to my house: I planted thousands of them. There were never enough.

It was a challenge to work with Monsieur.

In the beginning, there were only small pieces in the collection in the garden. One Poncet, four Metcalfs, and a small Étienne-Martin. No one would have imagined being able to install sculptures like that—of that weight, of that size. Or even moving them!

The large *Adam* was one of the pieces that gave me the most trouble. I really didn't know how to deal with it, because it was the first one of its size. With the truck you couldn't even get close to where it was going to be installed. We unloaded it at the entrance to the garden, put it on some blankets, and then eight of us dragged it along—pulling on the blankets.

It was from doing this one that I learned how to do the others. I would build bridges to get them in place. And because I had a lot of friends with the right machines, I had only to call them and say, "Come on such-and-such a day and at such-and-such a time; I have a sculpture coming!"

It was a challenge and even a game between us. Monsieur gave me the dimensions to build the pedestals. And we would hide them because Madame didn't want anyone to see the sculptures from the house.

It was Madame who put in the shrubs.

I would plant them, and then she would make me move them ten centimeters. She planted her garden the way she painted her canvases. She said, "I paint pictures, and my garden resembles them."

My favorite sculptures are the ones we made in the garden along with the artists, like Takikawa's fountain. He saw that we had what he needed to build it: railroad ties and tiles. I was friends with some of the local craftsmen, and we built it in the garage with the carpenter. We numbered everything to transport it to the garden. I had the scare of my life

"Come on such-and-such a day and at such-and-such a time; I have a sculpture coming!"

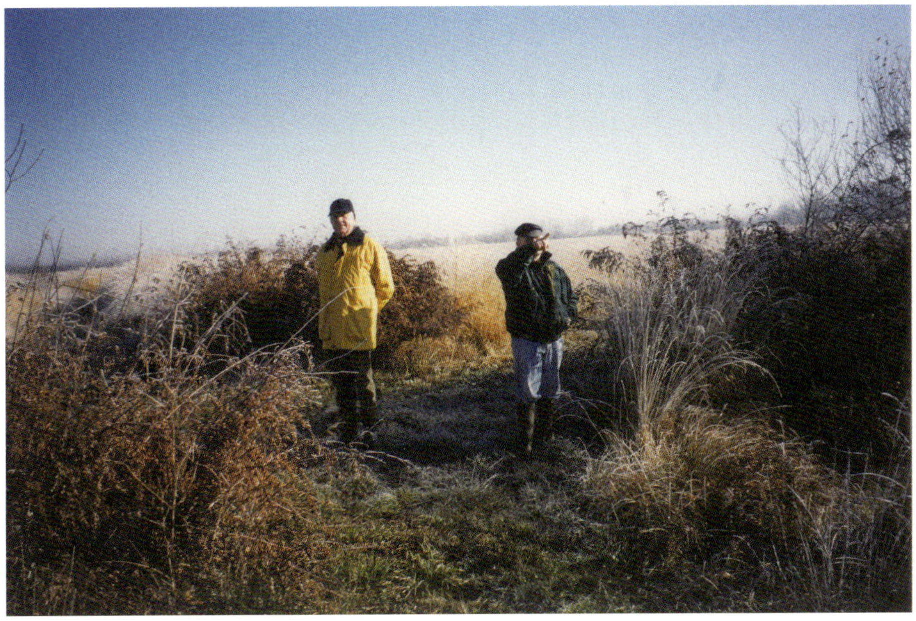

Paul Haim et Gilbert Carty.

while installing it. I had climbed up on the scaffolding with a 100kg railroad tie on my back. When I got to the top, the whole thing started to shake. I had to let the beam go, from a height of six meters.

Even so, I can say that there aren't many people who would have stayed to do what I did.

Know-how is one thing. But daring is another. I have always been the one who dared and charged ahead. For me, the garden was never big enough. When I was at the edge of the garden, I thought nothing of running to the garage to get a tool. Today, it's enough for me to walk. All my travels take place here, among the sculptures.

I don't know if I would have become a gardener if I had learned how to read and write.

In the old days we had medical check-ups at school. When I was eight I was found to be near-sighted. Every morning the teacher would ask me when my mother was going to take me to buy glasses—How was I to know? After a few weeks the teacher said to me: "Your father has enough money to go drinking. But your mother doesn't have enough to buy you glasses. You take your things and go to the back of the class. Sleep, do whatever you want. But I don't want to hear any more from you."

My father was very well-spoken. He could have come and talked to the teacher, and that would have changed things: but he never did. It's only now that I can forgive him. I could have stayed in school until the CAP (Certificate of Professional Aptitude)—but then I would never have had the life I have lived here.

Although I got nothing from school, wherever I went, I was always the most curious.

All the peasants had vegetable gardens. There were a lot of big families. I was always in the vineyards, in the fields. Until I was sixteen, I lived with a peasant near Saint-Marie. It was there that I learned about gardens, tractors, tools... I learned alongside the people I worked with. I earned 5 francs a day plus meals. I had clothes to wear to work and to go out; but I left to earn more.

My father died in February of 1968, and I found a job near home, carrying out maintenance for the Chateau of Saint-Laurent. My father had done it, and now I took over; but I still needed another job nearby. So my mother went to La Gurgue to see if they needed anyone, and so it was that I had the luck to meet Monsieur and Madame.

It was luck. No one is luckier than me.
At La Petite Escalère, nothing is mine, yet everything is.

Interview by Marian Lacombe

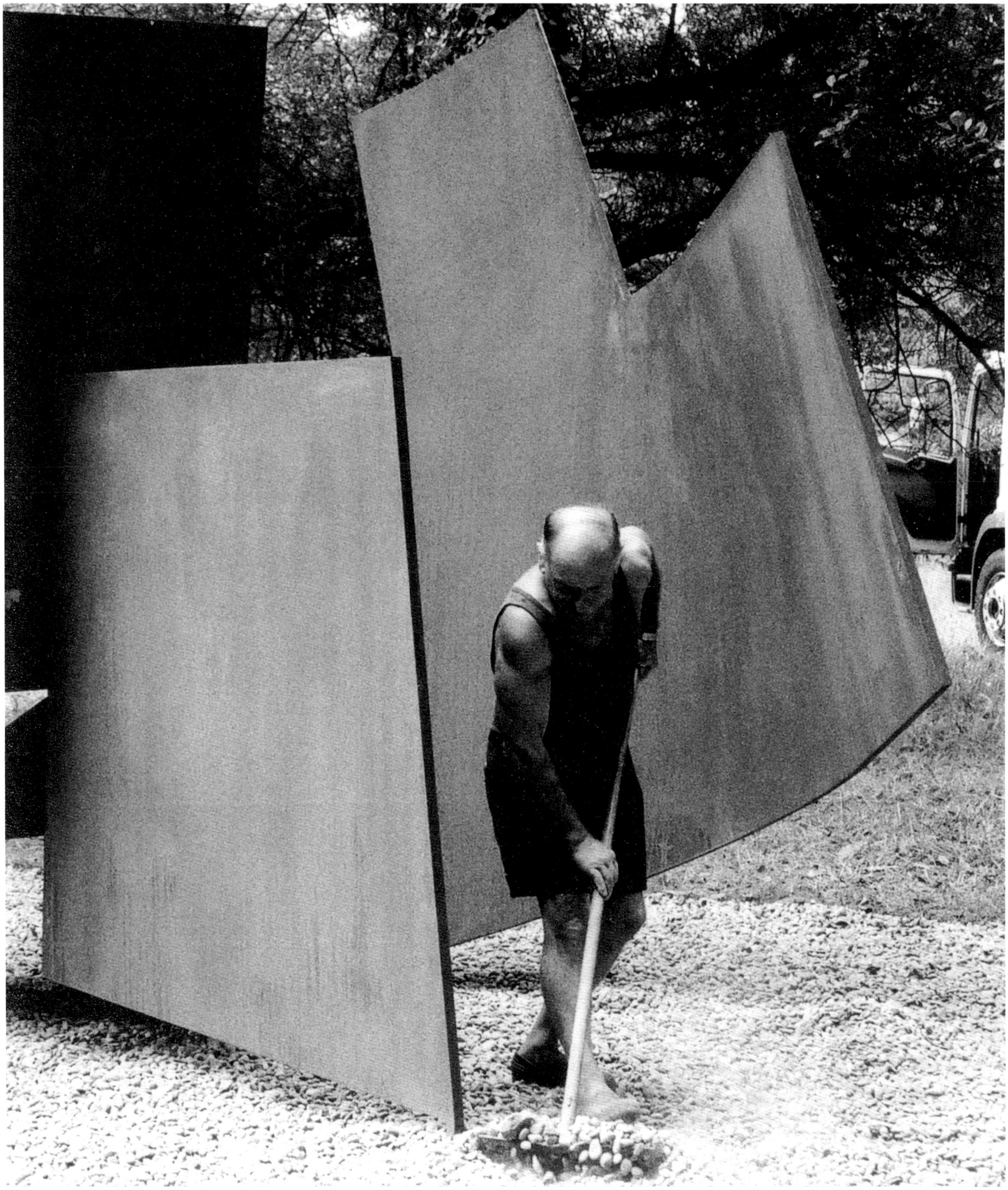

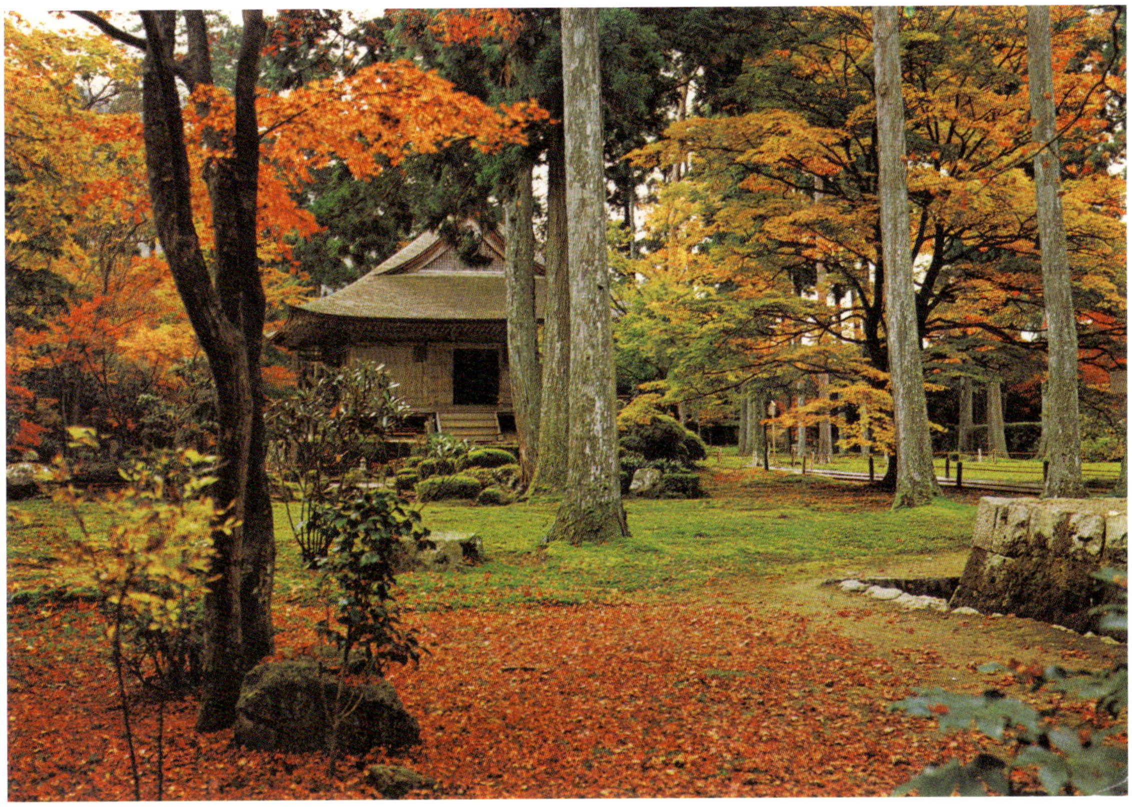

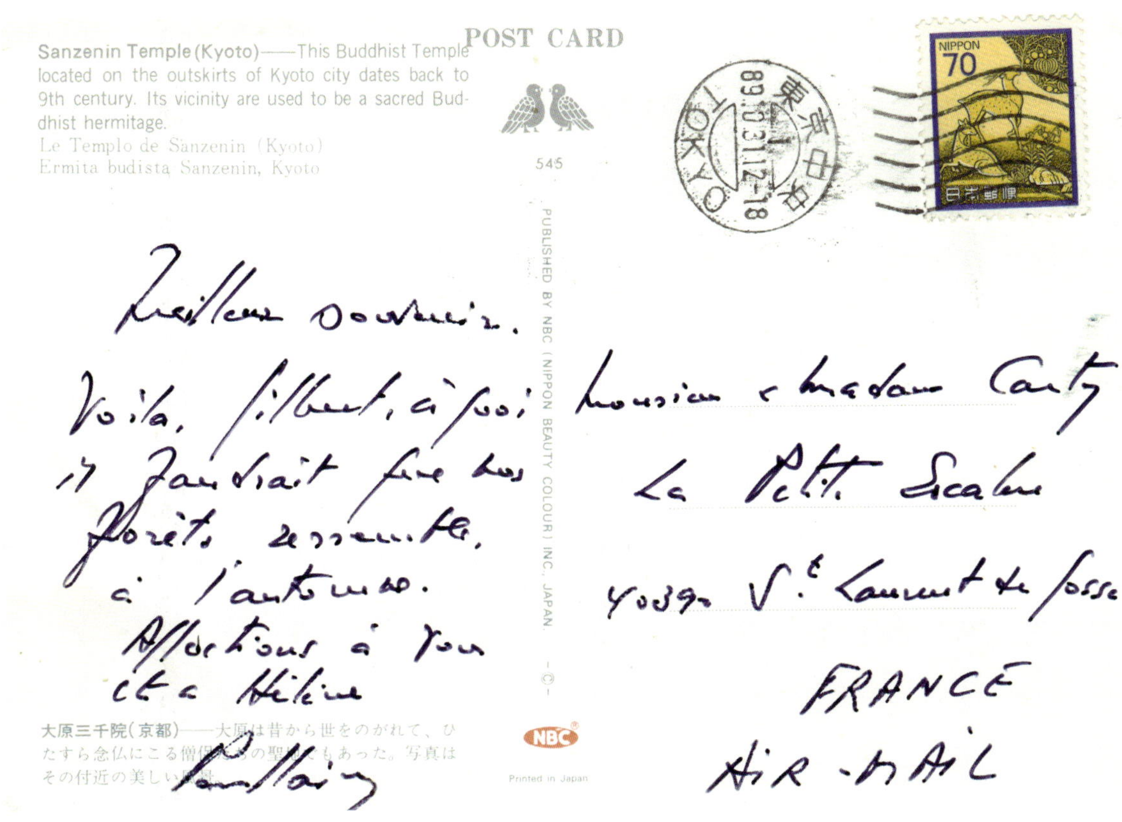

Carte postale de Paul Haim à Gilbert Carty, décembre 1989.
Recto : temple bouddhique, Kyoto, Japon.
Verso : « Meilleurs souvenirs. Voilà, Gilbert, à quoi il faudrait que nos forêts ressemblent à l'automne. Affections à vous et à Hélène. Paul Haim. »
Page de gauche. Gilbert Carty devant *Construcción abierta A* de Jorge Oteiza.

MIRROR GARDEN

JARDIN
MIROIR

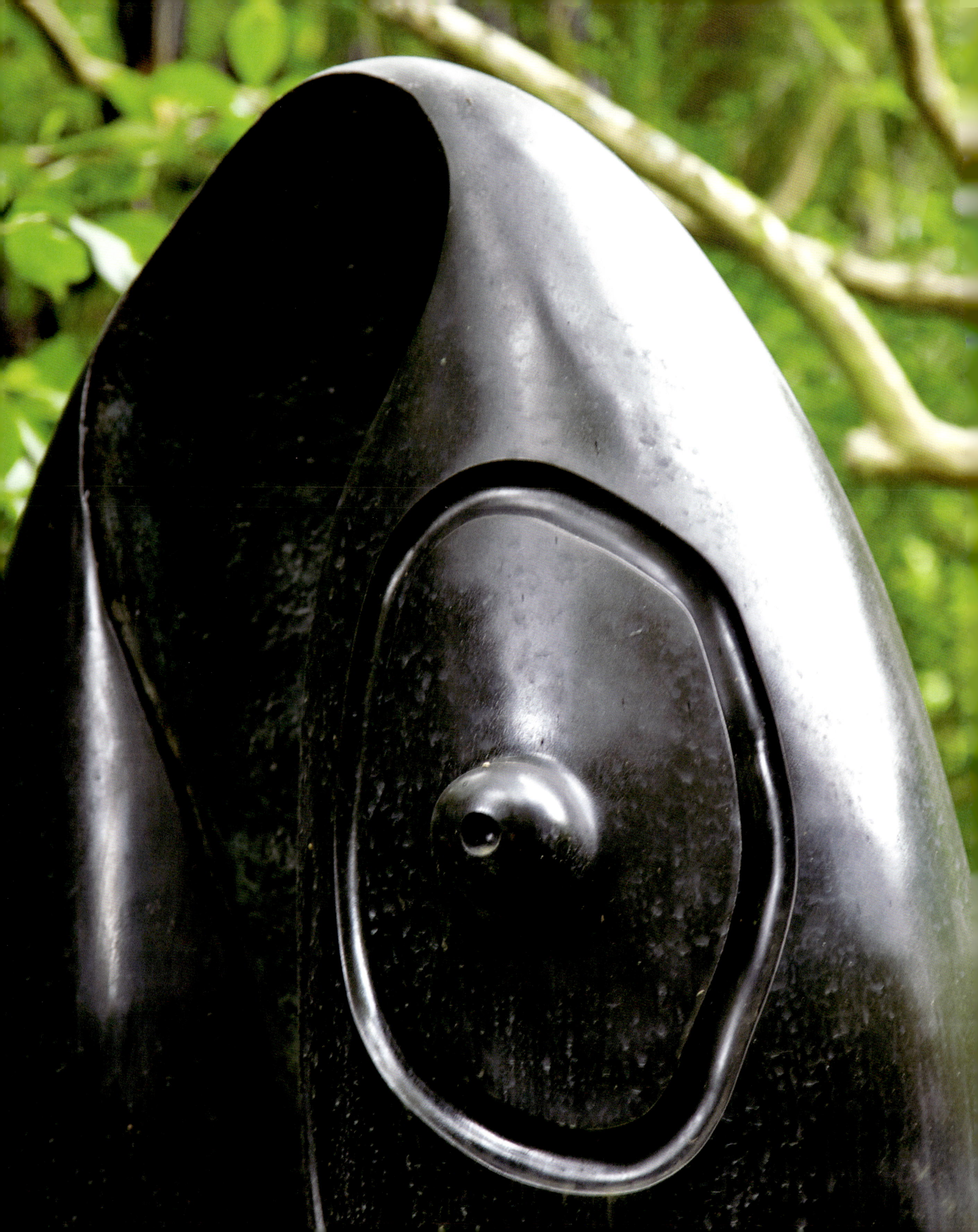

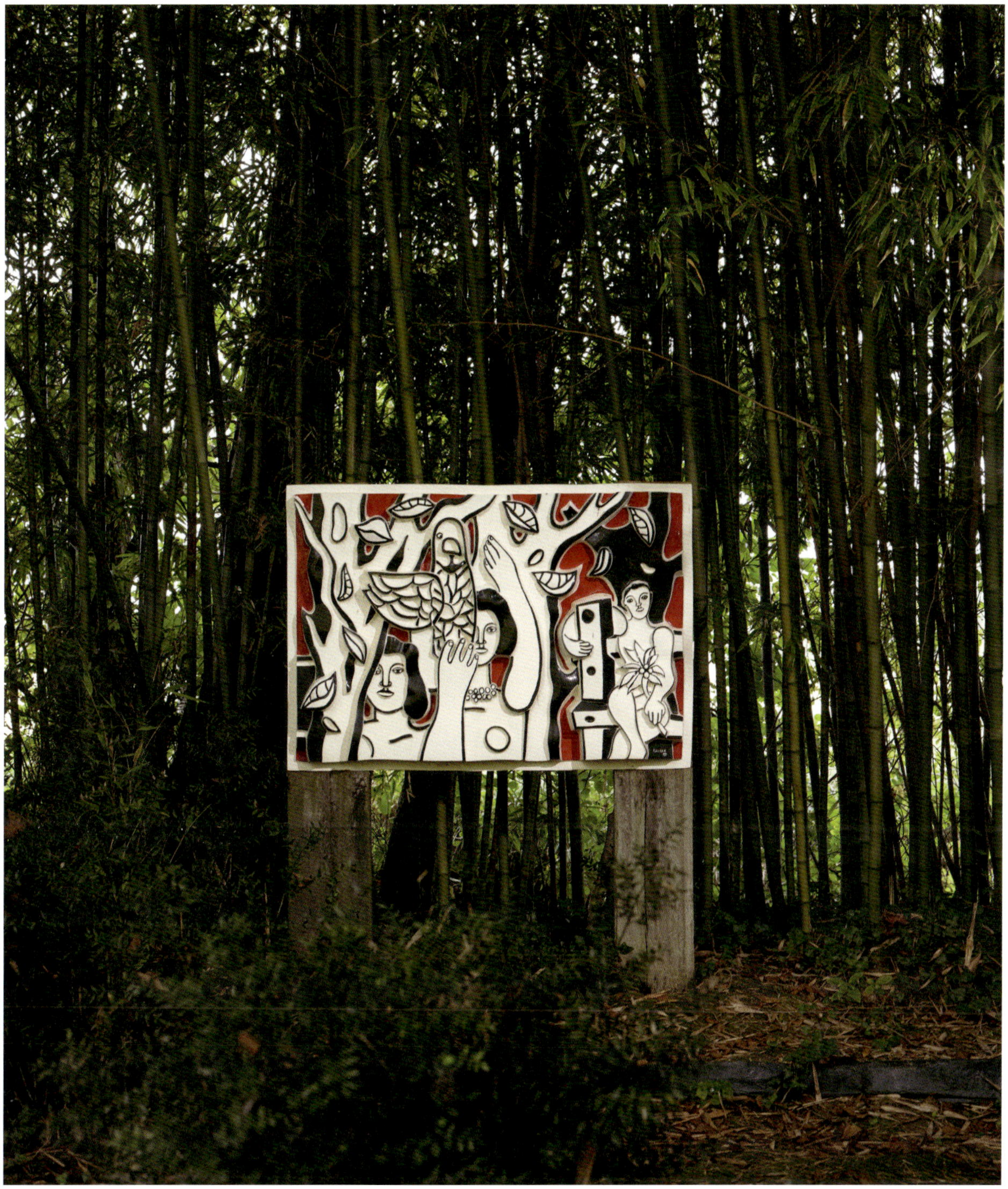

Fernand Léger, *Femmes au perroquet*, d'après une céramique originale de 1952.
Page de gauche. Joan Miró, *La Conque*, 1969.

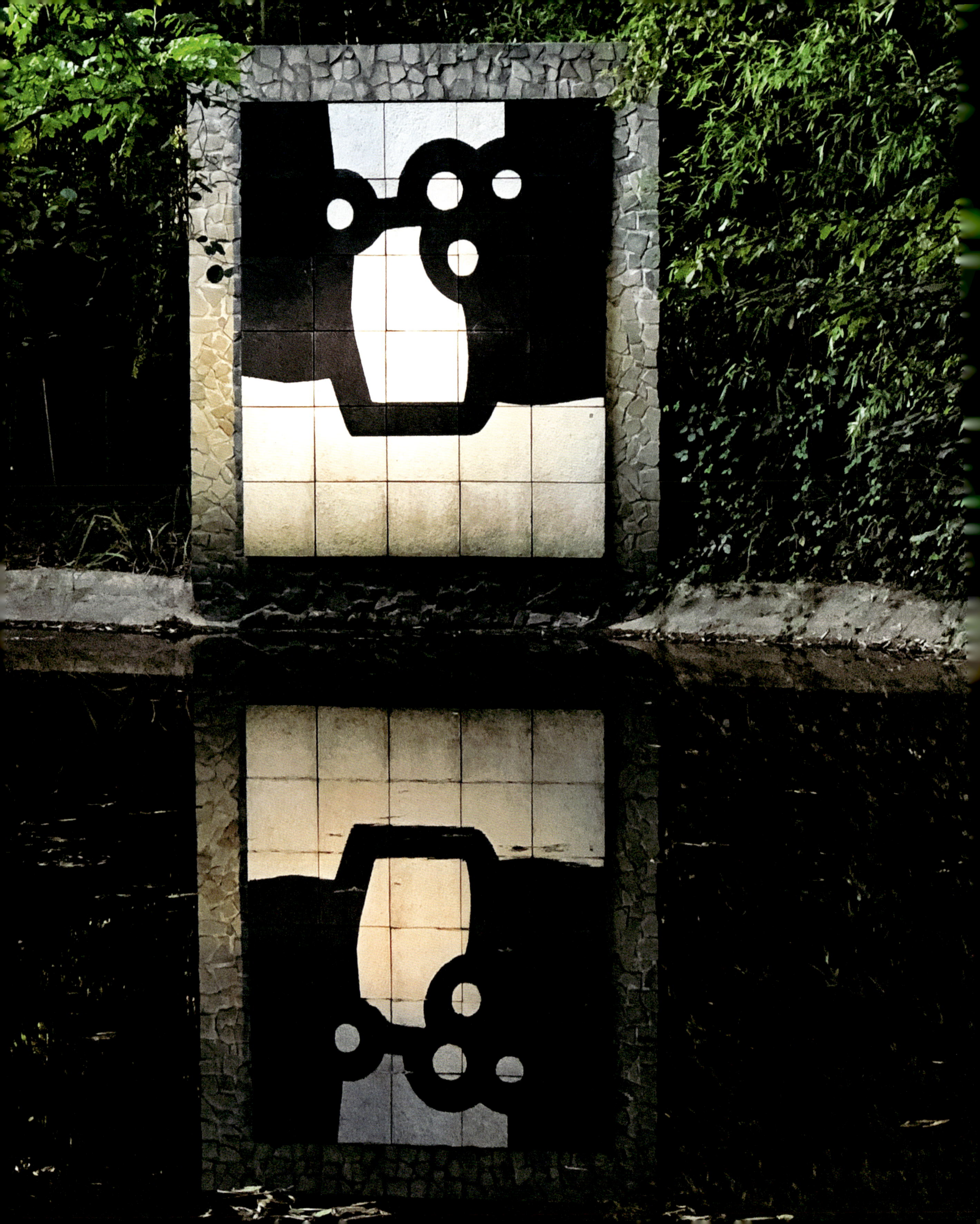

JARDIN MIROIR

MARIE-LAURE BERNADAC

Miroir de l'art, de la nature, de la sculpture et surtout miroir des propriétaires qui ont conçu ce jardin de La Petite Escalère.

On y entre comme dans un enchantement. À peine arrivé sous les arbres, on oublie ses repères, on ne sait quels chemins choisir pour parcourir ces sentes qui vont du bord de l'Adour à la plaine immense et déserte, le Moura, en passant par les parterres de fleurs, les buissons, les arceaux de roses, les fougères, la forêt. Plusieurs allées étroites vous invitent à cheminer sur des traverses de chemin de fer, enjamber des ruisseaux, et découvrir, cachée sous les bambous, les feuillages, les grands arbres ou trônant au milieu des pelouses, une histoire singulière de la sculpture des XXe et XXIe siècles.

Singulière et personnelle car c'est celle du marchand et collectionneur Paul Haim qui, depuis plus de cinquante ans avec son épouse Jeannette Leroy et avec la complicité du jardinier Gilbert Carty, a créé ce jardin merveilleux de La Petite Escalère (le nom de la maison sise au bord du fleuve Adour). *Adour* en occitan veut dire « amour » et c'est avec l'amour de la nature, de l'art et des fleurs que ce jardin a été conçu.

Une histoire qui commence avec les précurseurs, les pionniers de la sculpture moderne (Auguste Rodin, Antoine Bourdelle, Aristide Maillol), traverse la sculpture abstraite, biomorphique, géométrique et constructiviste – en n'oubliant ni les maîtres du surréalisme, ni les nouveaux réalistes – et va jusqu'à la création contemporaine. Une collection historique donc qui s'est aussi tournée depuis quelques années vers les artistes vivants, sous des formes les plus diverses. Une histoire de la sculpture enfin qui nous fait découvrir de multiples techniques, le bronze, la pierre, le marbre, le bois, la céramique, la mosaïque, le verre, le métal...

LES PIONNIERS

Commençons par le début avec la grande figure masculine du *Pierre de Wissant* de Rodin (1884-1886), l'un des Bourgeois de Calais, qui s'avance héroïquement vers son destin tragique avec un geste du bras courbé signifiant l'acceptation. Cette version du modèle dénudé montre un corps émacié, vieillissant, des traits tirés, des muscles saillants, tout exprime le sacrifice à venir. À cette vision magistrale d'un homme souffrant répond la force vitale de *L'Action enchaînée* de Maillol (1905). Ici, formes plantureuses d'une déesse bien en chair, à la musculature puissante, aux bras coupés afin d'exprimer l'enchaînement, et la force de la libération de ces mains invisibles qu'on imagine liées derrière le dos. Cette sculpture était une commande du village de Puget-Théniers pour rendre hommage à Auguste Blanqui, le révolutionnaire socialiste, mais cette femme nue, jugée à l'époque provocante, fut refusée. Ce n'est pas un hasard si Paul Haim a choisi ces deux sculptures emblématiques, témoignant d'un renouveau du langage sculptural et aussi d'un engagement moral, social et politique.

À ce couple improbable fait écho *Le Grand Couple* d'Étienne-Martin (1946) qui sut garder les rondeurs sensuelles de Maillol alliées à l'expressionnisme vertical de la statuaire de Rodin. Au-delà du style et de l'époque, les grands artistes dialoguent sur le thème éternel de l'homme, de la femme, du corps et du couple. Le troisième larron de ces héros dressés est le grand *Adam* de Bourdelle (1889), le corps du premier homme sculpté par Dieu, l'origine de la création humaine et artistique. Et aussi la première sculpture du jardin. Mais ici, rien de triomphal, c'est l'Adam d'après la chute, d'après le péché, il est assis, isolé, accablé par le poids de la culpabilité. Ses muscles élancés rappellent cependant les corps sculptés par Michel-Ange.

Eduardo Chillida, *Mural III*, 1999.

Paul Haim avait sans doute une prédilection pour Bourdelle (il y en a cinq), cet artiste trop longtemps négligé car jugé académique, mais qui fut pourtant la source d'un renouveau de la sculpture moderne. Élève de Rodin avec lequel il travailla quinze ans, il joua le rôle d'un passeur et fut également le professeur, à l'académie de la Grande Chaumière, d'Aristide Maillol, d'Alberto Giacometti et de Germaine Richier. Le bel *Adam* existe aussi en *Torse* (1889), ce qui permet d'admirer la courbe de son dos et de déceler l'influence antique qui marque l'art de Bourdelle, influence que l'on retrouve dans la *Tête de l'Éloquence* (1917). Sont aussi présentes des figures féminines, comme la *Grande baigneuse* (1907-1909), accroupie sur son rocher et veillant, au bord d'un bassin d'eau, aux jeux aquatiques. Et enfin le panneau de *La Danse* (1912) qui fait partie du décor conçu pour le Théâtre des Champs-Élysées : courbes sinueuses, envol des drapés pour cette ménade qui fait face à un atlante dont les bras repliés supportent le cadre.

LES SURRÉALISTES

L'esprit poétique et léger de Paul Haim ne pouvait qu'être sensible aux collages pleins d'humour des sculptures de Miró, au mouvement aérien des mobiles de Calder (*Gouvernails rouges, n° 9*, 1967), aux formes étranges de son ami Matta, le peintre qui, pour le jardin, a conçu spécialement une sculpture-arbre qui tourne sur son axe et déploie ses larges feuilles autour d'un véritable tronc d'arbre (*Eramen*, 1985-1987).

Paul Haim entretenait des liens amicaux très forts avec Roberto Matta, dont il possédait plusieurs œuvres dans sa collection personnelle et sur lequel il écrivit un livre[1]. Ce qui explique la présence exceptionnelle de cette sculpture-arbre et d'une grande mosaïque.

La Caresse d'un oiseau (1967) de Joan Miró se découvre au fond d'une petite pelouse et attire l'œil avec ses couleurs vives, rouge, vert, jaune. Formée d'un assemblage d'objets trouvés (bonnet de mule, oiseau en terre, morceau de bois troué, planche à repasser, carapace de tortue, boules de pétanque) moulés puis fondus en bronze et peints, cette sculpture-objet témoigne de l'esprit créateur de Miró qui tout comme Picasso sait déceler dans un objet de rebut le potentiel formel d'une métamorphose et transformer ces objets en corps de femme. « Quand je ramasse un caillou ce n'est qu'un caillou, quand Miró ramasse un caillou c'est un Miró », dit son ami Joan Prats. De Miró, on peut aussi voir une petite mosaïque, *Femme et oiseau* (1961), qui reproduit une peinture montrant l'attachement de l'artiste à ce thème. Ainsi qu'une sculpture plus abstraite, *La Conque* (1969), une forme ovoïde enveloppante, comme une coquille couverte de seins et d'organes à connotation sexuelle.

TABLEAU OU SCULPTURE

Comment présenter des tableaux, des images peintes à deux dimensions dans un jardin en plein air ? Une des particularités de cette collection est de comprendre plusieurs grands « tableaux » qui sont soit des murs de mosaïque – *Sans titre* de Zao Wou-Ki (1984), un très long panneau rectangulaire formant un paysage subtil et aérien qui se fond dans un décor de bambous, et *Sur le Nil* de Matta (1989), des corps enchevêtrés à dominante gris et beige sur un fond bleu –, soit des carreaux de béton – le beau *Mural III* (1999), signe noir sur blanc de Chillida qui se reflète dans l'eau et qui, comme le disait l'artiste, crée ainsi deux œuvres –, soit enfin des tableaux-reliefs en bronze – les magnifiques *Femmes au perroquet* de Fernand Léger (1952), qui existent dans une autre version. La femme au perroquet est un thème récurrent chez Léger, on le trouve dès les années 1935-1939 dans une peinture grise, puis en 1941 avec la grande *Composition aux deux perroquets* (Centre Pompidou). Dans son souci de diffusion d'un art populaire visible dans l'espace public, Fernand Léger a réalisé plusieurs panneaux en 1952, l'un en bronze peint et l'autre en mosaïque[2]. On retrouve dans ces deux œuvres son amour de la vie, de l'humanité, ses couleurs franches et vives, l'évocation d'un paradis tropical, avec cet oiseau chatoyant qui suggère une certaine musicalité et une fleur que l'on découvre plus loin en volume. La présence de ces figures rondes et colorées se détachant sur un fond de nature est particulièrement surprenante et joyeuse. De Léger, on peut aussi admirer une sculpture en céramique peinte, *Le Tournesol* (1952). L'original du *Tournesol* en ciment et plâtre se trouve au Centre Pompidou. Avec cette sculpture polychrome, Léger aborde une nouvelle dimension de l'art mural qui transcende les limites du tableau et du décor architectural. Enfin une autre mosaïque, *Deux femmes sur fond gris*, fut réalisée d'après un tableau de 1927 et montre le style figuratif de Léger à son apogée, avec ces deux corps féminins aux formes pleines, mécaniques, sinueuses. Alors que la *Composition abstraite* (1952 également) et le *Jardin d'enfants* miniature (1954) témoignent d'un autre versant plus constructiviste et abstrait, héritier du cubisme.

---

1. Paul Haim, *Matta. Agiter l'œil avant de voir. Errances, souvenirs et autres divagations*, Paris, Séguier, 2001.
2. La mosaïque et le bronze sont faits d'après un bas-relief en céramique exécuté par Roland Brice sous la direction de Fernand Léger datant de 1952. Il en existe un au musée de Biot, une autre version polychrome se trouve à La Colombe d'Or.

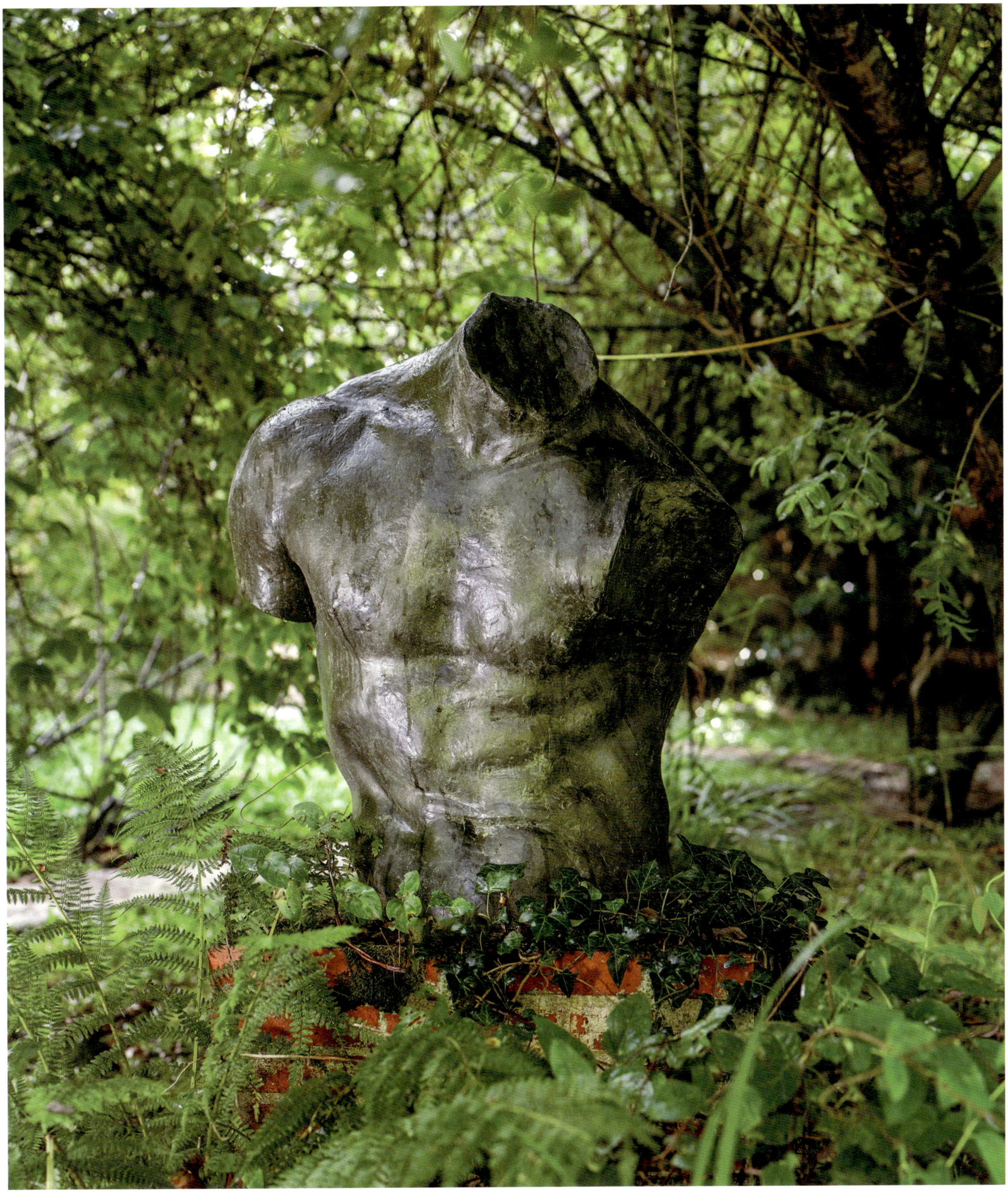

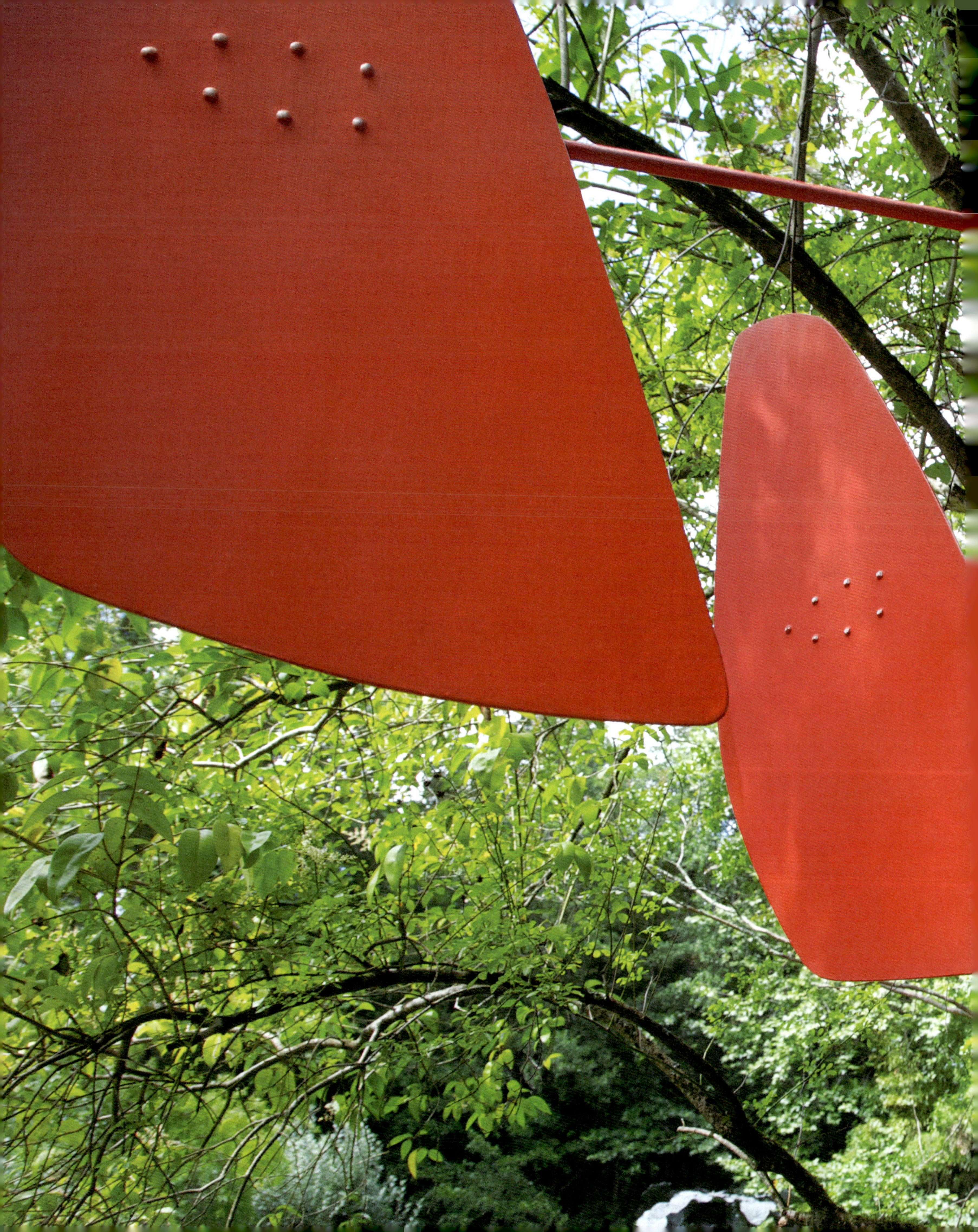

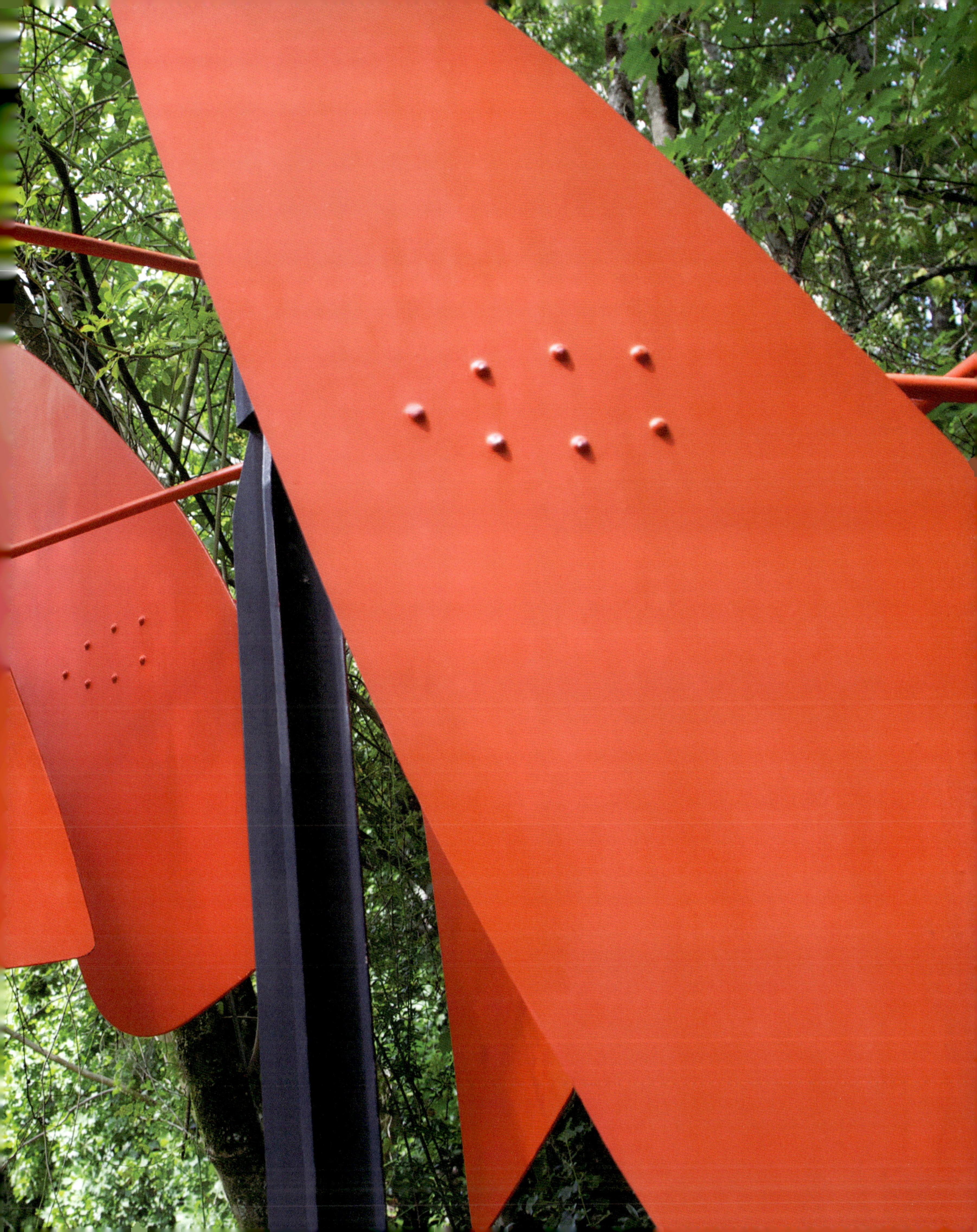

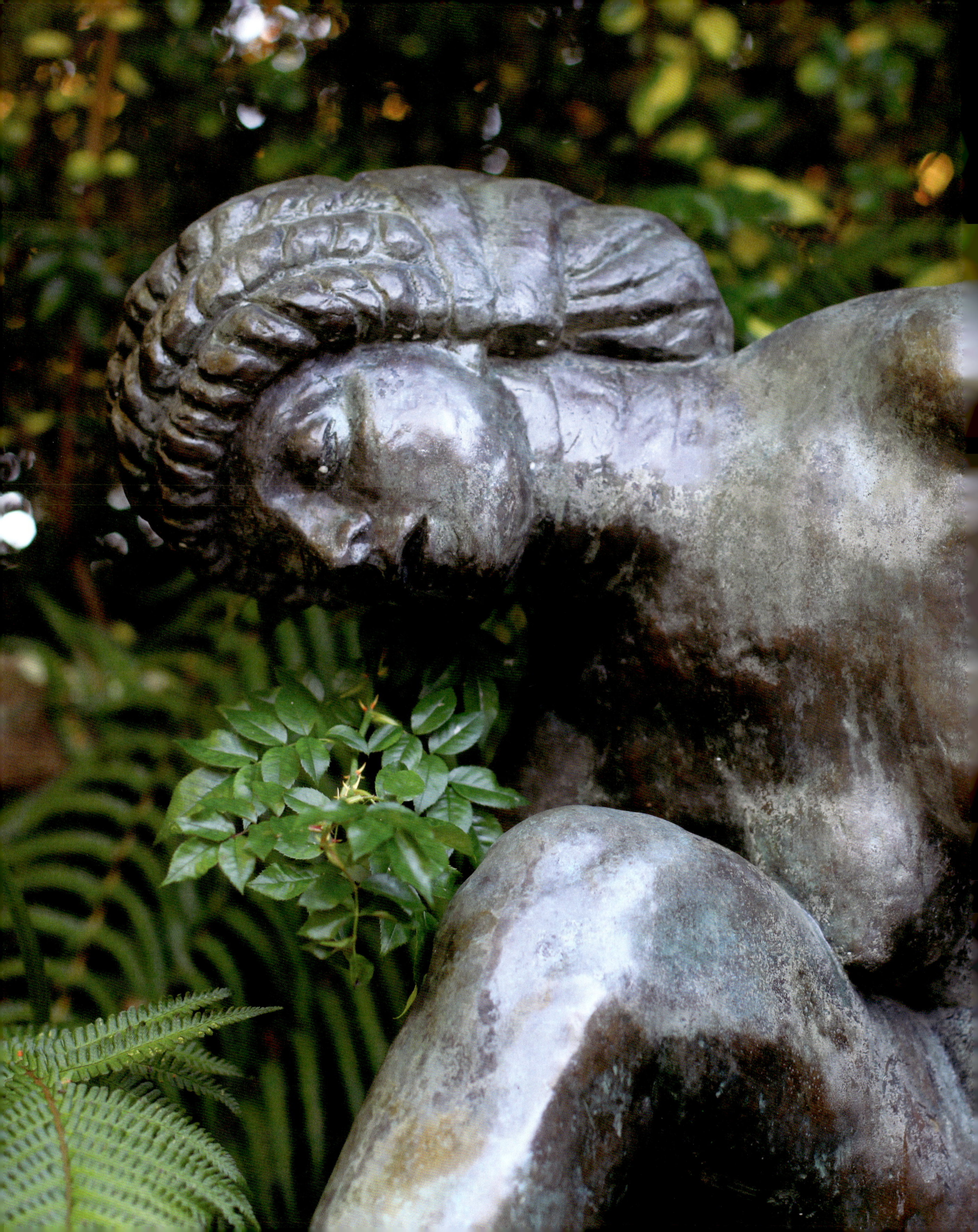

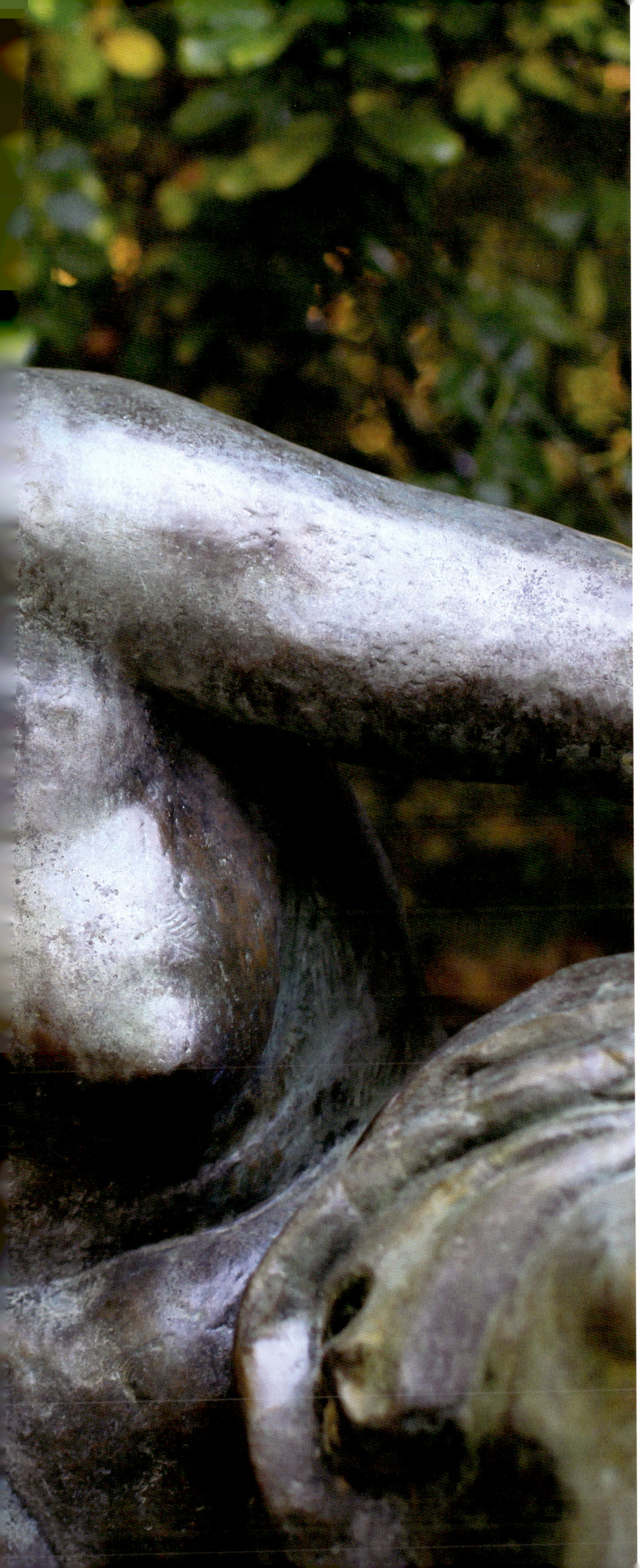

Antoine Bourdelle, *Grande baigneuse (variante)*, 1907-1909.
Pages précédentes.
Alexander Calder, *Gouvernails rouges, n° 9*, 1967.
Antoine Bourdelle, *Torse d'Adam*, 1889.

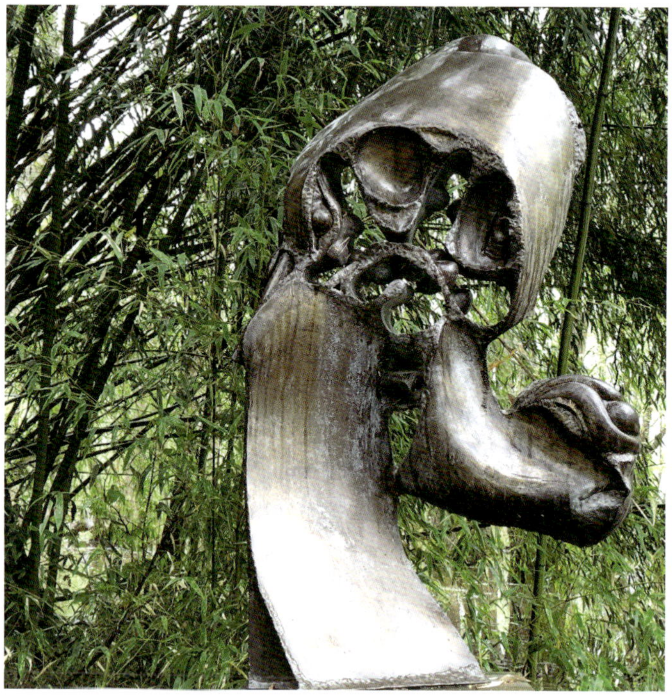

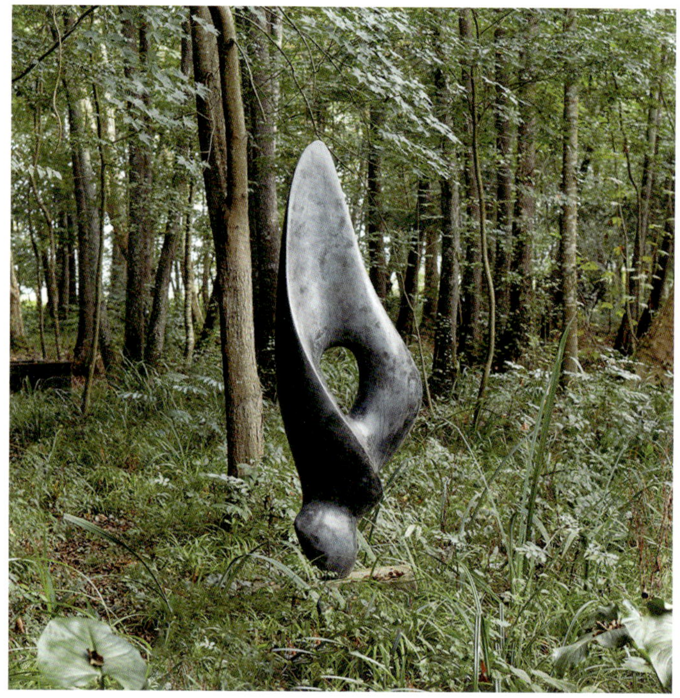

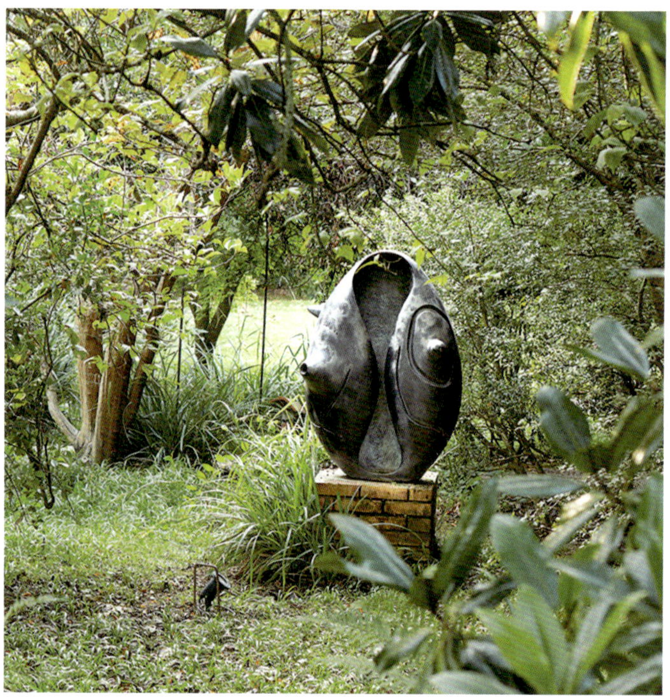

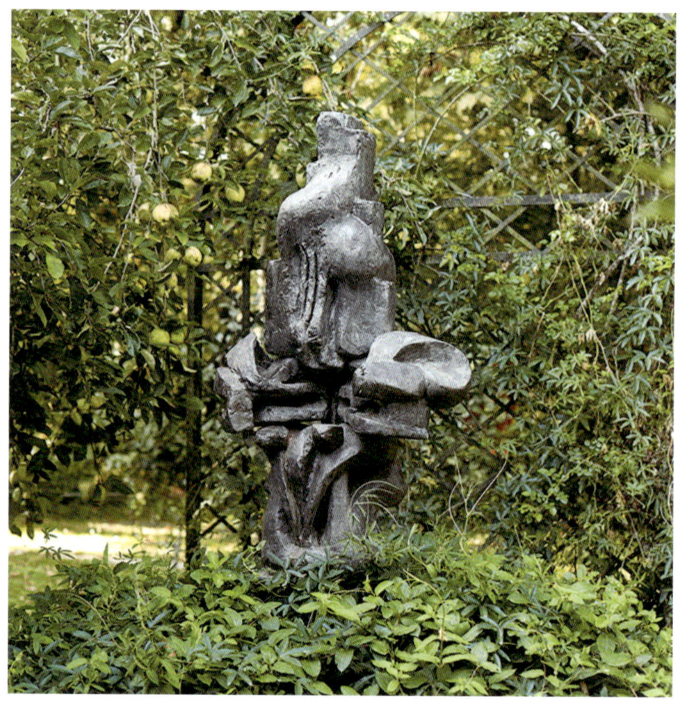

James Metcalf, *Sans titre*, 1965.
Antoine Poncet, *Fugue-Fougue*, vers 1981-1990.
Joan Miró, *La Conque*, 1969.
Étienne-Martin, *La Nuit Nina*, 1951.

SCULPTURE BIOMORPHIQUE

Paul Haim ne pouvait ignorer une figure majeure de la sculpture du XXe siècle, à la formation classique mais se tournant vers l'expressionnisme et l'abstraction tout en explorant de façon pionnière de multiples matériaux, qui plus est un personnage singulier, un esprit ouvert à la connaissance et aux doctrines universelles : Étienne-Martin, qu'il représentait dans sa galerie de Paris, ce qui lui permit d'acquérir quatre œuvres majeures, représentatives des diverses facettes de son art. Deux sculptures sur le thème de la nuit, qui ouvre la porte du rêve, *Nuit ouvrante* (1948) et *La Nuit Nina* (1951), l'une accroupie, ramassée, avec une tête d'Aztèque et des bras articulés, et l'autre se dressant dans un enchevêtrement de formes creuses et pleines, organiques et sensuelles, *Le Grand Couple* (1946), qui montre son obsession des formes duelles, accouplées, et *Le Cri* (1963), qui existait au départ en bois et lance vers le ciel ses deux grands bras dans un cri déchirant. Étienne-Martin fait la transition entre la sculpture du début du siècle et la génération de la sculpture abstraite des années soixante représentée par les formes lisses, ovoïdes, biomorphiques d'Antoine Poncet (*Cororéol*, 1963-1964 ; *Fugue-Fougue*, 1981-1990), qui dressent leur flamme de marbre gris ou leur lame percée au cœur de la forêt, et par Agustín Cárdenas (*Sans titre*, 1964 ; *Composition*, 1966 ; *Le Repos*, 1975), l'artiste cubain, présent aussi dans sa galerie et qui rappelle les débuts professionnels de Paul Haim à La Havane, après Rio de Janeiro, et son attachement à ce pays. Ses formes sensuelles et étirées révèlent l'influence de Hans Arp et d'Henry Moore, mais la poésie qui s'en dégage vient d'ailleurs. Tout comme le *Banc* de Noguchi (1966) qui, dans la simplicité minimale de ses formes, rappelle l'ascétisme des jardins zen du Japon.

À ces formes lisses et biomorphiques répondent la rugosité et la densité des œuvres d'Eugène Dodeigne dont le *Couple* (1964-1965), aux formes archaïques grossièrement taillées et aux visages effacés, révèle la puissance brute du désir. Tandis que le bois travaillé au cœur (un bronze fondu à partir d'une œuvre en bois), dans *Le Maître et l'élève* (1998), exprime, grâce au talent de Zigor, le sculpteur basque et ami de longue date, la force de la nature et la richesse intrinsèque de ce matériau qu'il fond ensuite en bronze. Un dernier sculpteur représente avec quatre œuvres cette tendance abstraite faite d'assemblage de morceaux de fer et de formes baroques : James Metcalf, artiste américain passé par Paris entre 1956 et 1965 puis par New York, avant de s'installer au Mexique pour fonder une communauté d'artistes travaillant le métal à Santa Clara del Cobre.

PLANS ET CONSTRUCTIONS

L'histoire de la sculpture moderne connaît une révolution après le cubisme en délaissant la ronde-bosse et les volumes pleins pour la sculpture en plans et l'importance donnée au vide, à l'espace. À partir des constructions de Picasso, de Julio González puis de Gabo et Pevsner, la sculpture se libère de la lourdeur académique du bronze pour s'initier au découpage du fer et du métal. La sculpture basque joue un rôle important dans ce chapitre, avec la figure centrale de Jorge Oteiza, à la fois sculpteur, essayiste et poète. Grâce à des liens amicaux et à la proximité géographique, Paul Haim a su convaincre l'artiste d'installer deux sculptures monumentales sur la grande prairie : *Construcción abierta A* (1958-1959) et *Circulación en redondo con signos en el paisaje vasco* (1958-1959). L'œuvre de Jorge Oteiza, que l'on rapproche souvent de celle d'Eduardo Chillida, son compatriote, et de Richard Serra, est un mélange d'archaïsme et d'avant-garde, qui se concentre essentiellement sur les volumes simples mais éclatés de la sphère et du carré. Ces deux sculptures nous invitent à faire l'expérience du vide et dialoguent avec l'espace en découpant leurs formes géométriques aux contours aigus sur l'horizon du ciel. Le recours à l'acier rouillé apporte une note chaude et colorée au paysage vert. Anthony Caro, le maître de la sculpture anglaise, a continué la tradition de l'art constructiviste en assemblant diverses plaques de métal et des objets mécaniques dans une sculpture monumentale et dynamique, *Rain Dance* (1986-1989). Un autre sculpteur, américain, représente par excellence la sculpture de fer et de métal, Mark Di Suvero, connu pour ses monumentales constructions de poutres métalliques. Les deux sculptures de La Petite Escalère, *Château noir* (1989) et *Tumbleweed II* (1986), témoignent d'un autre esprit, plus décoratif et plus subtil. La fleur rouge amarante de *Tumbleweed II* déploie ses larges pétales autour d'un axe central et *Château noir* (1989) supporte sur des éléments géométriques une forme en zigzag.

L'Esprit de la forêt (1995), d'Otto Fried, résume bien par son titre l'ambition de sa sculpture-fontaine, faite d'arcs et de cercles entrecroisés d'où jaillit une source. Un artiste espagnol, Andreu Alfaro, représente enfin la lignée constructiviste et minimaliste avec une ligne de fer dessinée comme une porte, *Puerta VIII* (1986).

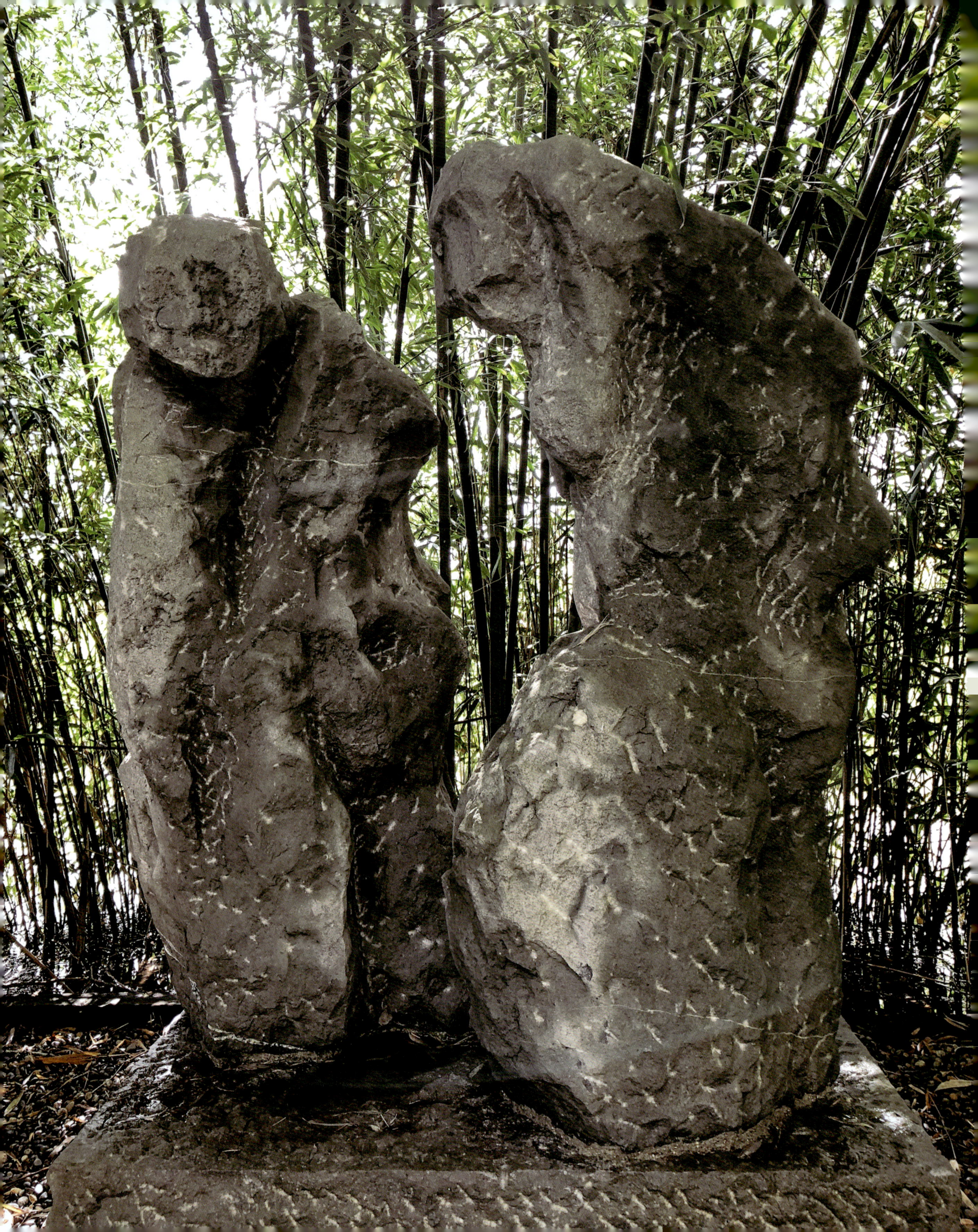

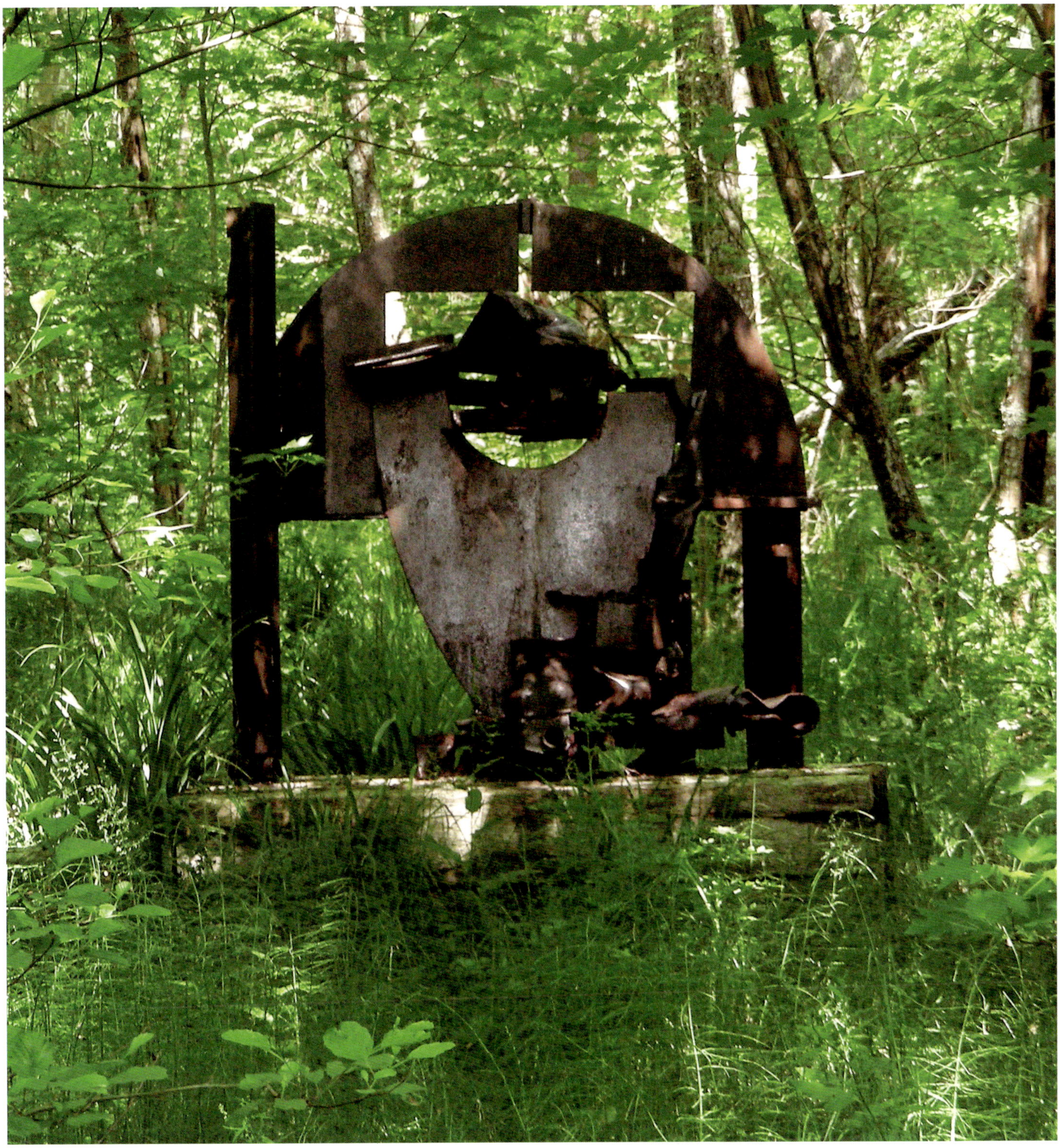

Anthony Caro, *Rain Dance*, 1986-1989.
Page de gauche. Eugène Dodeigne, *Couple*, 1964-1965.

NOUVEAUX RÉALISTES

Le mouvement artistique des nouveaux réalistes apparu en France au début des années soixante n'a pas spécialement retenu l'attention de Paul Haim, à l'exception de deux figures essentielles mais marginales au mouvement car outrepassant très vite le principe du recours à l'objet de rebut . Niki de Saint Phalle, dont les célèbres *Nanas* ont contribué à changer tant le point de vue sur les femmes que sur les artistes femmes, et Jean-Pierre Raynaud, qui s'est vite débarrassé de l'objet pour inventer son univers blanc, aseptisé, de carreaux de céramique. Matériau qui est devenu à tel point son signe caractéristique que la colonne-socle qu'il propose paradoxalement (car son art est anti-nature) pour le jardin s'intitule *Autoportrait* (1980-1991). Quant à la somptueuse *Nana* (1967) de Niki de Saint Phalle, elle trône magnifiquement sur un aigle perché sur un rocher vert installé au centre d'un bassin, et faisant jaillir de ses seins généreux des jets d'eau. Un autre artiste singulier auquel Paul Haim s'intéressa très tôt est Jean-Michel Sanejouand qui, après avoir travaillé des charges-objets composées de plaques de métal, s'est tourné vers la sculpture en bronze. Il installa au fond d'une allée bordée de grands arbres une immense tête ovale, penchée, intitulée *Le Silence* (1989-1996), dont la charge pesante apporte à la fois son étrangeté et sa calme présence.

Niki de Saint Phalle, *Nana*, 1967.

LES CONTEMPORAINS

L'intérêt passionné de Paul Haim pour la sculpture de plein air l'a incité à porter son regard sur les artistes contemporains. C'est ainsi qu'il a acquis une pomme de pin en bronze, *451* (1988), du grand sculpteur espagnol Jaume Plensa, œuvre réaliste placée au départ sur un socle, mais qui fut finalement posée directement sur le sol, comme si elle était tombée de l'arbre. Il commanda également à Federica Matta une grande construction colorée, sorte de maison magique pour les enfants, *La Maison des enfants* (1992), dont les formes excentriques et vivement colorées rappellent l'influence mexicaine et dialoguent avec l'esprit de la Figuration libre.

À la mort de Paul Haim, en 2006, sa fille Dominique a tenu à poursuivre l'œuvre de son père, commandant à son tour des sculptures à des artistes vivants. Les critères étaient l'importance et la qualité de l'œuvre, son adéquation aux grands principes qui avaient guidé son père : intégration dans le paysage, dialogue avec les sculptures existantes, formes nouvelles de la sculpture du XXIe siècle. C'est ainsi qu'elle a fait appel à des artistes aussi différents que l'Anglais Andy Goldsworthy qui, dans la tradition du land art, travaille directement avec les éléments de la nature et crée des œuvres éphémères qui peuvent se détruire avec le temps, comme *Refuges* (2006), un empilement d'ardoises rectangulaires qui enserrent comme dans un puits des branches tombées.

Le jardin de La Petite Escalère invite deux fois par an des artistes en résidence. L'un des premiers fut, en 2012, le sculpteur et dessinateur portugais Jorge Santos, qui profita de ce séjour pour concevoir une sculpture de métal couleur de l'arc-en-ciel qui donna son titre à cette découpe colorée (2013) qui tranche sur les troncs d'arbres verts au fond de la forêt, comme une trouée de lumière dans l'obscurité. Le violet est une évocation des jacarandas de Lisbonne et du Brésil. Pour répondre aux grands volumes des sculptures monumentales d'Oteiza, il fallait trouver des demeures, des pavillons, des formes géométriques simples et organiques, comme le cube intitulé *Chambre végétale, XI* (2004) de Cristina Iglesias, la grande sculptrice basque qui arrive à mêler la rigueur du cube-miroir minimaliste à la présence végétale de poudre de bronze sur résine, tout en reflétant l'environnement, ainsi que le pavillon transparent en arabesques de Dan Graham, *Pavilion for Pisces* (2017), qui à la fois disparaît dans le paysage et reflète tant les passants qui le traversent que les sculptures et les arbres alentour. Parallèlement à l'adéquation d'une œuvre existante à l'environnement naturel, La Petite Escalère a invité des jeunes artistes à créer une sculpture spécifique pour le jardin.

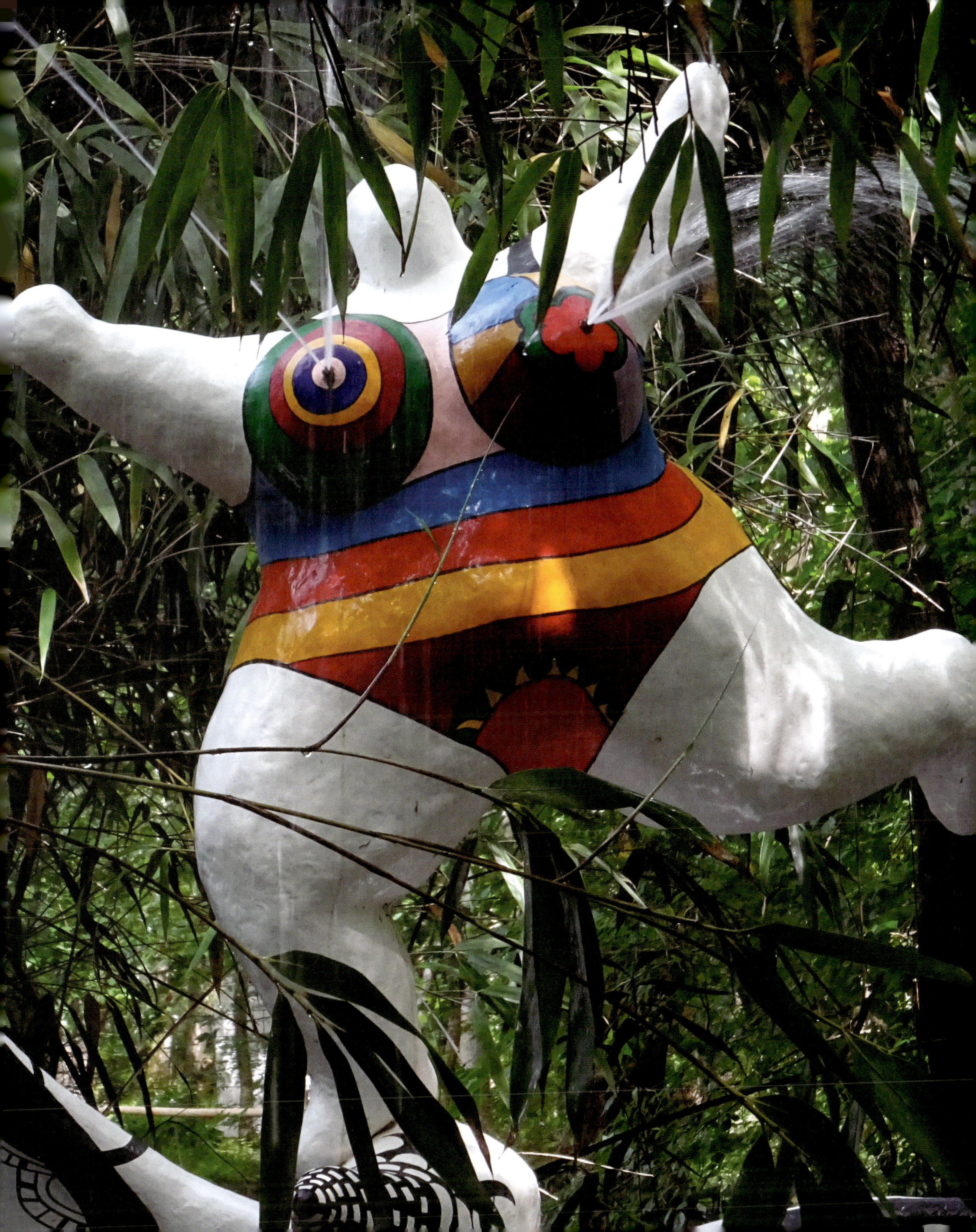

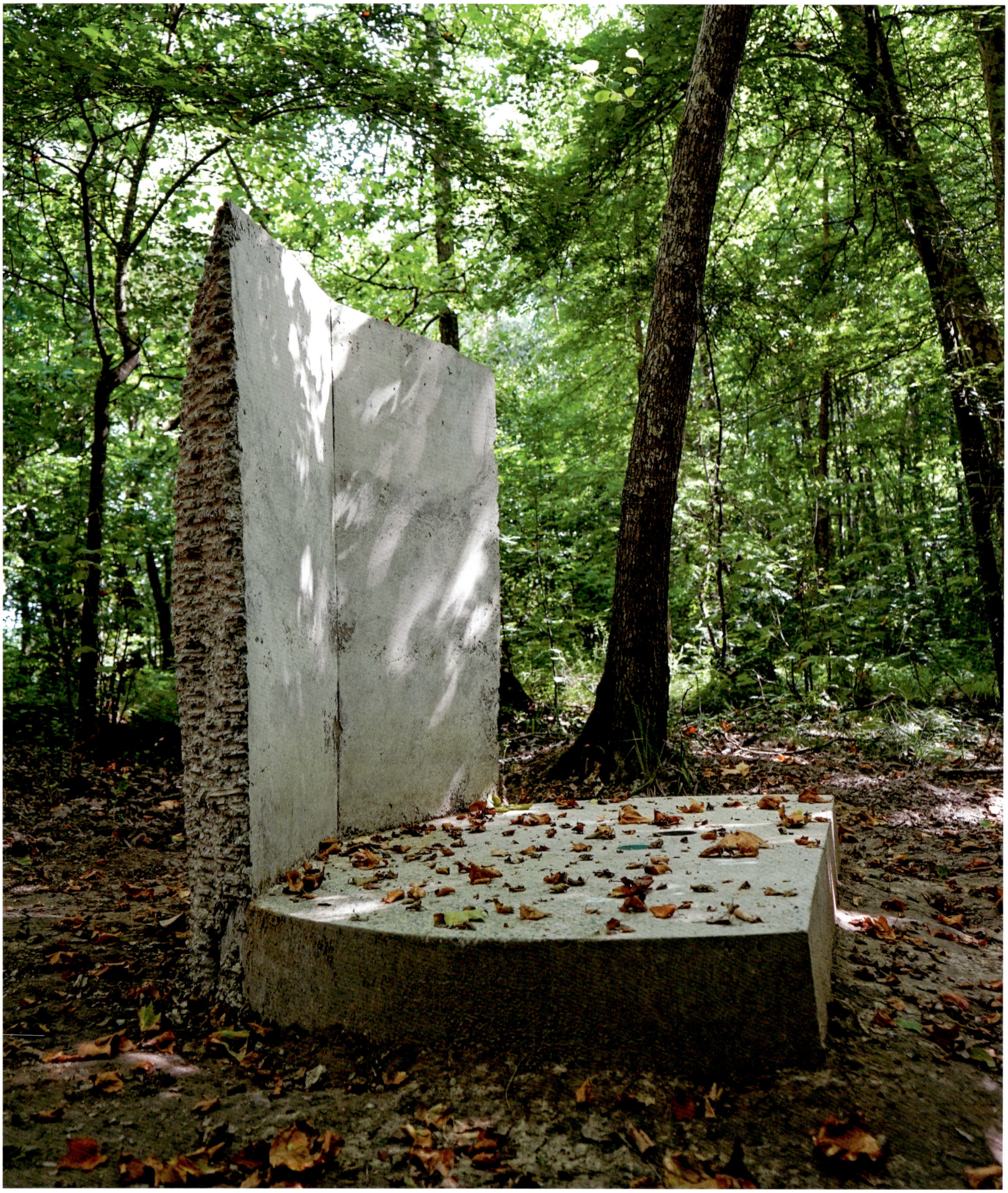

Asier Mendizabal, *La Chaîne et la trame (Urritza)*, 2016.

Ce fut d'abord Katinka Bock, une sculptrice vivant entre Paris et Berlin et qui, après plusieurs visites, a conçu une œuvre singulière, *Tomorrow's Sculpture* (2014), faisant en même temps office de porte ouverte sur la forêt et de portique pour une poutre d'acier. Elle est composée de deux « corps » en bronze vert, qui soutiennent l'horizon dans un fragile équilibre de pas de deux et forment une ouverture architecturale permettant, dans la première installation, de donner à voir le paysage immense et plat du Moura, cette ancienne tourbière dédiée à la biodiversité. Après avoir subi les marques du temps et des changements de saisons, la sculpture fut finalement posée en bordure de la forêt. Le processus de la fabrication des deux installations fut réalisé en étroite collaboration avec l'équipe de La Petite Escalère, tout comme l'étrange corbeille de béton, *La Chaîne et la trame* (2016), du sculpteur basque espagnol Asier Mendizabal. Sculpture de béton coulé sur un tressage de branches de noisetier ramassées près du jardin, ce panier inscrit sa courbe dans le berceau des arbres qui l'ont vu naître tout en apportant la note urbaine et poétique du béton brut et d'un trou percé par un tuyau au centre de la base. Sa composition en L fait écho à celle du *Mural* de Chillida et répond au dos de la grande mosaïque de Fernand Léger, tout comme le tressage de branches évoque les entrelacs végétaux de la *Chambre* de Cristina Iglesias.

La dernière sculpture commandée est due à une jeune artiste qui a séjourné à Bayonne, exposé à la Biennale d'Anglet où l'équipe de La Petite Escalère l'a découverte, Rachel Labastie. Elle a proposé pour le jardin une sculpture de jambes en marbre noir, intitulée *Vénus* (2019) : « C'est l'amorce d'un corps de femme hissée sur la pointe des pieds, et naissant d'une flaque de pierre. » L'artiste a choisi un marbre noir de Bilbao, habituellement réservé à l'architecture, mais dont elle a pu utiliser les multiples caractéristiques, jouant avec les différents états de surface de la pierre : brute – comme ce corps inachevé, laissé à l'imagination du regardeur –, satinée ou brillante – comme l'eau qui reflète les jambes mais aussi le jardin alentour. Alors que la matérialité du marbre tire la déesse vers la terre, sa posture évoque la légèreté, le désir de s'envoler, d'échapper à sa condition terrestre. Tout l'art de Rachel Labastie est en effet une tension entre des forces contraires, entre l'envol et la chute. Placée à proximité de *La Danse* de Bourdelle et de son imposant *Adam*, la Vénus noire dialogue, ou confronte, sa condition avec la leur.

La visite promenade ne serait pas complète si l'on omettait le cadre dans lequel s'insèrent ces sculptures. Chaque endroit a été amoureusement choisi, afin de faire interagir les sculptures et le paysage, afin que l'écrin de verdure ou les reflets d'eau ou la verticalité des bambous puissent constituer un fond, un support, un environnement qui permette de voir l'œuvre sous un angle différent. Il faut aussi ajouter quelques pièces moins connues, acquises par amitié, coup de foudre ou fidélité, comme la sculpture-fontaine de Juan Bordes, faites de deux femmes à leur toilette, les assemblages de bois de Françoise Lacampagne, la sculpture d'eau et de bois du Japonais Takikawa découverte par Paul Haim dans une devanture à Tokyo, le grand drapeau de résine et carton, qui imite le métal, de Jean-Pierre Pourtier, la boîte en métal de Jacques H. Gainsbury, l'œuvre d'Heidi Melano… autant de témoins de sa vie, de ses voyages, de sa curiosité et de son soutien sans faille aux artistes quels qu'ils soient.

Dans la préface de *Jardin miroir*[3], le livre-hommage rendu au jardinier Gilbert Carty, Paul Haim écrivait : « Durant des décennies, proposant une sculpture ou un tableau, c'est un miroir que je tendais. Chacun pouvait y découvrir un reflet de lui-même : celui du personnage qui relevait le défi de vivre dans l'omniprésente intimité d'une œuvre d'art ou le refusait. Tel apparaît le jardin de Jeannette et Gilbert : un miroir qui réfléchit des certitudes ou des doutes quant aux promesses de la vie. […]

« Le visiteur nonchalant passera de l'ombrage des barthes à la clarté du Moura, de la fraîcheur des fontaines à la touffeur de la forêt. Au détour d'un buisson, il se laissera surprendre par une présence insolite. Immuable. Le visiteur attentif percevra que ce jardin est le miroir et la récompense de ce que nous avons fait de nos vies. » Nul autre ne pouvait mieux résumer et définir la beauté et le caractère exceptionnel de La Petite Escalère.

3. *Jardin miroir* (jardin : Gilbert Carty ; photos : Jeannette Leroy ; maquette : Jacqueline Chaumont ; préface de Paul Haim), s. l. n. d. [2001].

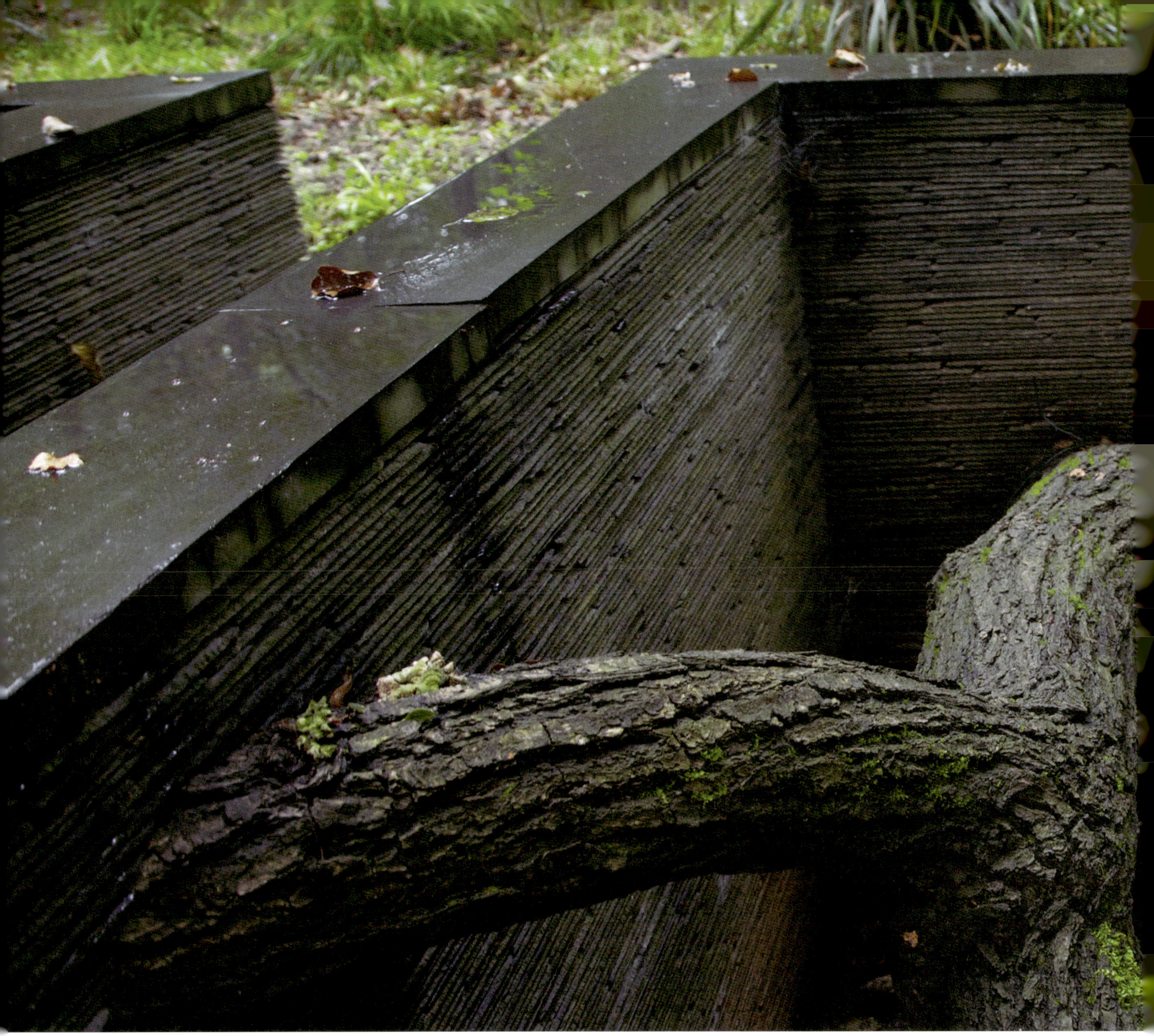

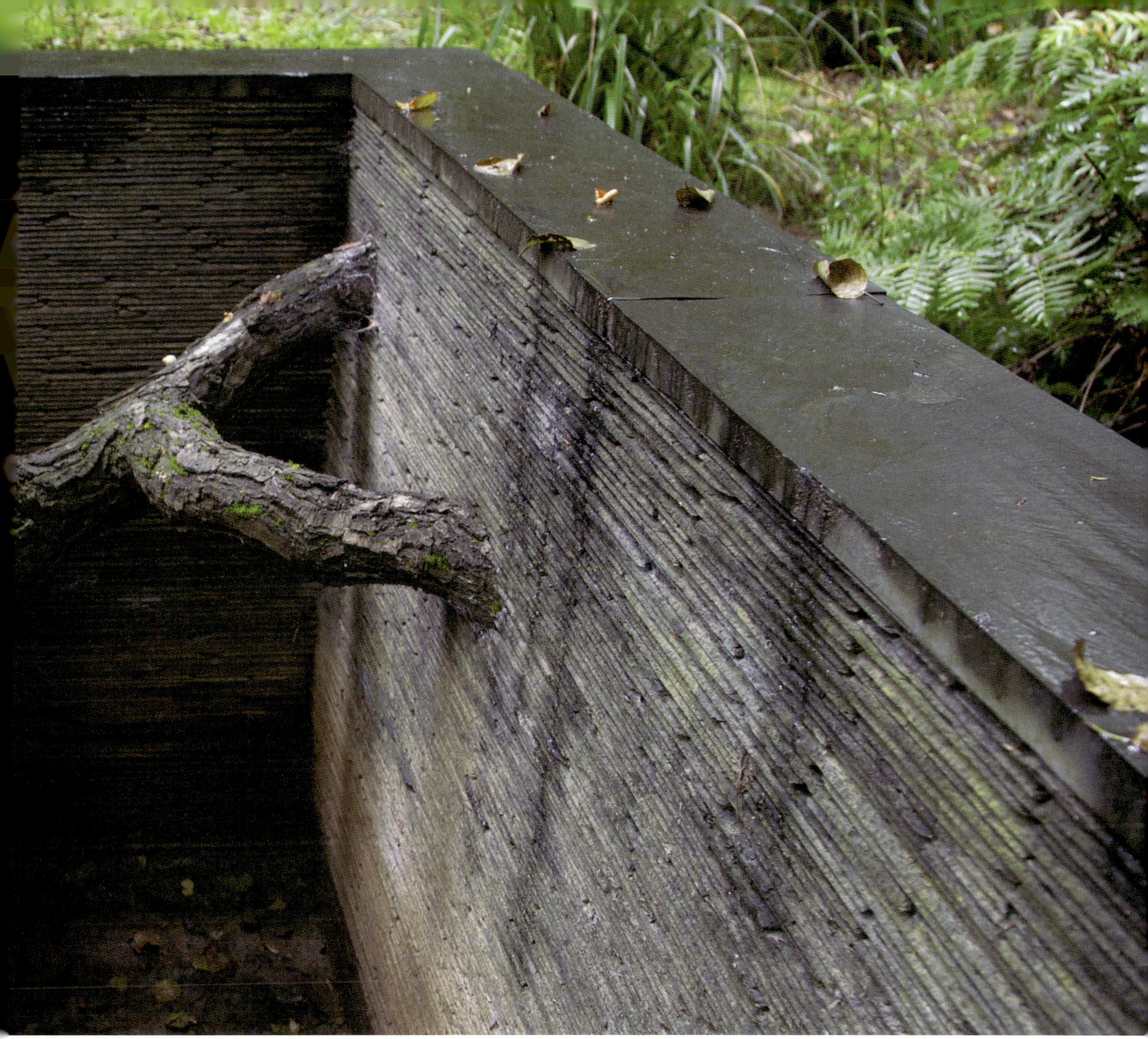

Andy Goldsworthy, *Refuges*, 2006.
Pages suivantes. Roberto Matta, *Eramen*, 1985-1987.

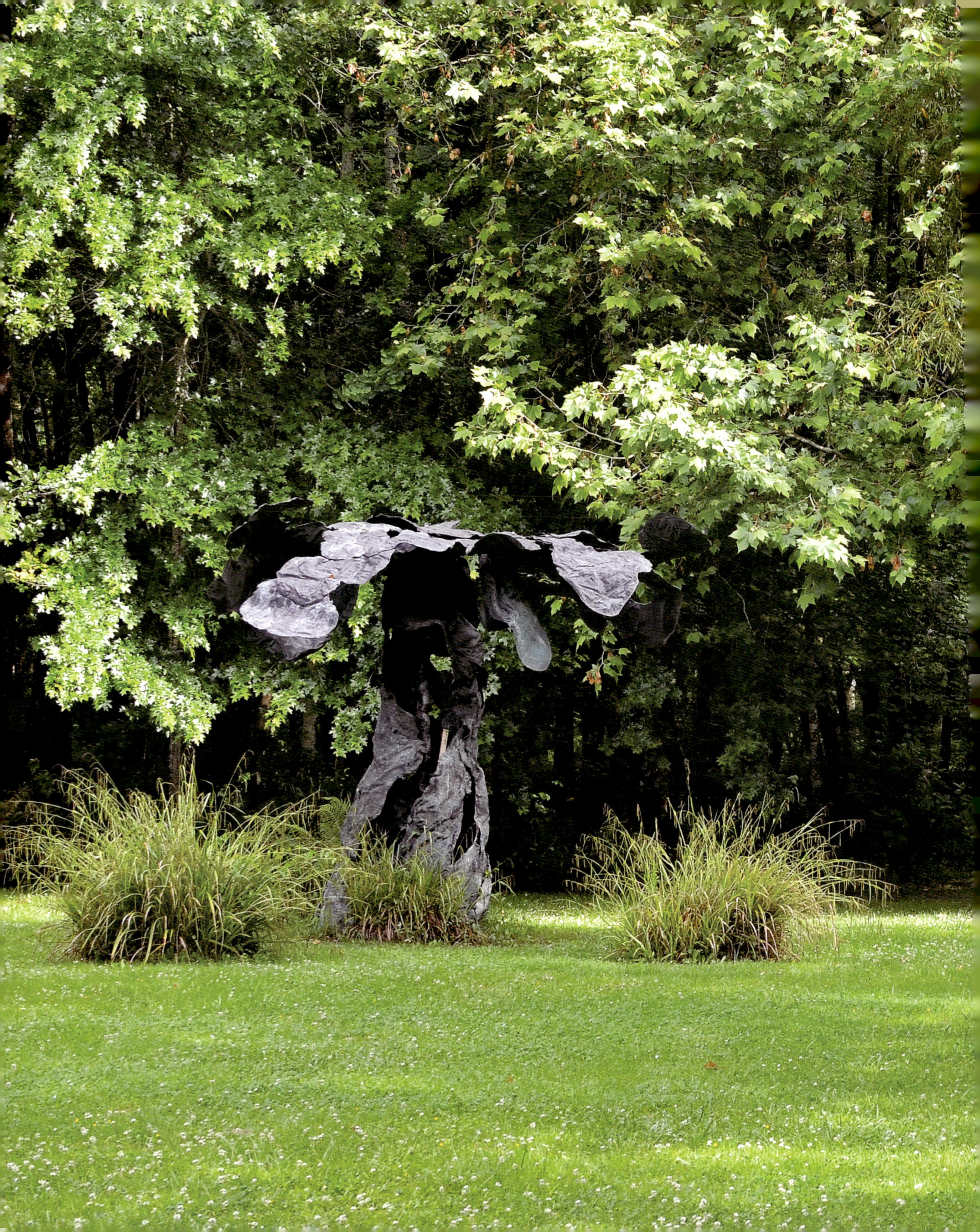

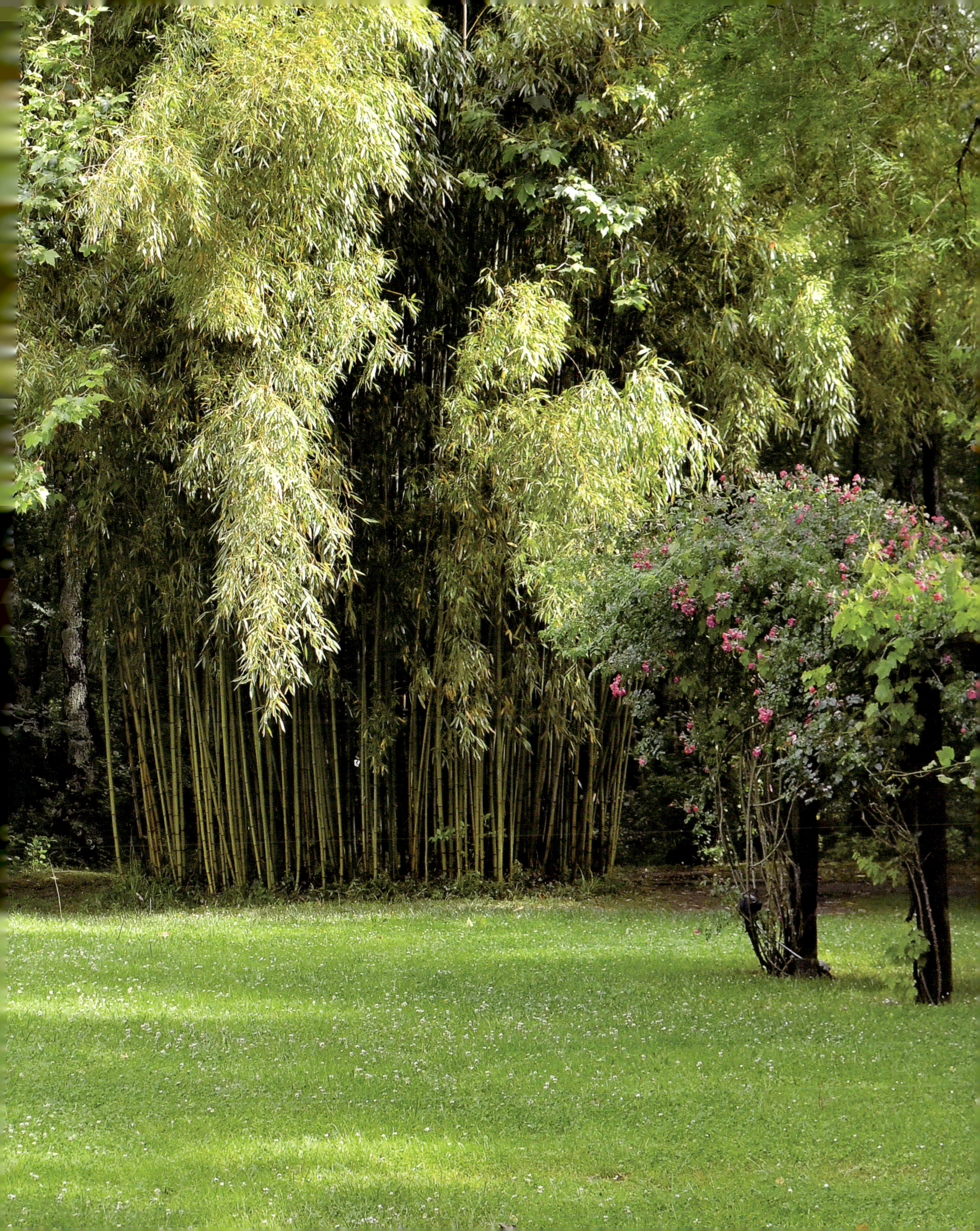

MIRROR GARDEN

MARIE-LAURE BERNADAC

Mirror of art, of nature, of sculpture, and above all of the owners who conceived the garden at La Petite Escalère. You enter it as if under a spell. The moment you step into the trees you lose your bearings; on these paths, running from the edge of the Adour River to the immense and deserted plain, the Moura, passing along the way through the flower beds, the bushes, the rose arbors, the ferns, the forest, you don't know which way to wander. Narrow tracks invite you to walk upon railroad ties, to cross streams, to discover, hidden under bamboo, foliage, or tall trees, or—enthroned upon the lawns—a unique history of twentieth- and twenty-first-century sculpture.

Unique, this history, and personal as well, because it is that of the dealer and collector Paul Haim, who, with his wife Jeannette Leroy, and with the complicity of the gardener Gilbert Carty, created the wonderful garden of La Petite Escalère (the name of the house located on the banks of the Adour River), more than fifty years ago. Adour in Occitan means love, and it is with the love of nature, of art, and of flowers, that this garden was conceived.

It is a history that begins with the precursors and pioneers of modern sculpture (Auguste Rodin, Antoine Bourdelle, Aristide Maillol) and moves through Abstract, Biomorphic, Geometrical, and Constructivist sculpture, including the masters of Surrealism and the New Realists, through to contemporary works. A historical collection that in recent years has focused on living artists working in the widest variety of forms, it is also a history of sculpture that enables the discovery of multiple techniques: bronze, stone, marble, wood, ceramic, mosaic, glass, metal...

Auguste Rodin, *Pierre de Wissant nu (étude pour les Bourgeois de Calais)*, 1884-1886.

THE PIONEERS

Let us begin at the beginning, with the great male figure of *Pierre de Wissant* by Rodin (1884-1886), one of the *Les Bourgeois de Calais*, heroically advancing towards his tragic destiny, signaling acceptance of his fate with a gesture of his bent arm. This version of the nude model shows an emaciated, aging body, with drawn features and protruding muscles; everything expresses the sacrifice to come. Responding to this magisterial vision of a suffering man is the vital force of Maillol's *L'Action enchaînée* (1905). Here the voluptuous forms of a fleshy goddess are endowed with powerful musculature; although her arms are cut off as if to express her enchained state, one can imagine the power of the invisible hands tied behind her back, once they are set free. This sculpture was a commission by the village of Puget-Théniers in homage to Auguste Blanqui, the socialist revolutionary, but this nude woman was at the time judged too provocative, and the village rejected the work. It is no accident that Paul Haim chose these two emblematic sculptures that bear witness not only to a new sculptural language but also to a moral, social, and political commitment.

An echo of this improbable couple is *Le Grand Couple* (1946) by Étienne-Martin, who knew how to join the sensual curves of Maillol with the vertical expressionism of Rodin's statuary. Beyond style and period, these great artists engage in a dialogue about the eternal theme of man, and of woman, of the body and the couple.

The third figure in this group of standing heroes is the great *Adam* of Bourdelle (1889), which depicts the body of the first man sculpted by God, the origin of all human and artistic creation. It was also the first sculpture in the garden. But there is nothing triumphal here: it is *Adam* after the fall, after the sin; he is seated, isolated, overwhelmed by the weight of his guilt. Yet his slender muscles are reminiscent of bodies sculpted by Michelangelo.

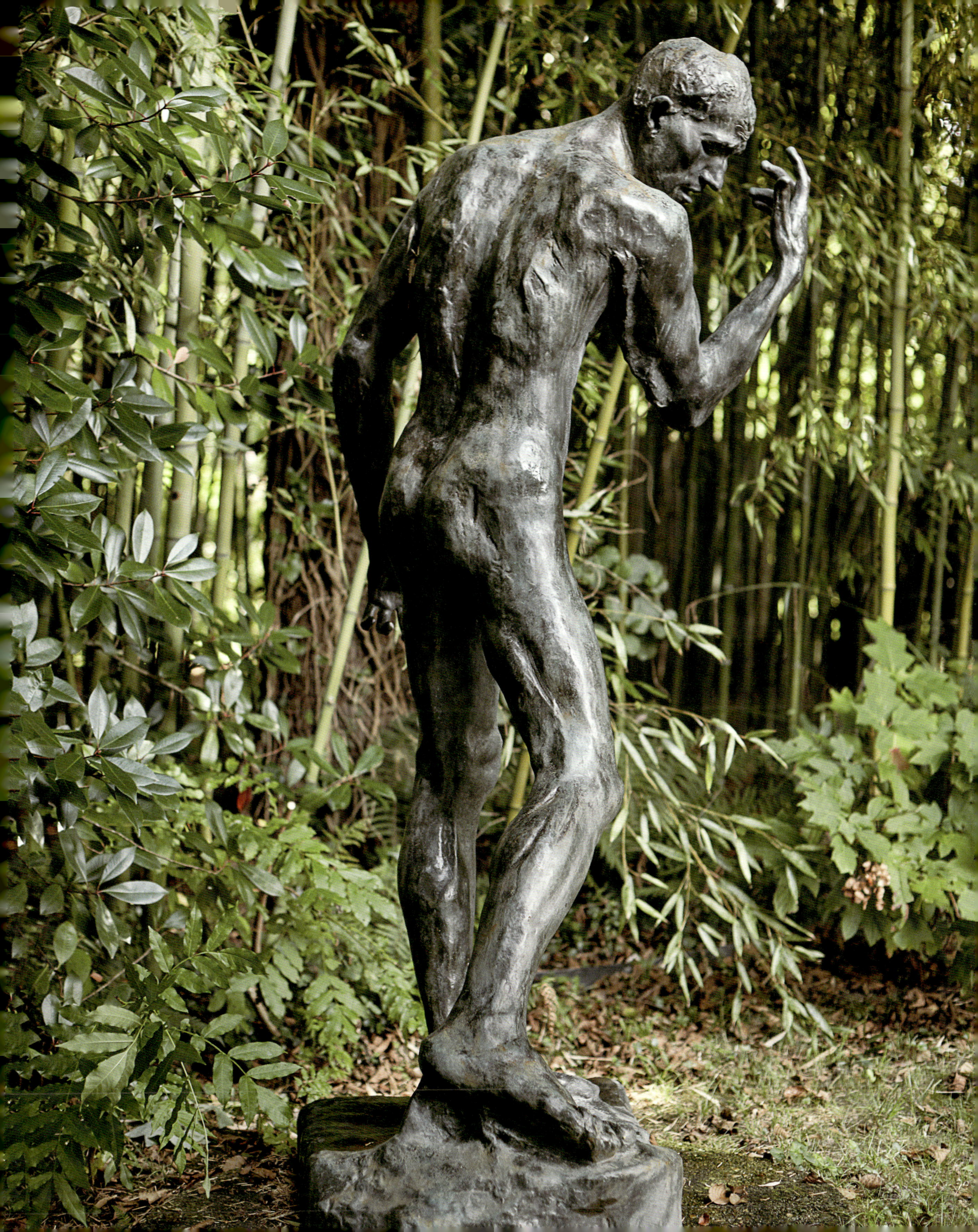

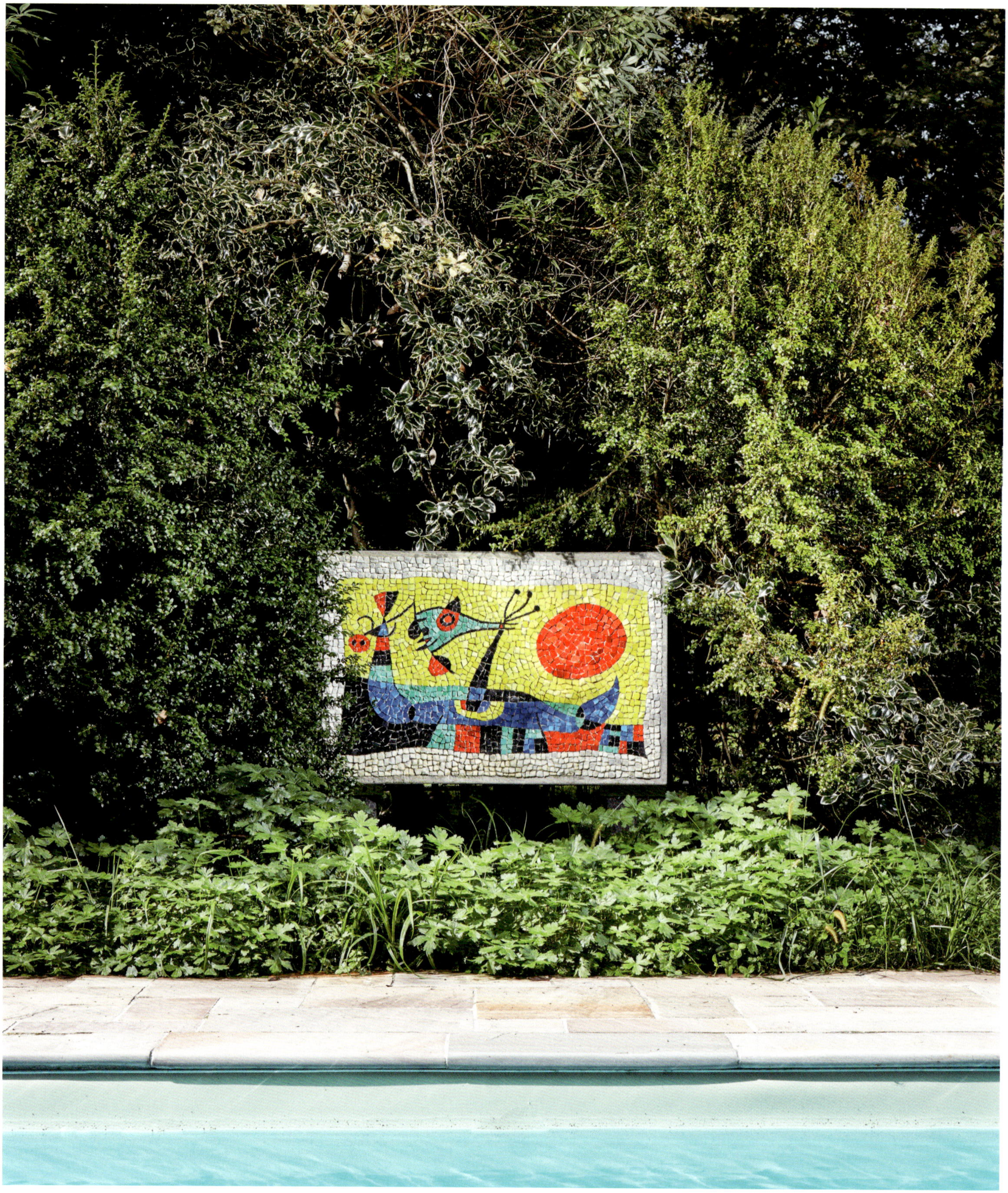

Mark Di Suvero, *Château noir*, 1989.
Page de gauche. Joan Miró, *Femme et oiseau*, 1961.

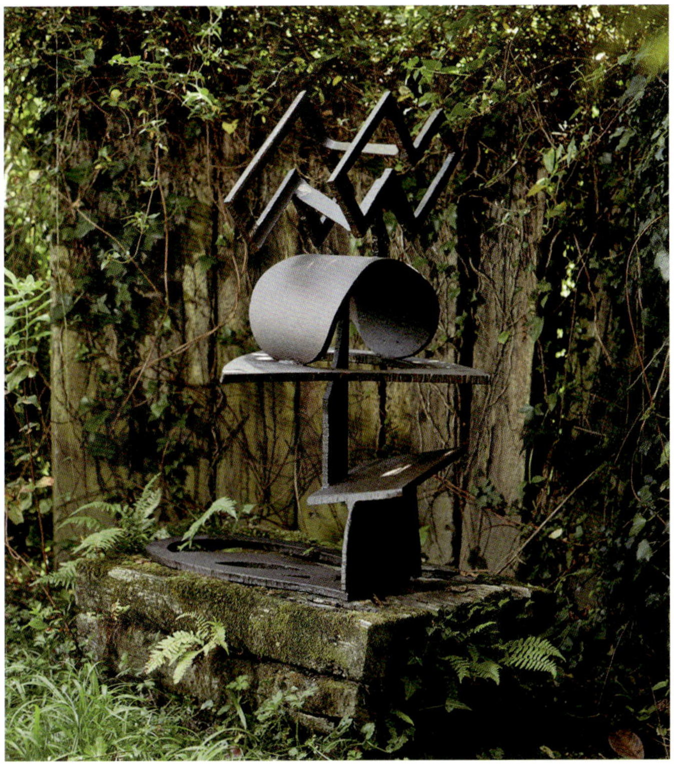

Paul Haim undoubtedly had a predilection for Bourdelle (there are five of them), an artist long neglected because he was deemed too academic, but who nonetheless instigated a revival of modern sculpture. A student of Rodin, with whom he worked for fifteen years, he in turn became the teacher of Aristide Maillol, Alberto Giacometti, and Germaine Richier at the Académie de la Grande Chaumière art school. The handsome *Adam* reappears in the work *Torso* (1889), which allows us both to admire the curve of his back and to discern the influence of antiquity that characterizes Bourdelle's art, an influence that can also be seen in the *Tête de l'Éloquence* (1917). Also present are female figures like *Grande baigneuse* (1907-1909), crouching on her rock and watching aquatic games at the edge of a water basin. And finally, there is also a panel of *The Dance* (1912), part of the décor designed for the façade of the Theater of the Champs-Élysées. With sinuous curves and fluttering drapery, a maenad faces an Atlas figure, whose folded arms support the frame that surrounds them.

THE SURREALISTS

The poetic and light-hearted spirit of Paul Haim could not fail to appreciate the humorous collages of Miró, the aerial movement of Calder's mobiles (*Gouvernails rouges, no. 9.*, 1967), and the strange shapes favored by his friend the painter Matta, who designed a tree sculpture for the garden that rotates on its axis and spreads its large leaves around a real tree trunk (*Eramen*, 1985–87).
Paul Haim had a strong bond of friendship with Roberto Matta, many of whose works he had in his personal collection, and about whom he wrote a book.[1] This bond accounts for the presences of the exceptional tree-sculpture and a large mosaic.
La Caresse d'un oiseau (1967) by Joan Miró can be found at the end of a small lawn, catching the eye with its bright colors: red, green, yellow. Formed of an assemblage of found objects (a donkey's straw hat, a clay bird, a piece of wood with holes, an ironing board, a tortoise shell, pétanque balls), molded and then cast in bronze and painted, this sculpture-object bears witness to the creative spirit of Miró who, like Picasso, could detect the formal potential for metamorphosis in a piece of scrap and transform these objects into a woman's body. Miró's friend Joan Prats explained, "When I pick up a pebble, it's just a pebble; when Miró picks up a pebble, it's a Miró." The small mosaic *Femme et oiseau* (1961), also by Miró, reproduces a painting, confirming the artist's fondness for this theme. Another more abstract sculpture by Miró is *La Conque* (1969): an enveloping ovoid shape, like a shell covered with breasts and organs with sexual connotations.

1. Paul Haim, *Matta. Agiter l'œil avant de voir. Errances, souvenirs et autres divagations*, Paris, Séguier, 2001.

PAINTING OR SCULPTURE

How should one present paintings, two-dimensional painted images, in an open-air garden? One of the unique features of this collection is that it includes several large "paintings" that are not paintings at all. These include mosaic walls like *Sans titre* of Zao Wou-Ki (1984), a very long rectangular panel forming a subtle and airy landscape that blends into a grove of bamboo, and *Sur le Nil* by Matta (1989) with its tangled bodies of mostly grey and beige on a blue background. There are also works made of concrete tiles, like the beautiful *Mural III* (1999), Chillida's black and white sign that is reflected in the water, and which, as the artist explained, thus creates two works of art. Finally, there are also bronze-relief paintings, the magnificent *Femmes aux Perroquets* by Fernand Léger (1952), which exists in two versions. A woman with a parrot is a recurrent theme in the work of Léger; it can be found as early as 1935–1939 in a grey painting, and then in 1941 in the large *Composition aux deux perroquets* (Pompidou Center). In 1952, in the interest of promoting the visibility of popular art in public settings, Fernand Léger created two panels, one in painted bronze and the other in mosaic.[2] In these two works we can see his love of life, of humanity, of colors strong and bright that evoke a tropical paradise, with a shimmering bird that suggests a certain musicality and a smaller, more distant flower. The presence of these round and colored figures, standing out against the background of nature, is particularly surprising and joyous. Also by Léger is a painted ceramic sculpture, *Le Tournesol* (1952). The original of *Le Tournesol*, in cement and plaster, can be found at the Pompidou Center in Paris. With this polychrome sculpture, Léger initiates a new dimension of mural art that transcends the limits of painting and of architectural decoration. Lastly, another mosaic, *Deux Femmes sur fond gris*, based on a painting of 1927, shows Léger's figural style at its apogee, in the form of two female bodies with full, mechanical, and sinuous shapes. *The Composition abstraite* (also 1952) and the miniature *Jardin d'enfant* (1954) testify to another more Constructivist and abstract aspect of his work, the successor to Cubism.

Antoine Poncet, *Cororeol*, 1963-1964.
Pages suivantes. Agustín Cárdenas, *Le Repos*, 1975.

BIOMORPHIC SCULPTURE

Paul Haim could hardly overlook a major figure of twentieth-century sculpture, an artist with classical training who turned towards Expressionism and Abstraction, while exploring multiple materials in a pioneering way. This artist was also a singular personality, with a mind open to knowledge and to universal ideas. Paul Haim represented Étienne-Martin in his Paris gallery, which permitted him to acquire four major works, representative of different facets of his art. There are two sculptures on the theme of the night, which opens the door to dreams: *Nuit Ouvrante* (1948) and *Nuit Nina* (1951). The former is crouched, curled up, with an Aztec head and articulated arms; the latter stands in a tangle of hollow and full forms, organic and sensual. The other two are *Le Grand Couple* (1946), showing his obsession with dual, coupled forms, and *Le Cri* (1963), which was first made of wood, and which throws its two big arms towards the sky with a harrowing scream. Étienne-Martin's work bridges the transition between the sculpture of the beginning of the century and the generation of abstract sculpture of the 1960s. This abstract tradition is represented by the smooth, ovoid, biomorphic forms of Antoine Poncet (*Cororéol*, 1963–1964; *Fugue-Fougue*, 1981–1990), which raise, respectively, their grey marble flame and their pierced blade in the heart of the forest, and by Agustín Cárdenas (*Sans titre*, 1964; *Composition*, 1966; *Le Repos*, 1975), the Cuban artist also present in the gallery, a reminder of Paul Haim's professional beginnings in Havana, after his time in Rio de Janeiro, and his attachment to that country. His sensual and stretched forms reveal the influence of Hans Arp and Henry Moore, but the poetry that wafts from them has a different source. Like Noguchi's *Banc* (1966), in the minimalist simplicity of its forms it recalls the ascetism of Japanese Zen gardens.

Responding to these smooth and biomorphic forms is the roughness and density of the curves of the work of Eugène Dodeigne, whose *Couple* (1964–1965), with its coarsely carved archaic forms and faded faces, reveals the brute power of desire. At the same time, thanks to the talent of Zigor, a Basque sculptor and longstanding friend, *Le Maître et l'élève* (1998), with a wooden core later cast in bronze, expresses the force of nature and the intrinsic richness of wood, his favorite material. And finally, as a representative of abstraction, four works assembling baroque forms and pieces of iron by James Metcalf, an American who spent time in Paris between 1956 and 1963, and then in New York, before settling in Mexico to establish a community of metalwork artists at Santa Clara del Cobre.

2. The mosaic and the bronze were made based on a bas-relief in ceramic produced by Roland Brice, under the direction of Fernand Léger, dating to 1952. One copy is at the Musée National Fernand Léger, in Biot, France, and another polychrome version is located at the Colombe d'Or in Saint-Paul-de-Vence.

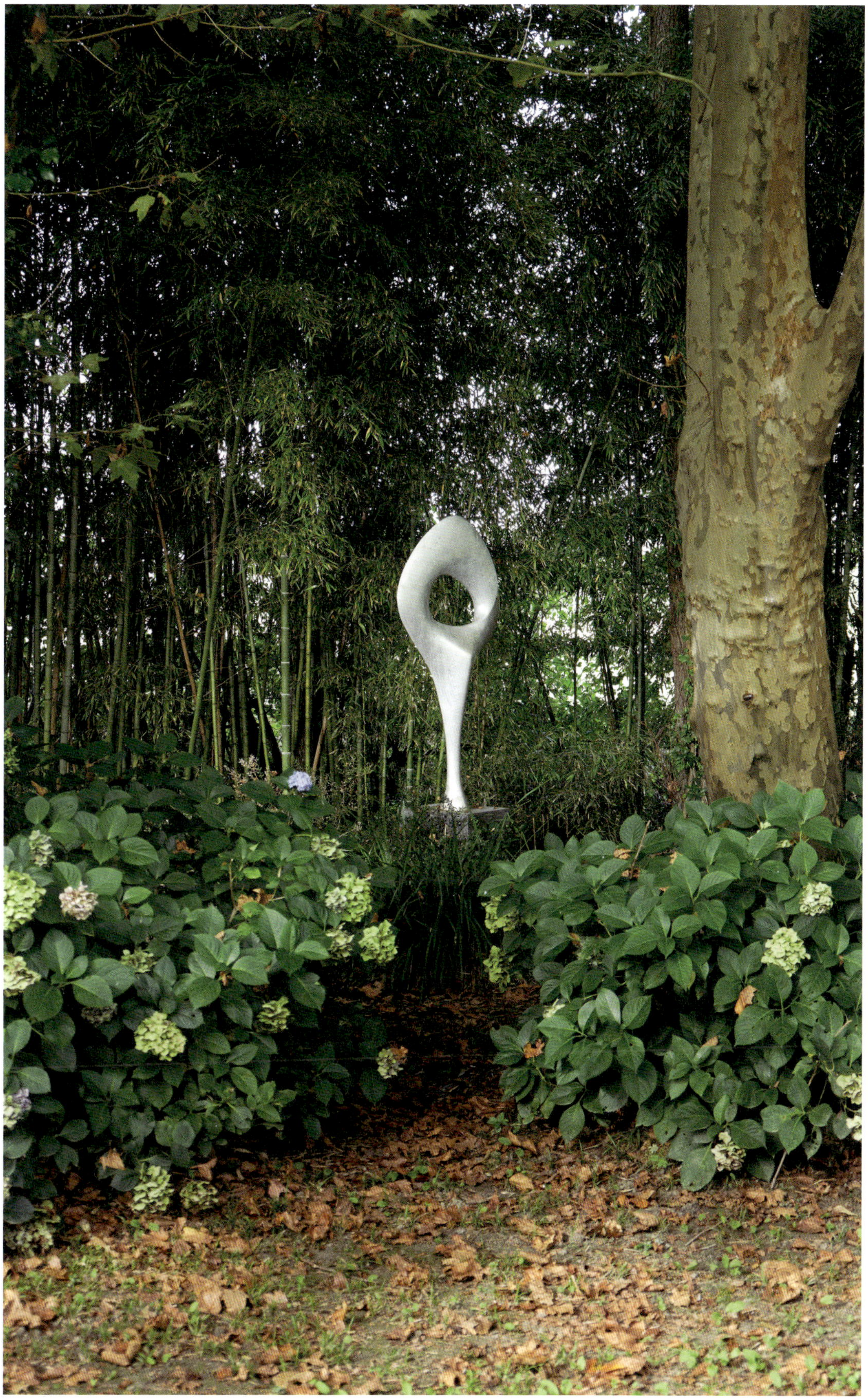

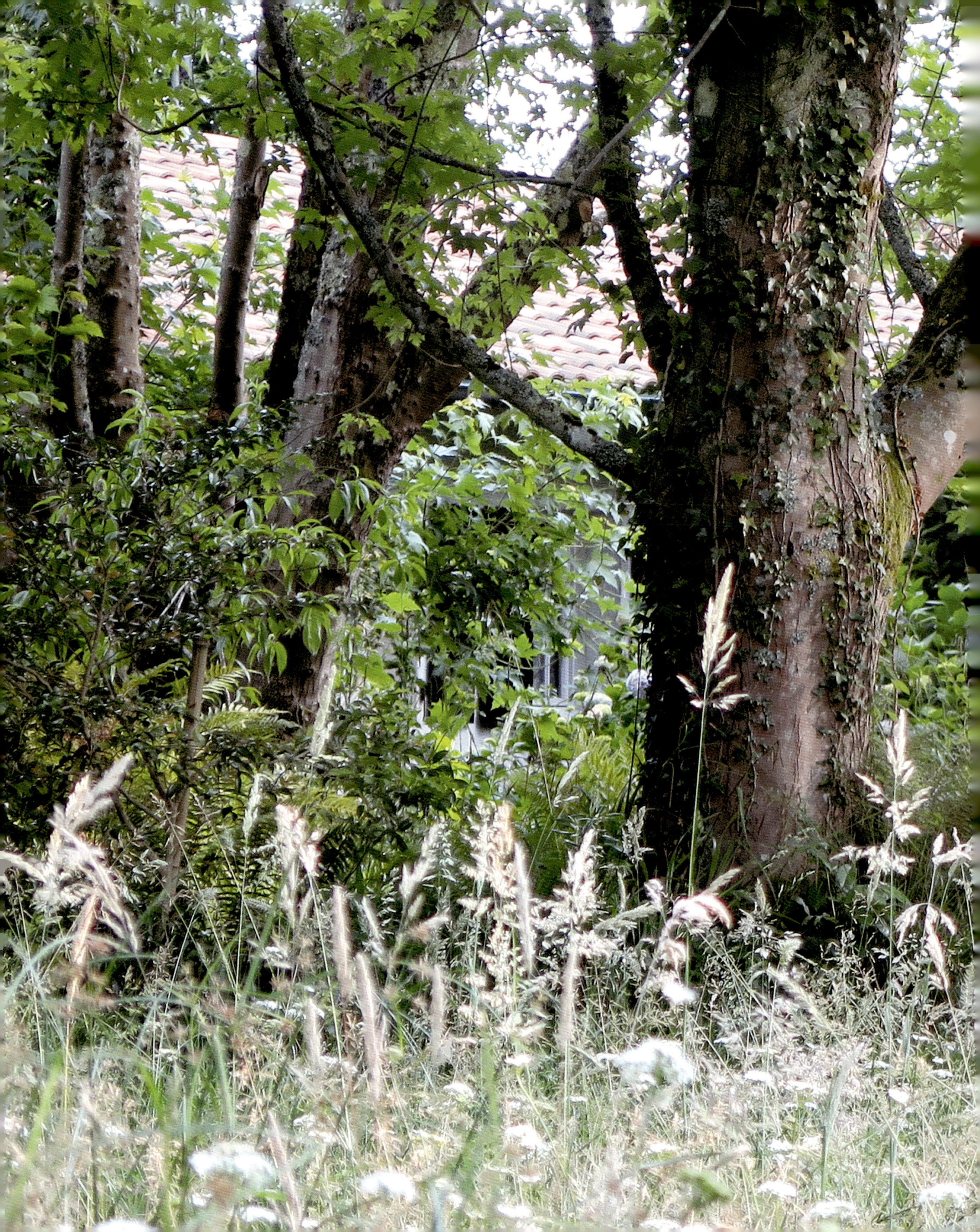

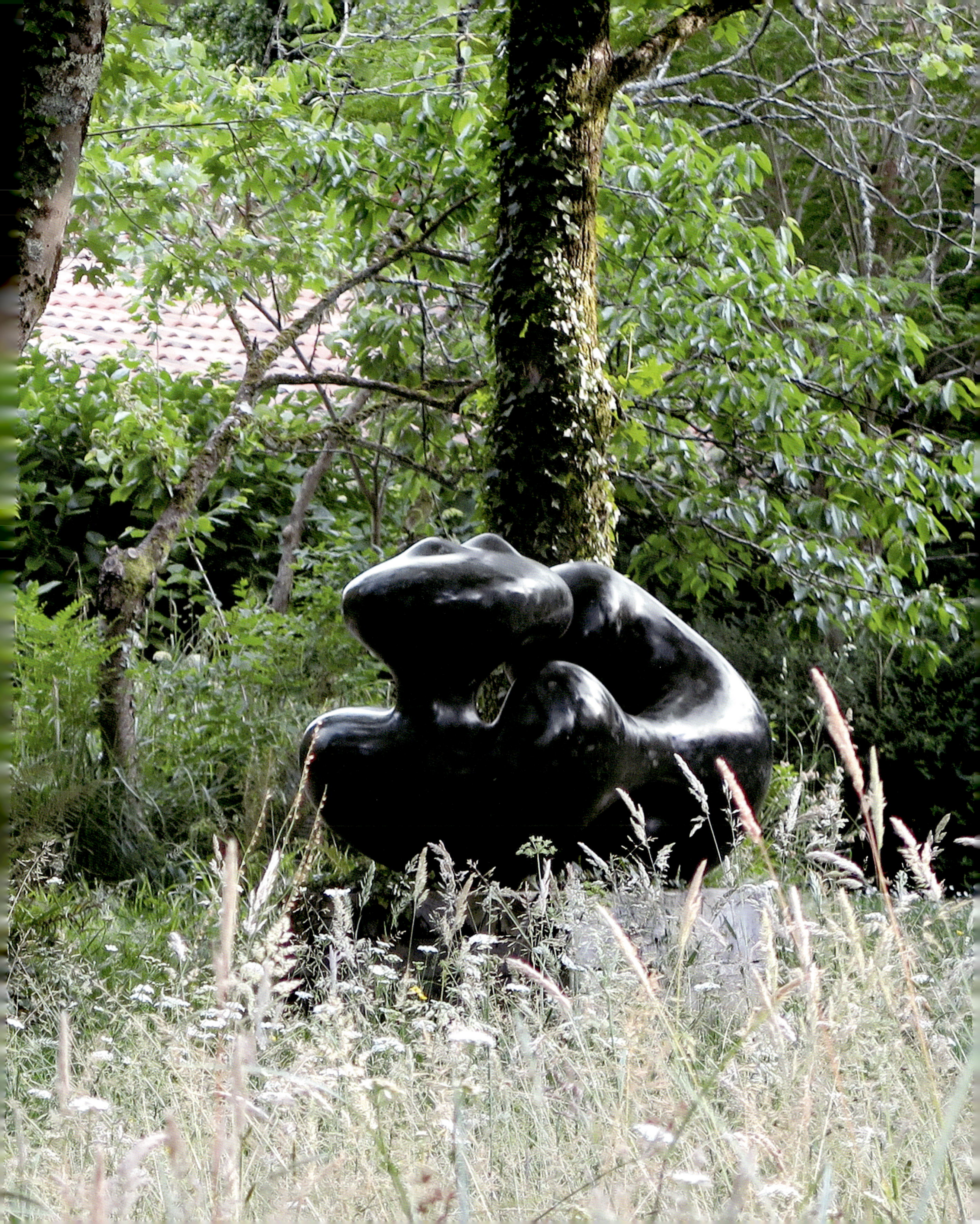

PLANES AND CONSTRUCTIONS

Mark Di Suvero, *Tumbleweed II*, 1986.
Pages suivantes. Otto Fried, *Esprit de la forêt*, 1995.

The history of modern sculpture undergoes a revolution after Cubism, abandoning solid volumes and round forms for planar sculpture and a new emphasis on the void, on space. Starting with the constructions of Picasso, Julio González, and then of Gabo and Pevsner, sculpture frees itself from the academic weight of bronze and instead focuses more on shapes cut out of iron and metal. Basque sculpture plays an important role in this chapter, as does the central figure of Jorge Oteiza, a sculptor, essayist, and poet. Bonds of friendship and geographic proximity enabled Paul Haim to convince the artist to install two monumental sculptures on the great meadow: *Construcción abierta A* (1958) and *Circulación en redondo con signos en el paisaje vasco* (1958–1959). The work of Jorge Oteiza is often compared to that of Eduardo Chillida, his compatriot, and that of Richard Serra; it is a mix of archaism and avant-garde, which focuses mainly on the simple but fragmented volumes of the sphere and the square. These two sculptures invite us to experience the void; they enter into a dialogue with space, carving out their sharply contoured geometric shapes against the horizon. The use of rusted steel brings a warm and colorful note to the green landscape. Anthony Caro, the master of English sculpture, continued the tradition of Constructivism by assembling different metal plates and mechanical objects in a monumental and dynamic sculpture, *Rain Dance* (1986–1989). Metal and iron sculpture is represented par excellence in the work of Mark Di Suvero, an American known for his monumental constructions of steel girders. The two sculptures at La Petite Escalère, *Château noir* (1989) and *Tumbleweed II* (1986), bear witness to another, more decorative and subtle approach. The red amaranth flower of *Tumbleweed II* spreads its large petals around a central axis, and *Château noir* supports a zig-zag shape on top of geometric elements.
The title of Otto Fried's *Esprit de la forêt* (1995) sums up the ambition of this fountain sculpture; it is made of intersecting arcs and circles from which a spring gushes forth. The Spanish artist Andreu Alfaro represents a Constructivist and Minimalist lineage with an iron bar that delineates a door, *Puerta VIII* (1986).

NEW REALISTS

The artistic movement of the New Realists, which appeared in France at the beginning of the 1960s, did not particularly capture the attention of Paul Haim, with the exception of two figures who were essential, yet also marginal to the movement, because they quickly moved beyond the practice of using scrap materials. One was Niki de Saint Phalle, whose celebrated *Nana* sculptures helped to change perspectives on both women and on women artists, and the other was Jean-Pierre Raynaud, who quickly dispensed with the object to invent his white aseptic universe of ceramic tiles. This material became his trademark, as did the pedestal-column that he here paradoxically offers for the garden (because his art is anti-nature), entitled *Autoportrait* (1980–1991). As for the sumptuous *Nana* (1967) by Niki de Saint Phalle, she is magnificently enthroned on an eagle perched on a green rock placed in the center of a pond, with jets of water spouting from her generous breasts. Another singular artist in whom Paul Haim took an early interest is Jean-Michel Sanejouand, who turned to bronze sculpture after creating ready-made works, called *Charges-Objets*, from materials like metal plates. At the end of an avenue lined with tall trees he placed an immense tilted oval head, entitled *Le Silence* (1989-1996), the weighty load of which contributes both to its strangeness and to its calm presence.

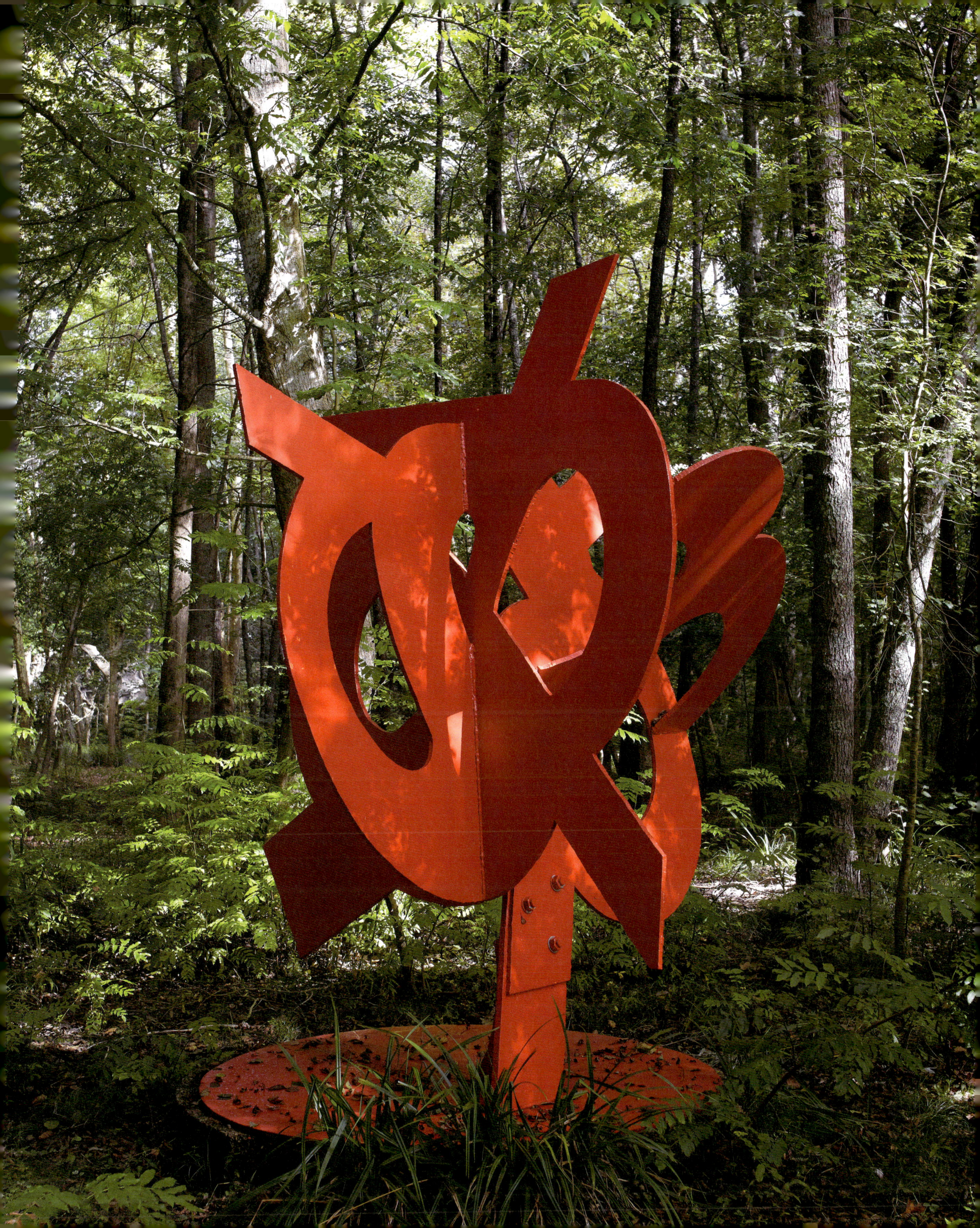

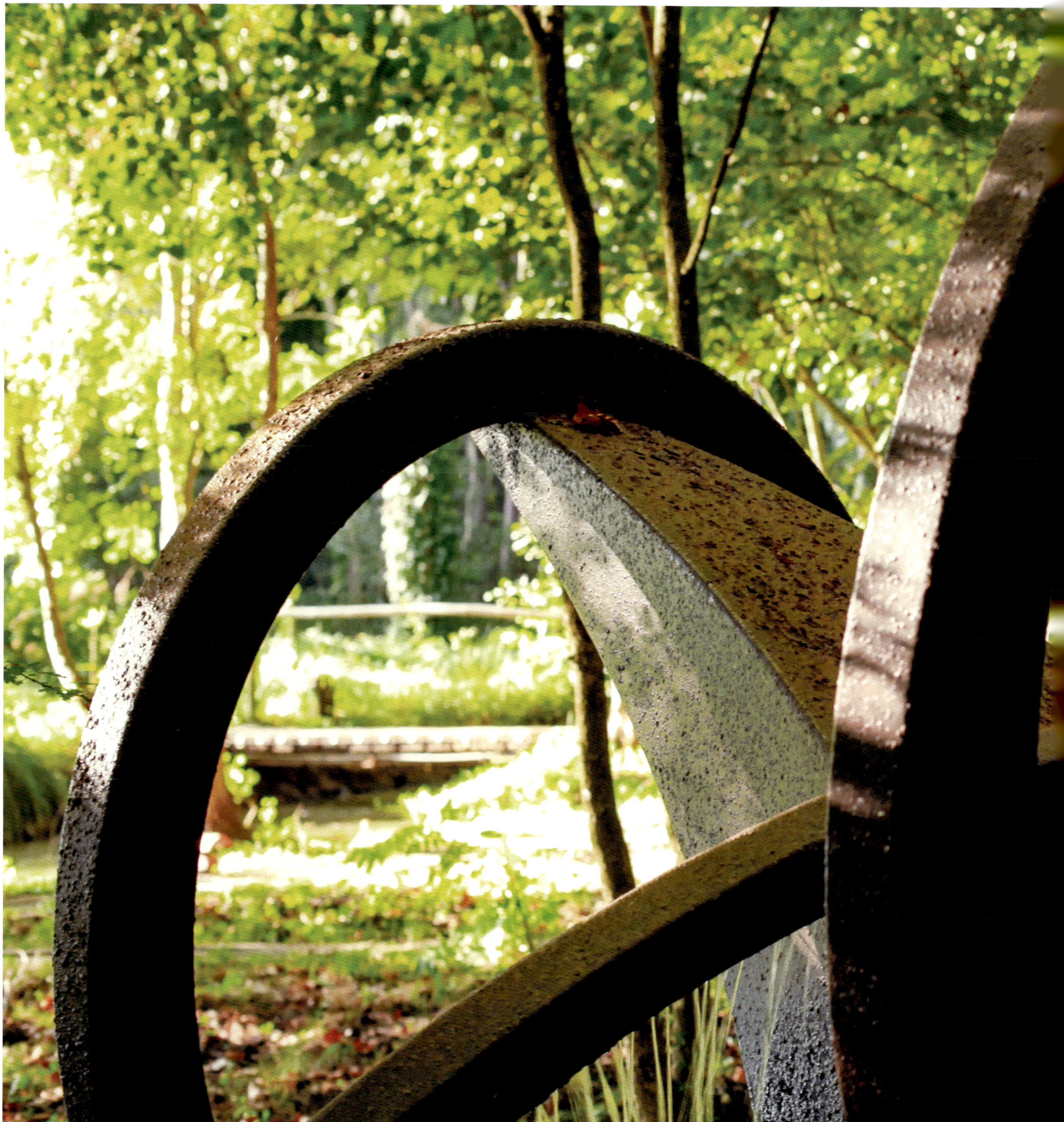

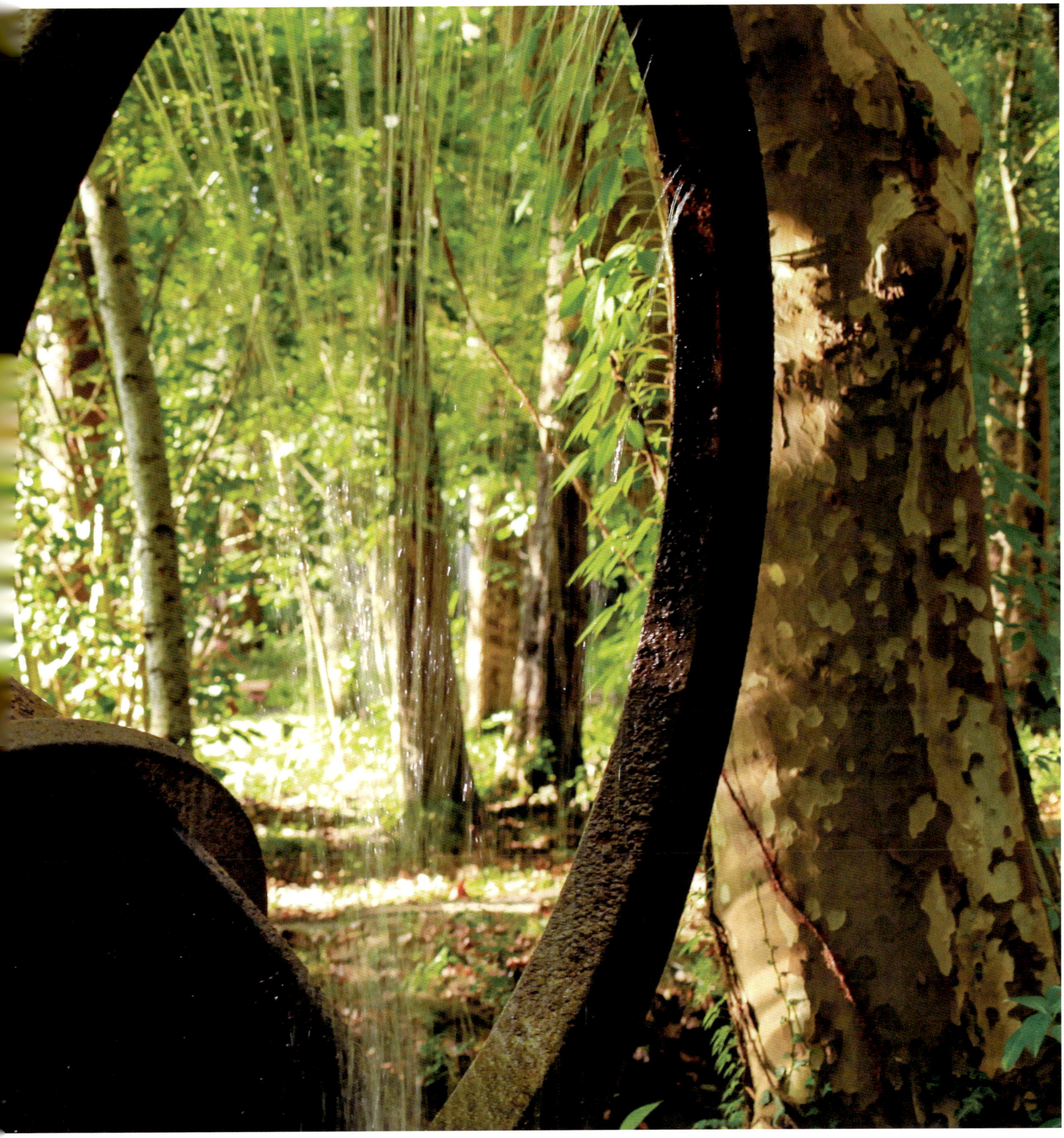

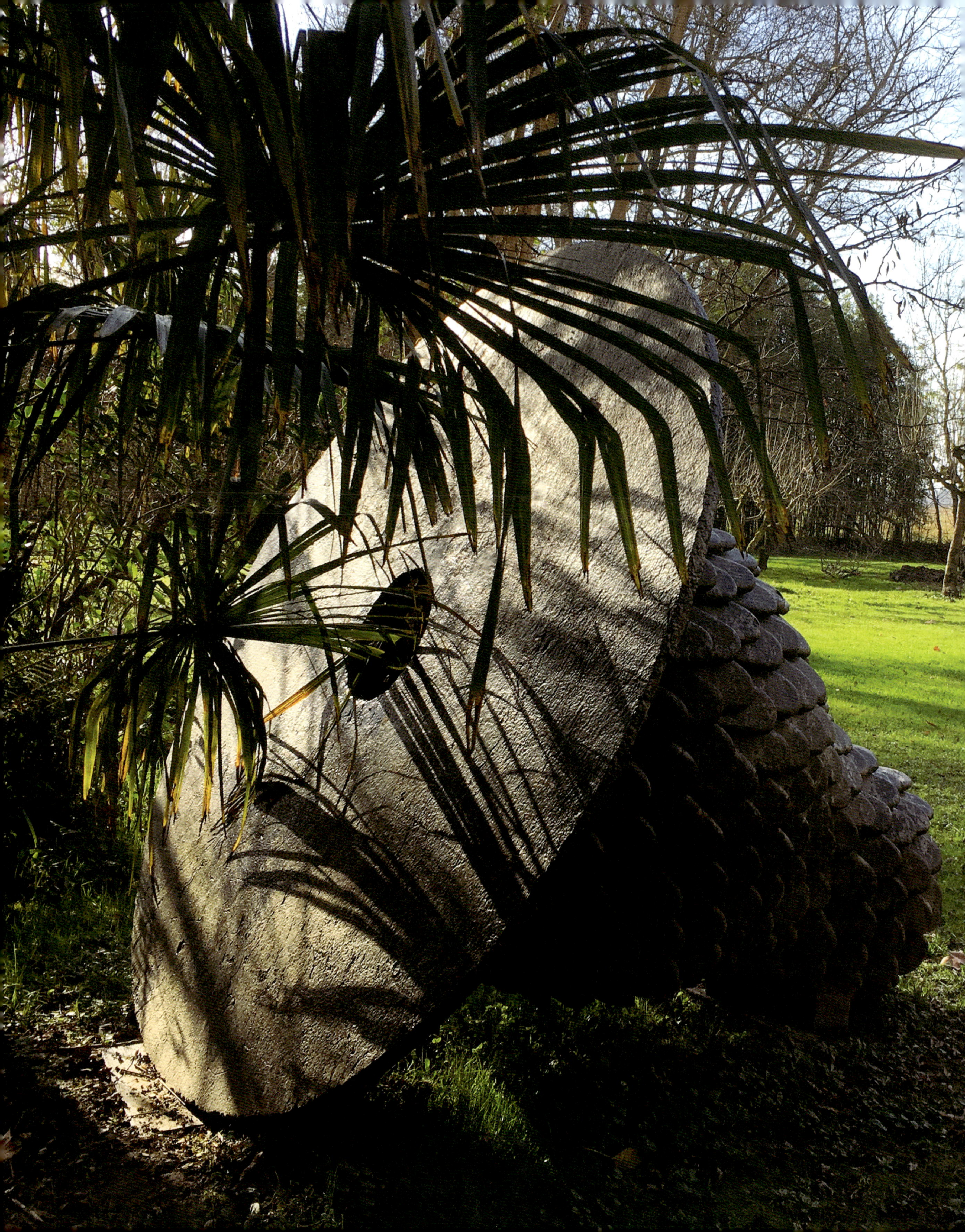

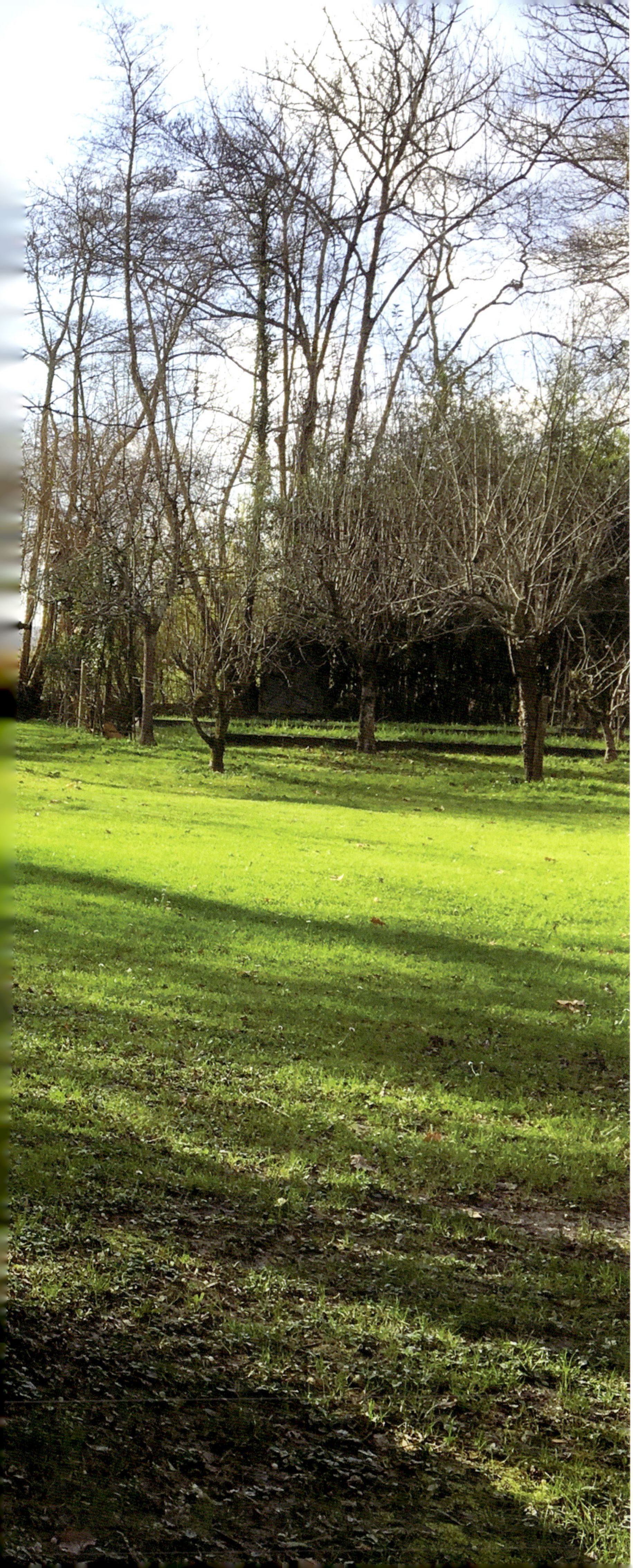

Jaume Plensa, *451*, 1988.

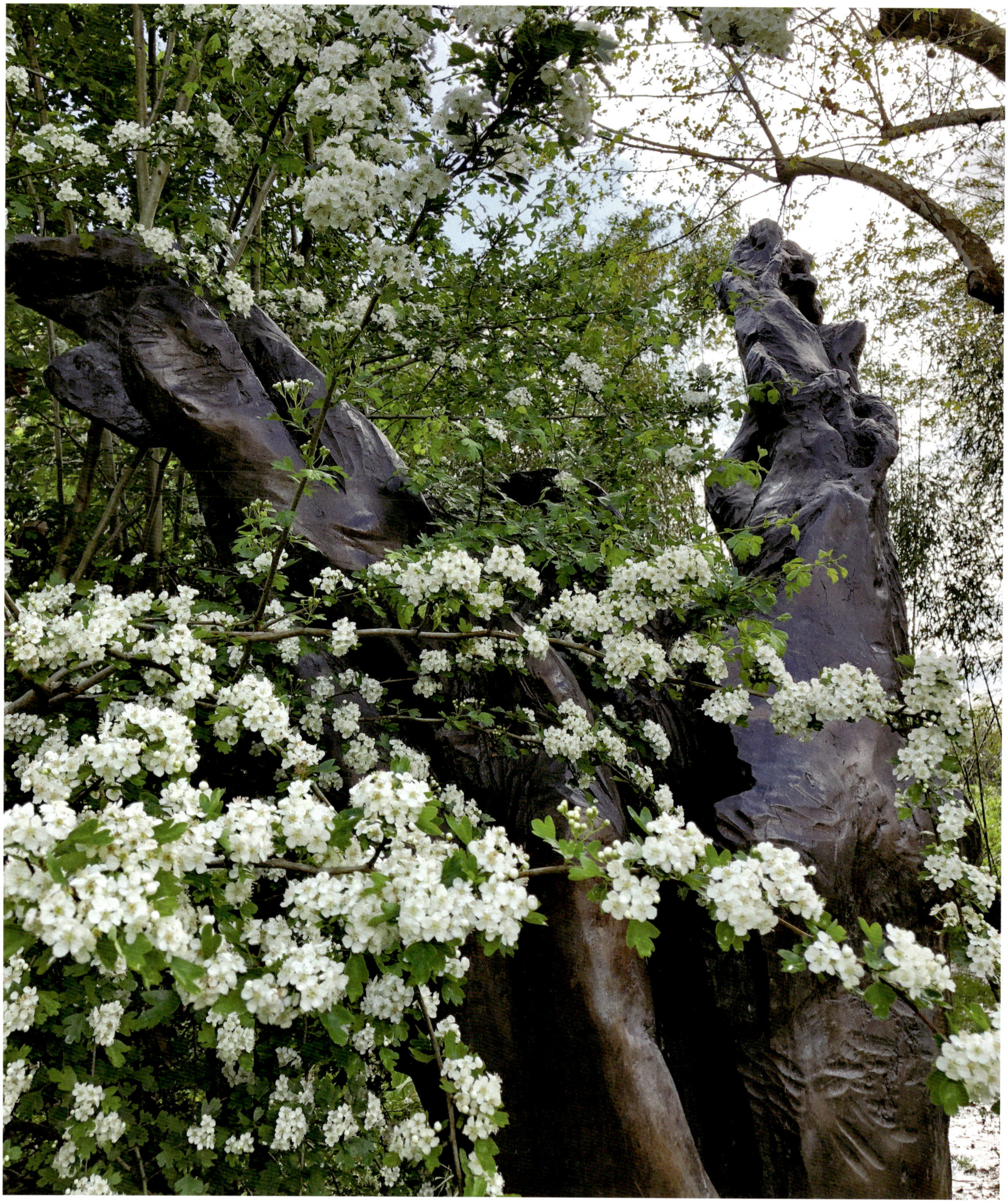

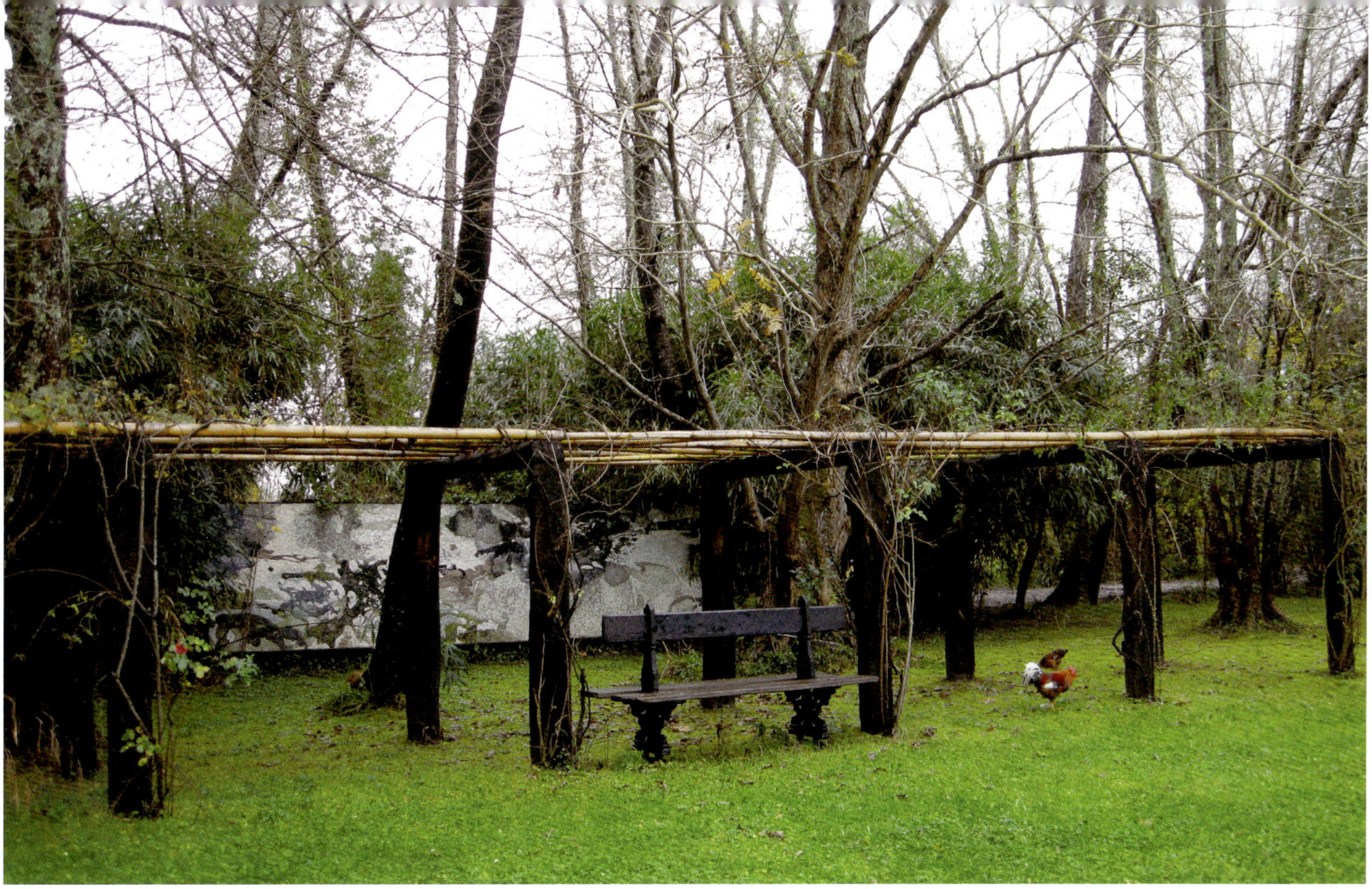

CONTEMPORARY ARTISTS

Paul Haim's passionate interest in outdoor sculpture inspired him to focus his attention on contemporary artists. This led to the acquisition of a bronze pinecone, *451* (1988), by the great Spanish sculptor Jaume Plensa. This realist work was at first placed on a pedestal, but was finally set directly on the ground, as though fallen from a tree. From Federica Matta Haim also commissioned a large, colorful construction, a sort of magical house for children, *La Maison des enfants* (1992), whose eccentric shapes and lively colors recall Mexican influence and enter into a dialogue with the spirit of Free Figuration.

Upon Paul Haim's death in 2006, his daughter Dominique sought to continue her father's work. She commissioned sculpture for which the criteria were the significance and quality of the work and its adherence to the grand principles that guided her father: integration in the landscape, dialogue with the existing sculpture, and new forms of sculpture of the twenty-first century. She focused on living artists, calling upon sculptors as diverse as the Englishman Andy Goldsworthy, who, in the tradition of land art, worked directly with natural elements to create ephemeral works that would self-destruct over time—like *Refuges* (2006), a pile of rectangular pieces of slate that form a well around fallen branches.

Twice a year, the garden of La Petite Escalère invited artists to take up residence. One of the first, in 2012, was the Portuguese sculptor and draftsman Jorge Santos, who benefited from his stay by designing a rainbow-colored metal sculpture, *Arc-en-ciel* (2013), a colorful cut out that slices through the green tree trunks at the edge of the forest, like a beacon in the darkness. The violet is an evocation of the jacarandas of Lisbon and Brazil. To respond to the grand volumes of the monumental sculptures of Oteiza, it was necessary to find dwellings, pavilions, of simple and organic geometric forms, like the cube entitled *Chambre végétale XI* (2004) by Cristina Iglesias, the great Basque sculptor who blends the rigor of the Minimalist cube-mirror with the vegetal presence of bronze powder on resin, while always reflecting the environment. Another response can be found in the transparent arabesque pavilion by Dan Graham, *Pavilion for Pisces* (2017), which simultaneously disappears into the landscape and reflects the passersby crossing through it as well as the surrounding sculptures and trees. As an alternative to harmonizing an existing work to the natural environment, La Petite Escalère invited young artists to create a sculpture specifically for the garden.

Zao Wou-Ki et Dominique Hideaux, *Sans titre*, 1984.
Page de gauche. Étienne-Martin, *Le Cri*, 1963.

The first artist to do so was Katinka Bock, a sculptor who divides her time between Paris and Berlin and who, after several visits, designed *Tomorrow's Sculpture* (2014), serving both as an open door to the forest and a portico for a steel girder. It is composed of two green bronze "bodies", which support the horizon in a fragile pas de deux equilibrium, and which form an architectural aperture, which, when first installed, opened onto a view of the immense and flat landscape of the Moura, this ancient bog dedicated to biodiversity. After submitting to the ravages of time and the changing seasons, the sculpture was finally placed on the edge of the forest. The fabrication process for the two installations was carried out in close collaboration with the team of La Petite Escalère, as was the strange concrete basket *La Chaîne et la trame* (2016) by the Spanish Basque sculptor Asier Mendizabal. A sculpture of concrete poured over a woven wall of hazelnut branches gathered near the garden, this basket inscribes its curve in the cradle of the trees that witnessed its birth, at the same time providing the urban and poetic note of rough concrete and of a pipe hole in the center of the base. Its L-shaped composition echoes that of Chillida's Mural and corresponds to the back of the large mosaic by Fernand Léger, just as the woven branches evoke the interlacing vegetation of the *Chambre* by Cristina Iglesias.

The last sculpture to be commissioned is the work of a young artist who was staying in Bayonne and exhibiting at the Biennale in Anglet where the team from La Petite Escalère discovered her, Rachel Labastie. Her proposal for the garden was a sculpture of black marble legs, entitled *Vénus* (2019): "It is the beginning of a woman's body, raised up on tiptoe, and born from a puddle of stone." The artist chose a black marble from Bilbao, a material customarily reserved for architecture, but whose multiple characteristics she exploited, playing with the different states of the surface of the stone: rough, like this incomplete body, left to the imagination of the viewer, satin or shiny, like the water that reflects the legs but also the surrounding garden. Although the materiality of the marble pulls the goddess earthwards, her posture evokes lightness, the desire to fly away, to escape her earthly condition. All of Rachel Labastie's art is essentially a tension between opposing forces, between flight and fall. Placed in proximity to Bourdelle's *La Danse* and his imposing *Adam*, the black *Venus* converses or compares her condition with theirs.

The walking tour would not be complete if we omitted the frame within which these sculptures are inserted. Each site has been lovingly chosen, so that the sculptures interact with the landscape, so that the greenery, or the reflections of the water, or the verticality of the bamboo, can constitute a background, a support, an environment that allows the work to be seen from a different angle. We must also add several lesser-known pieces, acquired through friendship, love at first sight, or loyalty, like the fountain sculpture by Juan Bordes of two women bathing, the wood assemblages of Françoise Lacampagne, the water and wood sculpture by the Japanese artist Takikawa discovered by Paul Haim in a shop window in Tokyo, the large flag made of resin and cardboard, imitating metal, by Jean-Pierre Pourtier, the metal box of Jacques H. Gainsbury, the work of Heidi Melano... so many witnesses to his life, his travels, his curiosity, and his unfailing support for artists of all kinds. In the preface to *Jardin miroir*,[3] the book that pays homage to the gardener Gilbert Carty, Paul Haim wrote:

"For decades, when I proposed a sculpture or a painting, I held out a mirror. Everyone could discover in it a reflection of him or herself: that of the character who took up the challenge of living in the omnipresent intimacy of a work of art or who refused to. Such is the garden of Jeannette and Gilbert: a mirror that reflects certainties or doubts about the promises of life ... the nonchalant visitor will pass from the shade of Les Barthes to the brightness of the Moura, from the freshness of the fountains to the suffocating heat of the forest. Coming around a bush, he allows himself to be surprised by an unusual presence. Immutable. The attentive visitor will perceive that this garden is the mirror and the reward for what we have done with our lives."

No one else could better summarize and define the beauty and exceptional character of La Petite Escalère.

3. *Jardin miroir* (Garden: Gilbert Carty; Photos: Jeannette Leroy; model/maquette: Jacqueline Chaumont; preface by Paul Haim), n.p., n.d., [2001].

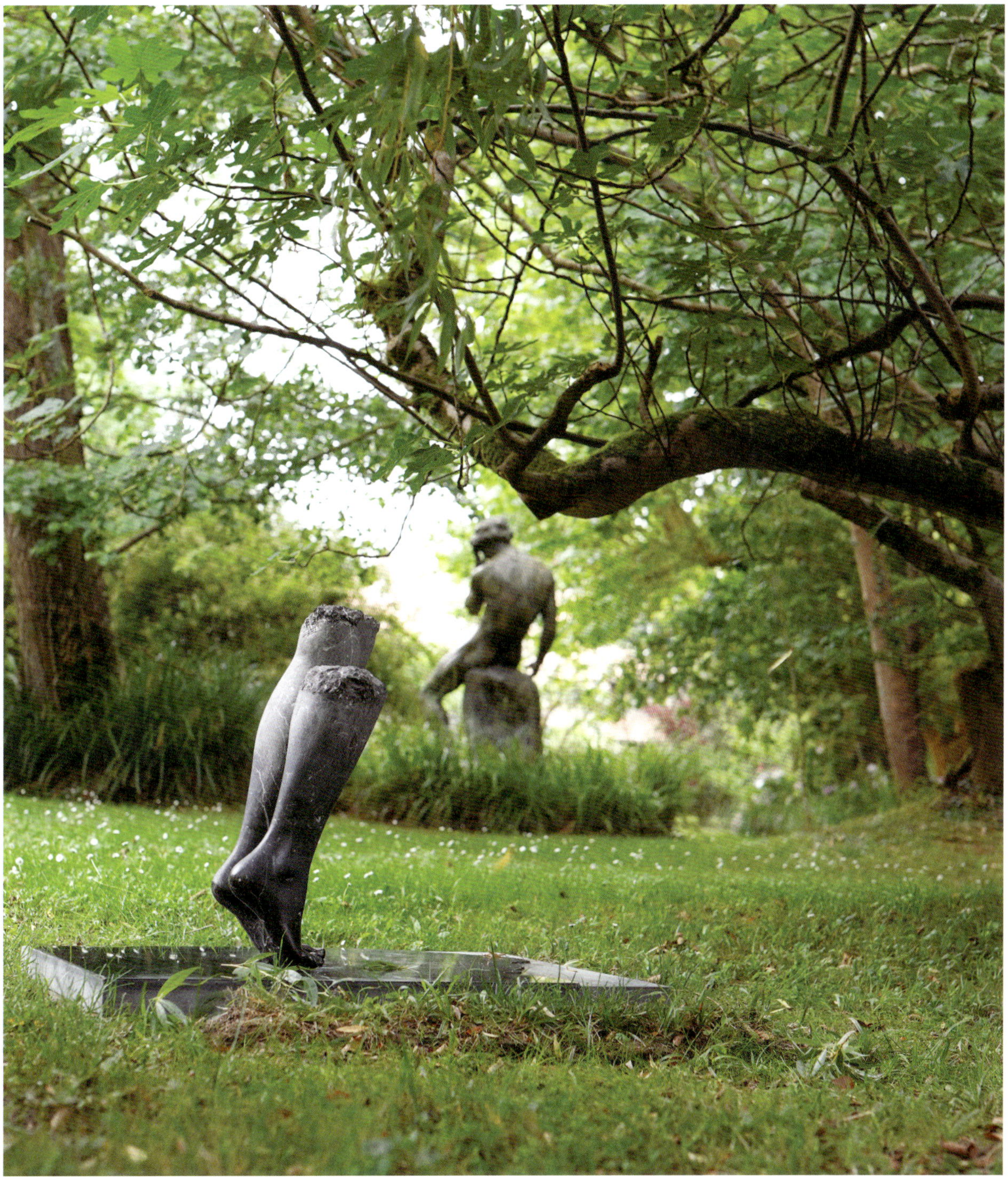

Rachel Labastie, *Vénus*, 2019. Antoine Bourdelle, *Adam*, 1889.
Pages suivantes. Jacques H. Gainsbury, *Ode to Consumerism*, 2015.
Andreu Alfaro, *Puerta VIII*, 1986.

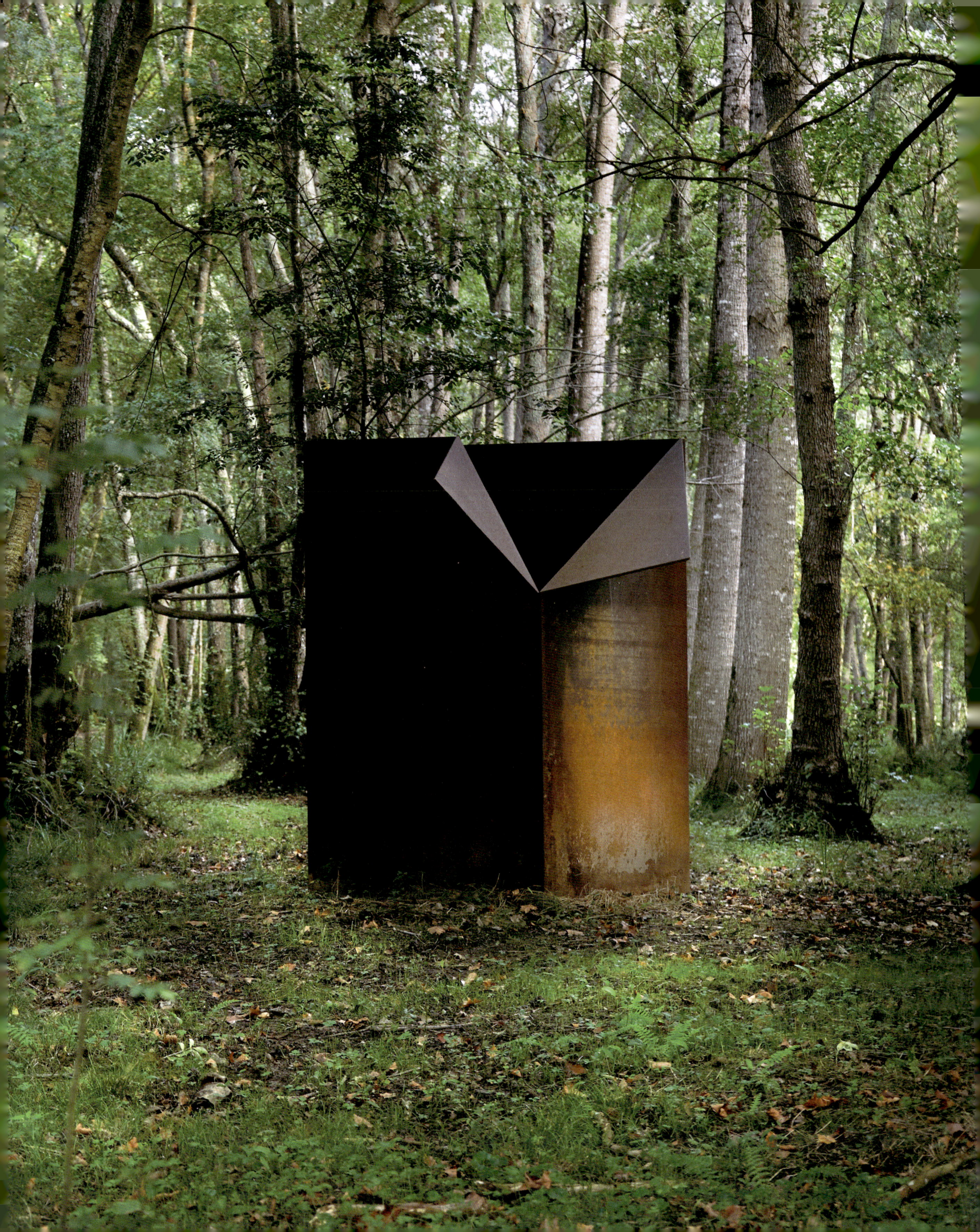

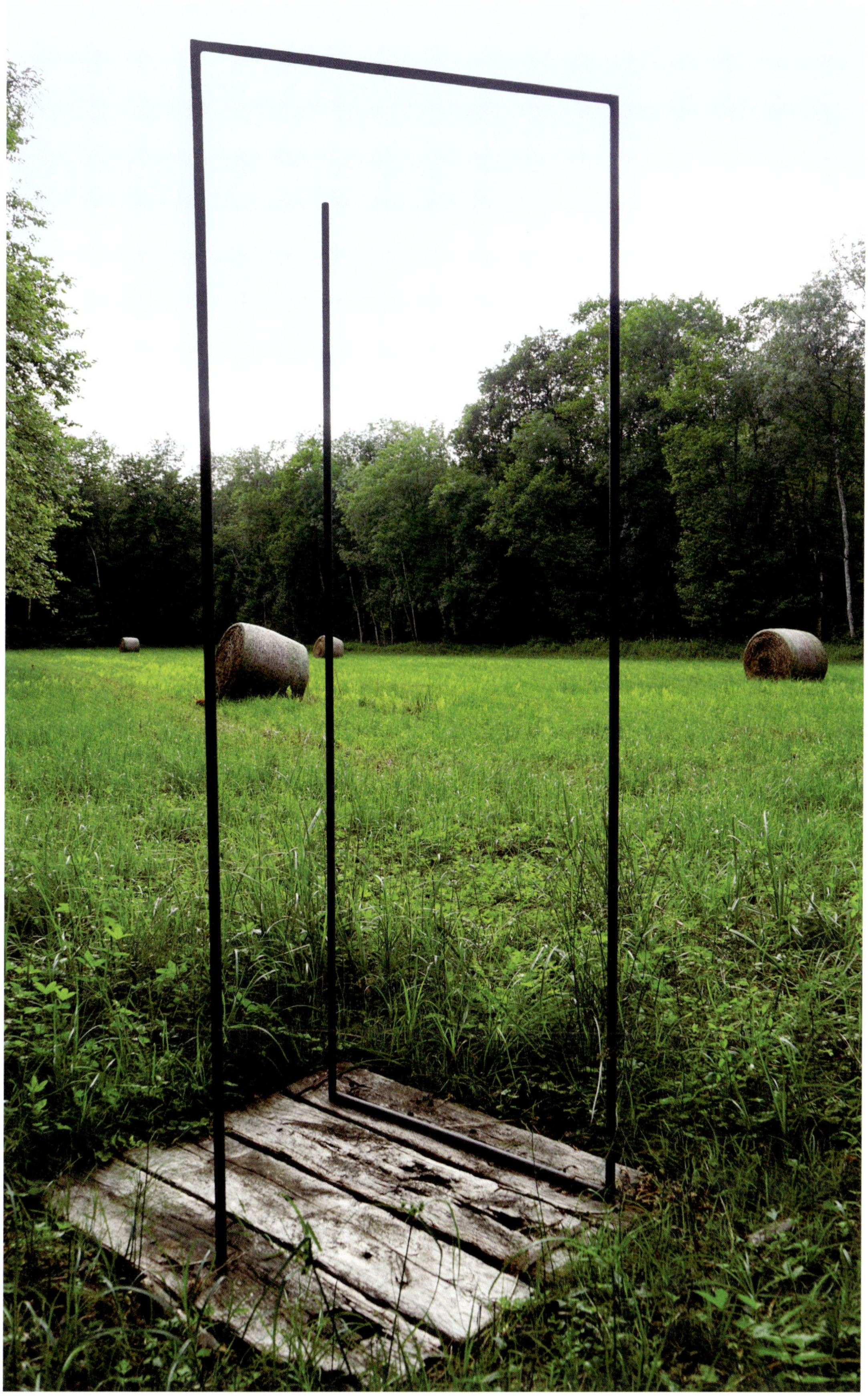

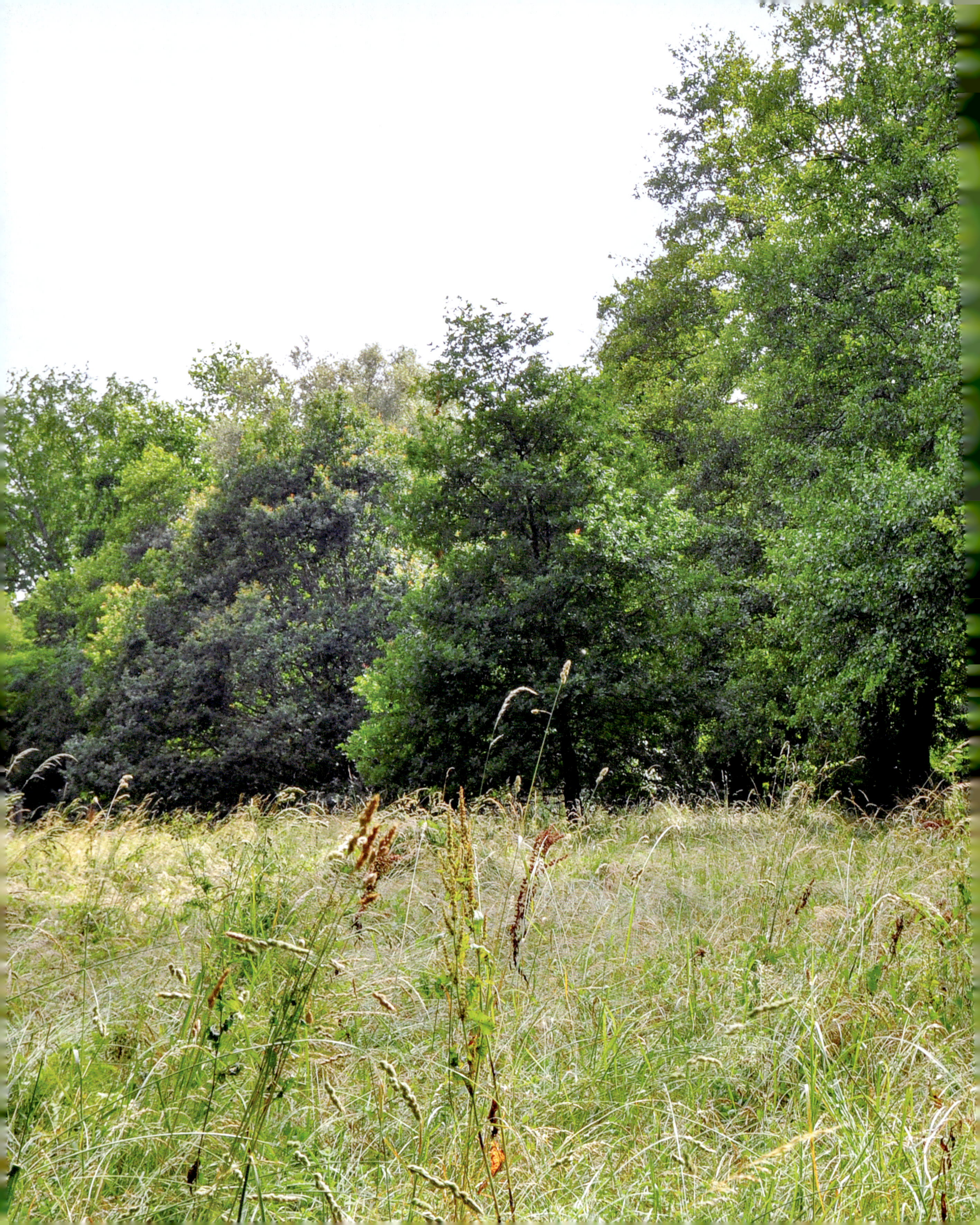

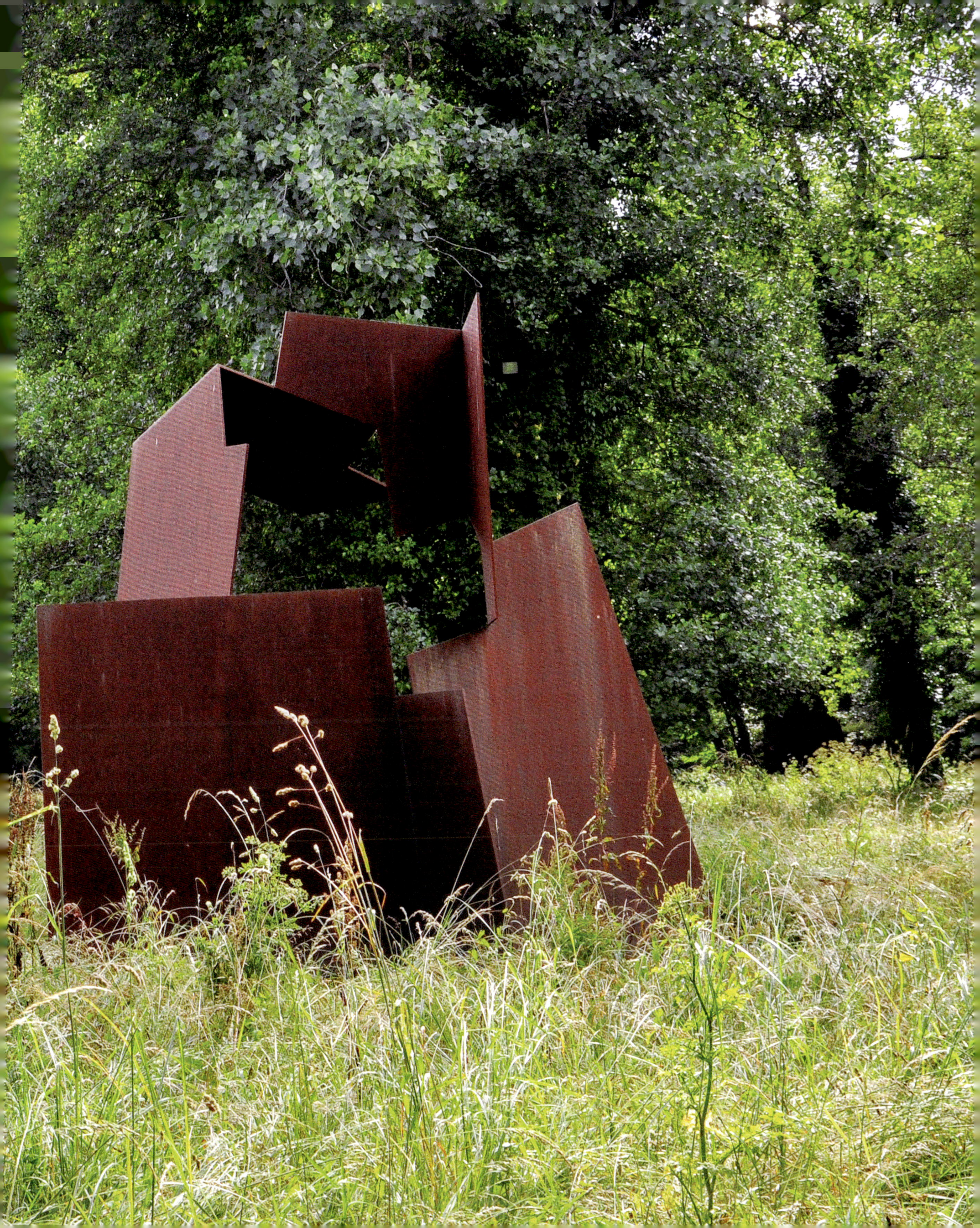

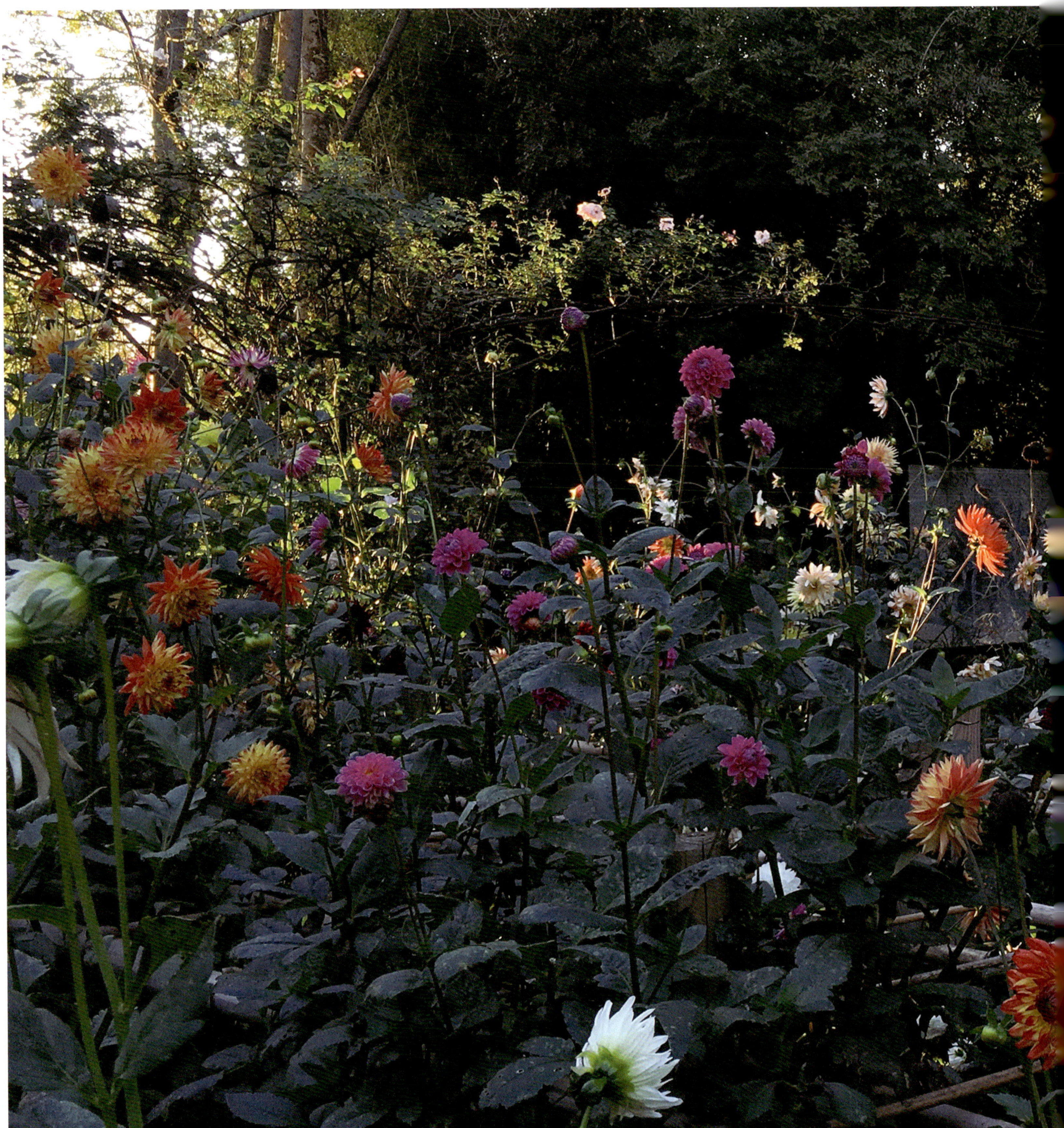

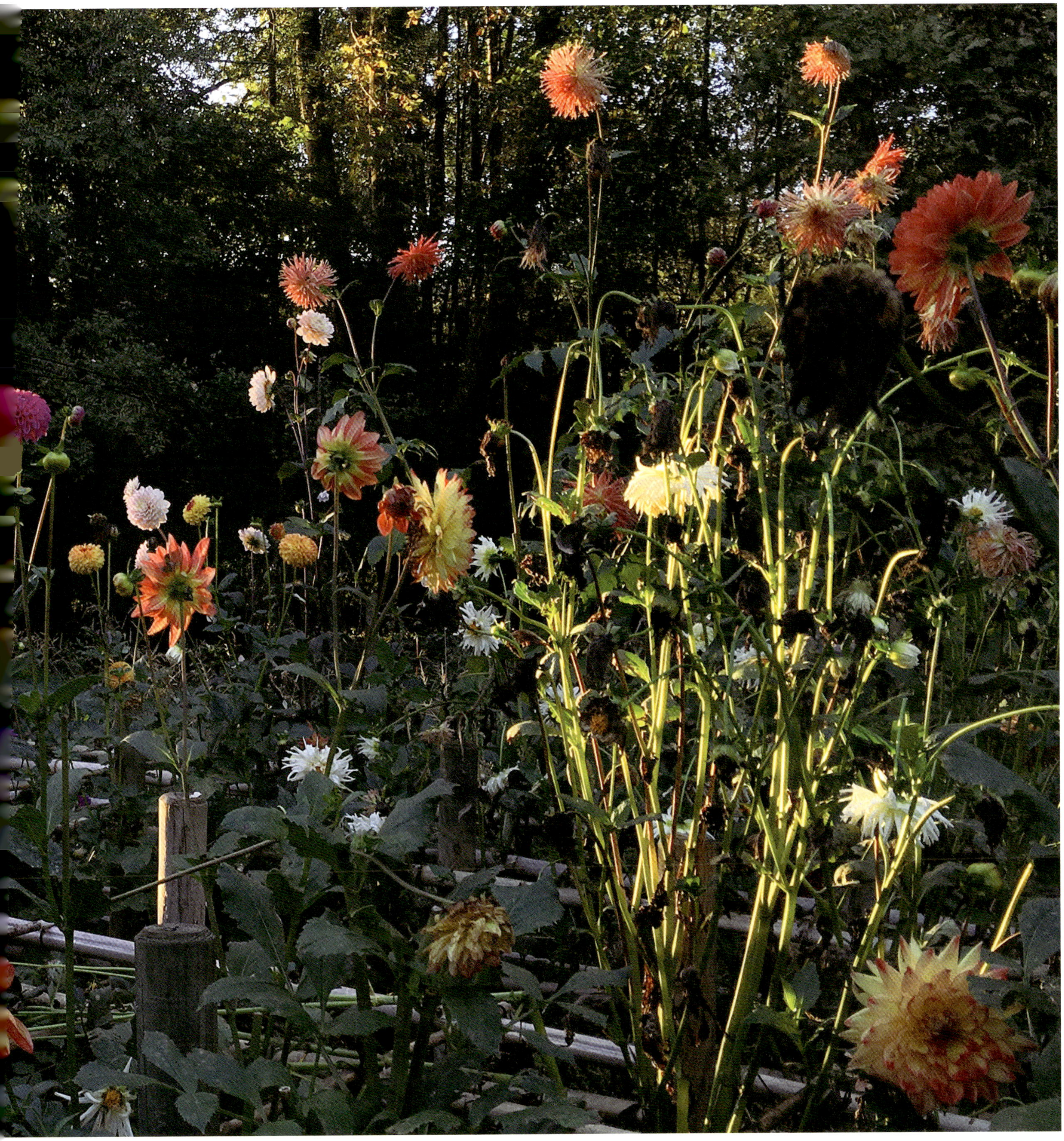

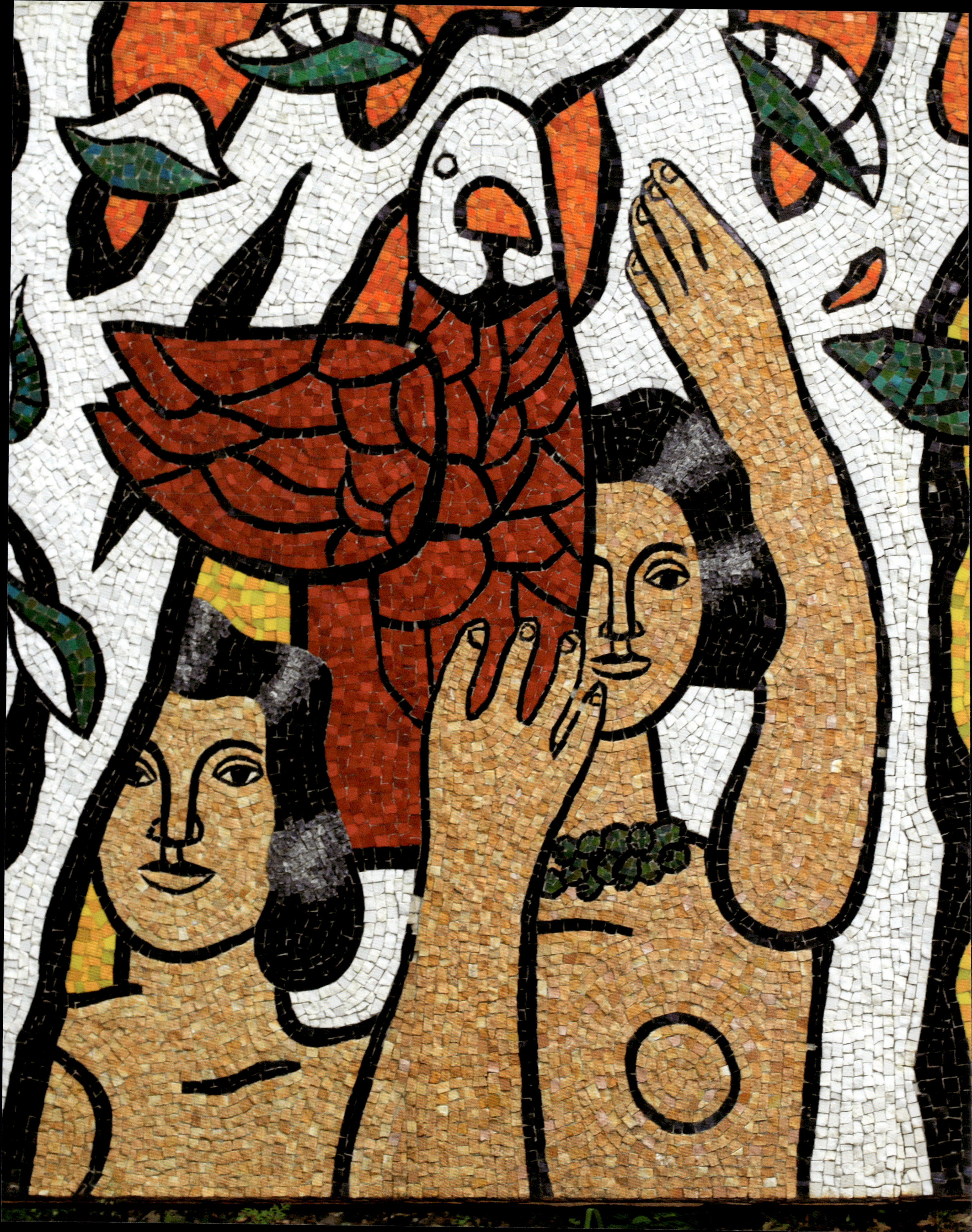

Fernand Léger, *Femmes au perroquet*, d'après une œuvre originale de 1952.
Pages 158-159. Jorge Oteiza, *Circulación en redondo con signos en el paisaje vasco*, 1958-1959.

CHRONOLOGY

CHRONOLOGIE

PETITE HISTOIRE DE LA PETITE ESCALÈRE

1921

21 avril, naissance de Joseph Paul Haim à Paris, passage du Désir. Il est le fils de Vital Haim, originaire de Smyrne, actuelle Izmir (Turquie), et Marika Francès, originaire de Salonique (Grèce).

1924

Naissance de sa sœur, Rosette Haim.

1928

Naissance de Jeannette Yvonne Leroy à Neuilly.

1941

Paul Haim part pour Rio, au Brésil, avec toute sa famille. Il y rencontre Clary Biro, exilée hongroise. Ils se marieront en 1949. Il voyage à travers tout le Brésil comme représentant en produits pharmaceutiques.

1943

Il ouvre sa première galerie à Rio, la Galerie Montparnasse.

1946

Alors qu'il s'apprête à rentrer en France pour reprendre ses études de médecine commencées avant la guerre, Paul Haim rencontre le marchand d'art Michel Couturier. Il reste en Amérique du Sud et commence à organiser des expositions à travers tout le continent.

1948-1949

Jeannette Leroy étudie à l'académie Julian. Elle y reçoit le premier prix de peinture en 1949, ex æquo avec celui qui deviendra son premier mari, l'artiste américain John Levee.

1949

Naissance de Gilbert Carty à Bayonne.

1951

Paul Haim et Clary rentrent en Europe et s'installent en Belgique. Il ouvre une galerie à Bruxelles, la Galerie Europe, avenue Louise. Il continue d'organiser des expositions avec Michel Couturier en Afrique et au Moyen-Orient.

1956

Naissance de Dominique Catherine Haim à Bruxelles.

1958

Paul Haim crée avec Michel Couturier la Galerie Europe, 22 rue de Seine à Paris, dans laquelle ils exposent Klee, Kandinsky, Picasso, Wols, Fautrier, Klein… Il achète avec son beau-frère une propriété à Roquefort-les-Pins, dans les Alpes-Maritimes, à quelques kilomètres de la Fondation Maeght. Il se lie d'amitié avec les Maeght et l'équipe de la Fondation. Divorce de Jeannette Leroy et John Levee. Jeannette rencontre Pierre et Hélène Lazareff et devient rédactrice de mode au magazine *Elle*.

1959

Paul, Clary et Dominique s'installent à Paris.

1961

Paul Haim rencontre Jeannette Leroy. Grâce à elle, il fait la connaissance de nombreux artistes et personnalités chez les Lazareff.

1962

Paul Haim ferme la galerie de Bruxelles et ouvre sa propre galerie à Paris, la Galerie Europe, au 50 rue du Faubourg-Saint-Honoré, tout à côté de la galerie Iris Clert où il rencontre le monde de l'art parisien de l'époque. Il expose dans sa galerie des artistes contemporains : Cárdenas, Étienne-Martin, Metcalf, Wols, Domoto, Kandinsky, Klee…

1963

Jeannette Leroy devient photographe de mode et voyage pour de grands magazines internationaux.

1964

Séparation d'avec Clary Biro.

1969

Paul Haim ferme la Galerie Europe et commence à organiser des expositions au Canada et au Japon. Jeannette Leroy achète La Petite Escalère.

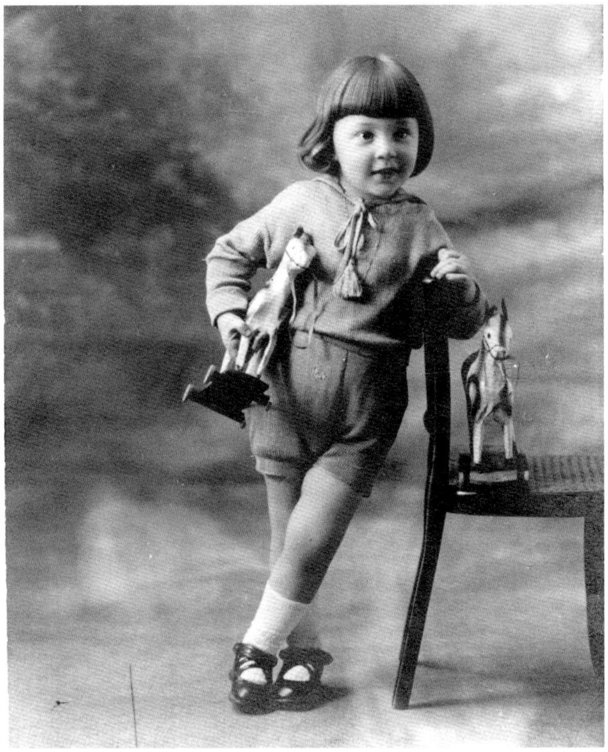

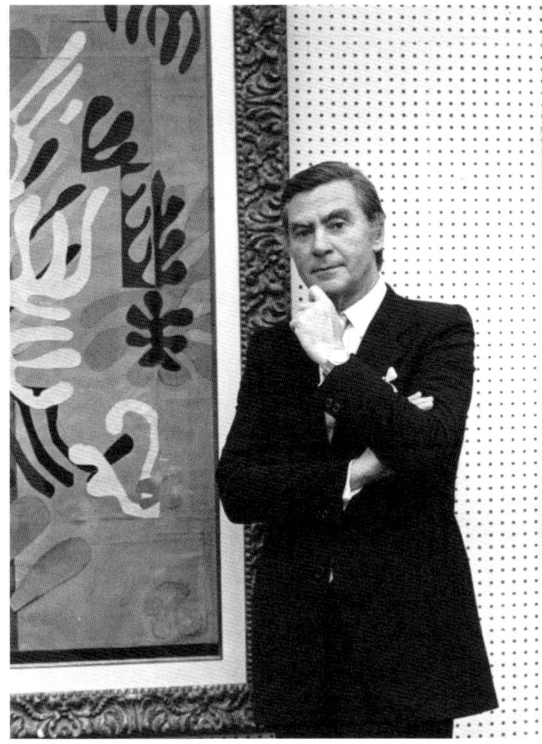

Paul Haim.
Paul Haim à Tokyo, 1988.

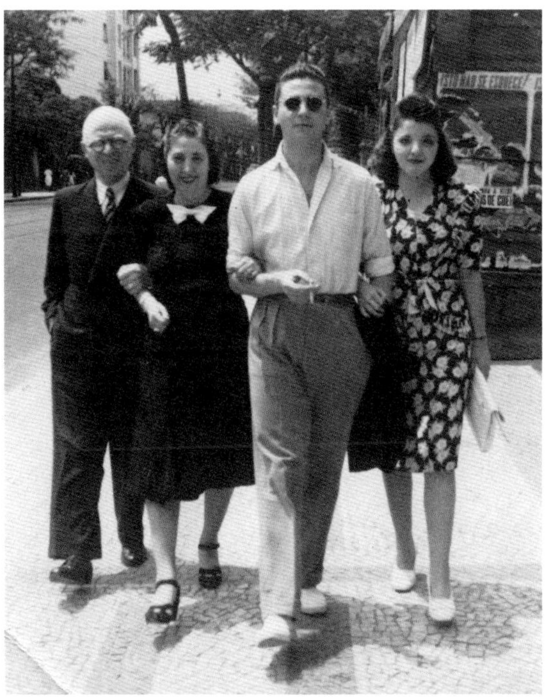

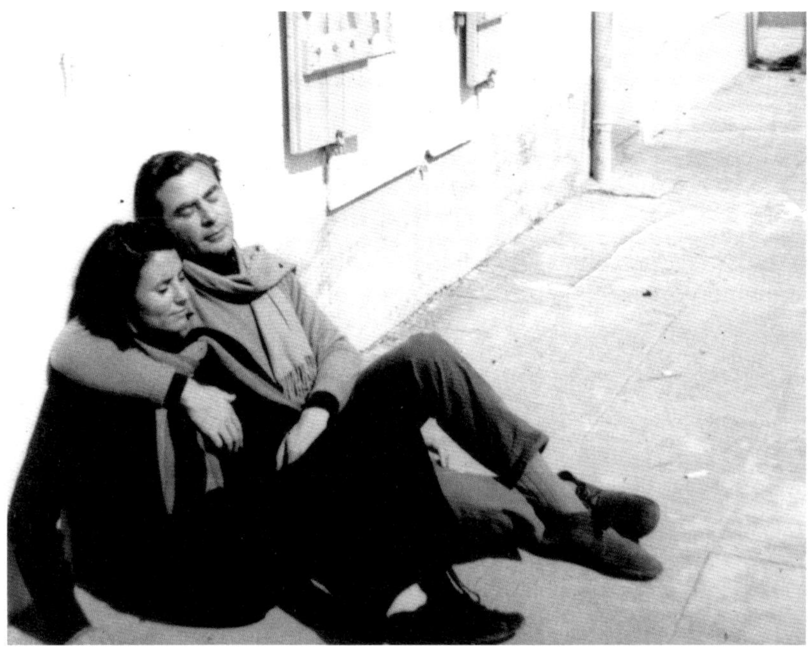

Paul Haim, Rosette et leurs parents, Rio, 1941.
Paul Haim et Jeannette Leroy à Belle-Île-en-Mer.

Paul Haim et Jorge Oteiza à La Petite Escalère, 2001.
Paul Haim devant l'*Adam* de Bourdelle.

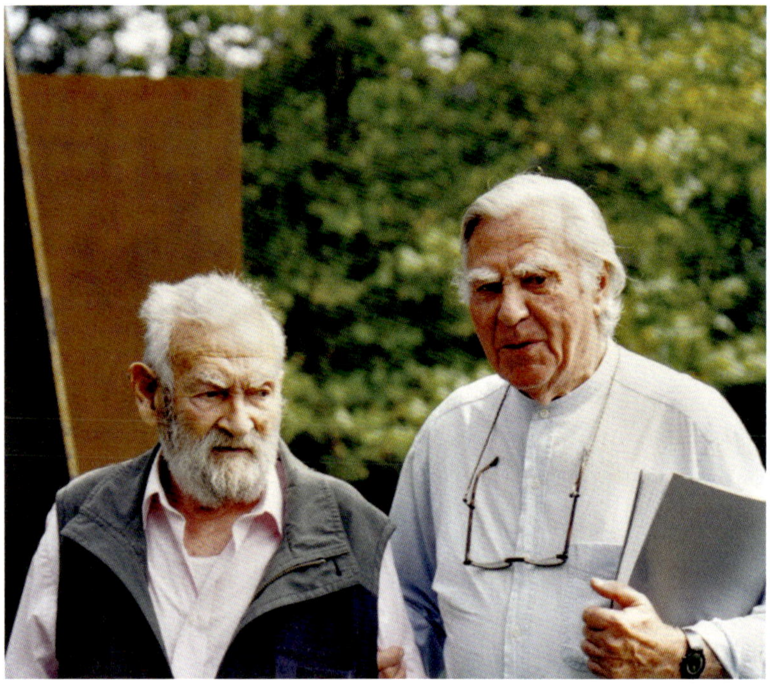

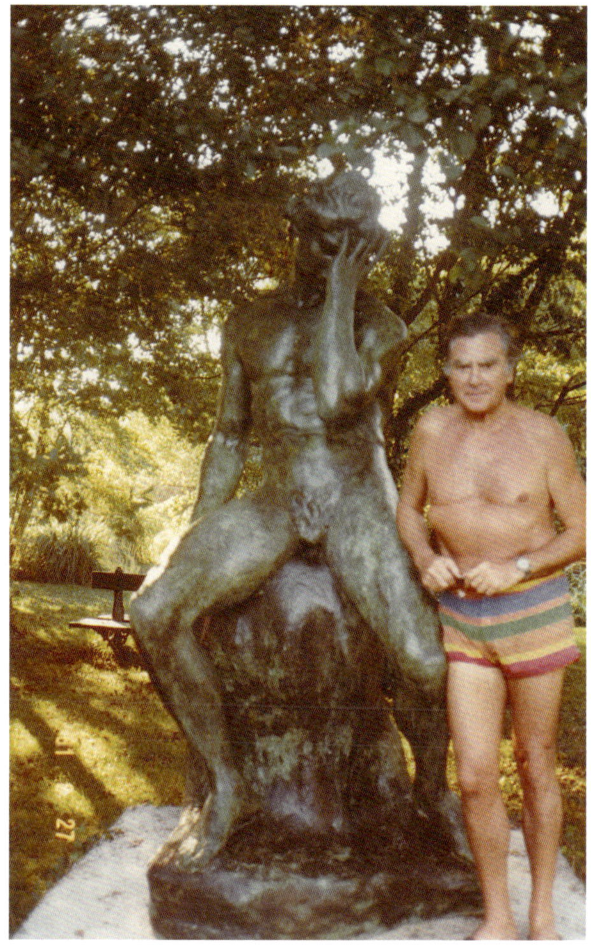

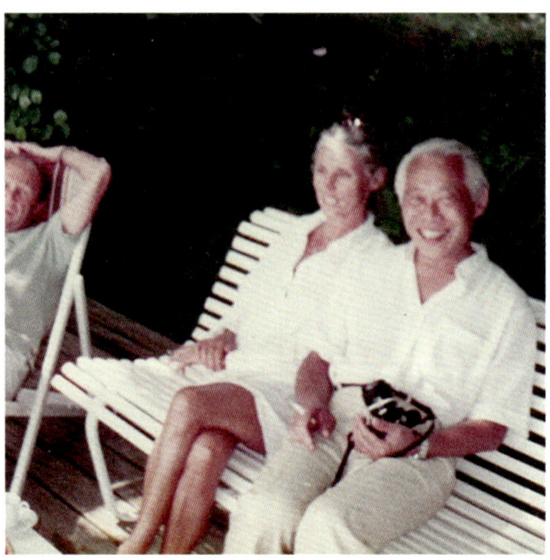

Jeannette Leroy et Zao Wou-Ki à La Petite Escalère.
Paul Haim avec Susumu Yamamoto chez Marc Chagall, Saint-Paul-de-Vence, 1972.

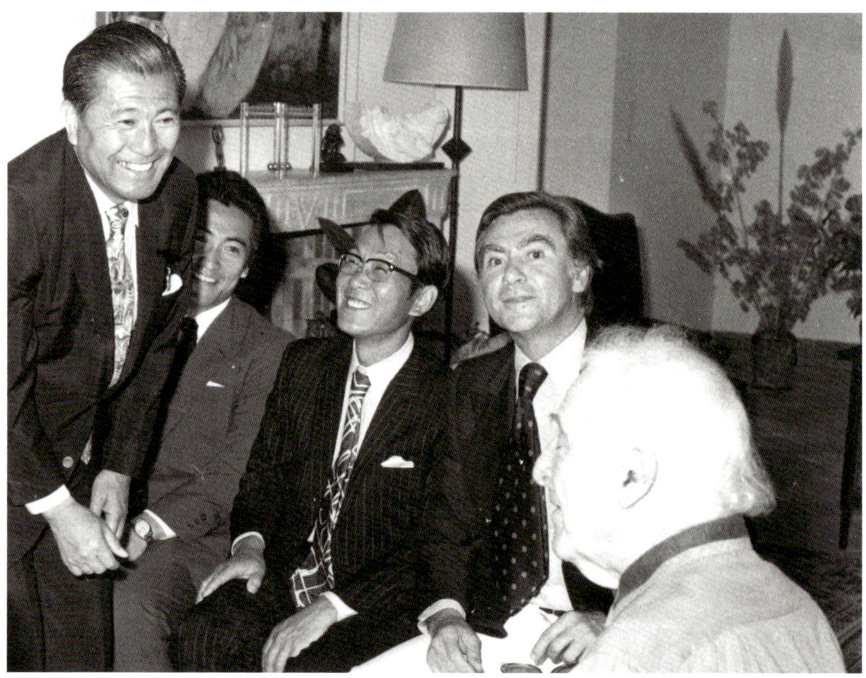

1974

Jeannette Leroy abandonne la photographie pour le dessin figuratif. Elle commence à passer de longs séjours à La Petite Escalère. Les premières sculptures sont installées dans le jardin : des œuvres de Cárdenas, Metcalf, Poncet.

1975

Construction de la piscine de La Petite Escalère et acquisition de terrains supplémentaires. Installation des sculptures de Rodin, Bourdelle et Maillol autour de la piscine.

1976

Exposition de Jeannette Leroy à la galerie Dina Vierny à Paris.

1977

Paul et Jeannette engagent un jardinier, Gilbert Carty. Expositions personnelles de Jeannette Leroy dans les galeries Mira Godard de Montréal et Toronto, à la galerie André Emmerich à New York.

1980

Dominique s'installe à New York.

1985

Paul Haim commence des ateliers d'écriture avec Élisabeth Bing. Installation de la mosaïque de Zao Wou-Ki à La Petite Escalère. Il est nommé expert auprès de la cour d'appel de Paris.

1986

La Marlborough Gallery à New York présente le travail de Jeannette Leroy. Deux expositions seront organisées à Madrid en 1990 et 1993.

1987

Installation de la sculpture de Matta, *Eramen*.

1988

Publication de *Michel Seuphor. Une vie à angle droit*, avec Christiane Germain, aux éditions de la Différence.

1990

Installation définitive de Paul Haim à La Petite Escalère.

1991

Publication du roman *Passage du Désir* aux éditions de la Différence.

1995

Jeannette Leroy abandonne le dessin et reprend la peinture sur toile. Publication du roman *Marchand de couleurs* aux éditions L'Harmattan, préface de Bernard Lamarche-Vadel.

1996

Publication du recueil de nouvelles *Tel un fil de pourpre* aux éditions L'Harmattan.

1998

Installation du *Maître et l'élève* de Zigor.

1999

Publication du *Roman de Guernica* chez Albin Michel.

2001

Installation d'une première œuvre du sculpteur basque Jorge Oteiza, en présence de l'artiste. La seconde sera installée en 2005. Publication d'entretiens avec l'artiste Matta : *Matta. Agiter l'œil avant de voir*, aux éditions Atlantica.

2002

Exposition de Jeannette Leroy à la Corderie royale de Rochefort.

2005

Publication du roman *Soledad et Montserrat* aux éditions Phébus. Exposition de Jeannette Leroy à la Galería Havana Club, La Havane, Cuba.

2006

Décès de Paul Haim, le 10 octobre.

2008

Installation de *Refuges* d'Andy Goldsworthy, première œuvre acquise par Dominique Haim pour La Petite Escalère.

2009

Dominique Haim quitte les États-Unis et s'installe à La Petite Escalère.

2011

À l'initiative de Dominique Haim, création de l'association des Amis de La Petite Escalère autour de trois axes : favoriser l'éducation culturelle et artistique pour les personnes fragilisées, les scolaires et les étudiants ; soutenir la création artistique contemporaine – résidences, artistes invités, entretiens, lectures… ; préserver et valoriser le patrimoine culturel et naturel de La Petite Escalère pour qu'il devienne un espace de création, de recherche et d'échange autour de l'art, de la nature et du paysage.

2012

Installation de *Sans titre (Chambre XI)*, de 2004, de l'artiste espagnole Cristina Iglesias. Premières résidences d'artistes, avec les plasticiens Christine Crozat et Jorge Santos. Rétrospective du travail de Jeannette Leroy à la base sous-marine de Bordeaux.

2013

Exposition de Jeannette Leroy au musée des Beaux-Arts de Pau. Installation d'*Arc-en-ciel*, une œuvre créée pour le jardin par l'artiste portugais Jorge Santos. Artistes en résidence : la plasticienne Sarah Bahr et l'écrivain Lancelot Hamelin. Inondations importantes.

2014

Installation de *Tomorrow's Sculpture*, une œuvre créée pour le jardin par l'artiste franco-allemande Katinka Bock. Artistes en résidence : la plasticienne Théodora Barat et l'historien de l'art Emmanuel Guy. Inondations importantes en hiver.

2015

Exposition de deux *Souches* de Pascal Convert. Rencontres autour de Roland Barthes à La Petite Escalère à l'occasion du centenaire de sa naissance. Artistes en résidence : les plasticiens Mélanie Blaison et Jérémie Bennequin, la critique et commissaire d'exposition Anne Bonnin.

2016

Installation de *La Chaîne et la trame (Urritza)*, une œuvre créée pour le jardin par l'artiste basque Asier Mendizabal. Rencontres autour de la sculpture basque. Artistes en résidence : la cinéaste Julie Chaffort et l'auteure-illustratrice Margaux Othats.

2017

Fantasmagories, installation éphémère créée pour le jardin par l'artiste brésilienne Edith Derdyk dans le cadre d'une saison autour de la figure de l'araignée. Artistes en résidence : le danseur Olivier Gabrys, le plasticien Jesús Alberto Benítez et la photographe suisse Graziella Antonini.

2018

Saison autour du Japon à l'occasion de l'année « Japonismes 2018 » avec une performance, *Sculpture de gestes pour un jardin – création pour La Petite Escalère*, juin 2018, de Marie-Ange Guilleminot. Intervention du paysagiste Cyrille Marlin. Artistes en résidence : l'artiste Julie Navarro et l'écrivain Célia Houdart. Inondations importantes en juin.

2019

Intervention éphémère *In situ* en terre crue et installation de *Vénus*, sculpture en marbre noir de Marquina créée pour le jardin par la sculptrice Rachel Labastie. Artistes en résidence : la plasticienne belge Elise Eeraerts et l'auteure-illustratrice Fanny Ducassé. Inondations importantes en décembre.

2020

En raison d'inondations récurrentes, La Petite Escalère referme ses portes, la collection est mise à l'abri, l'association des Amis de La Petite Escalère est dissoute.

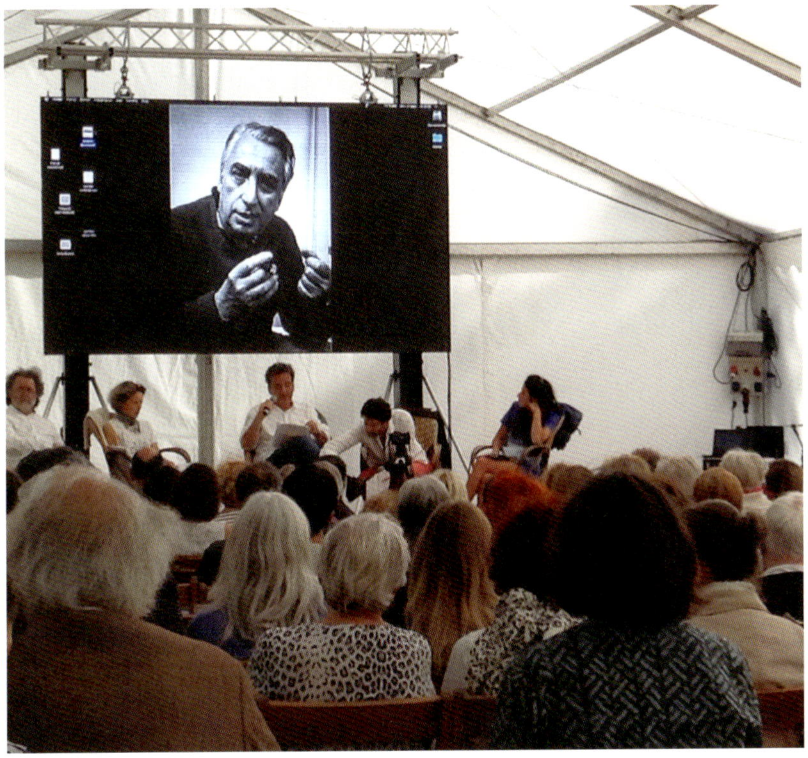

Événement autour du centenaire de la naissance de Roland Barthes à La Petite Escalère, septembre 2015.
Élèves de l'école de Villefranque et l'artiste en résidence Julie Navarro, 2018.

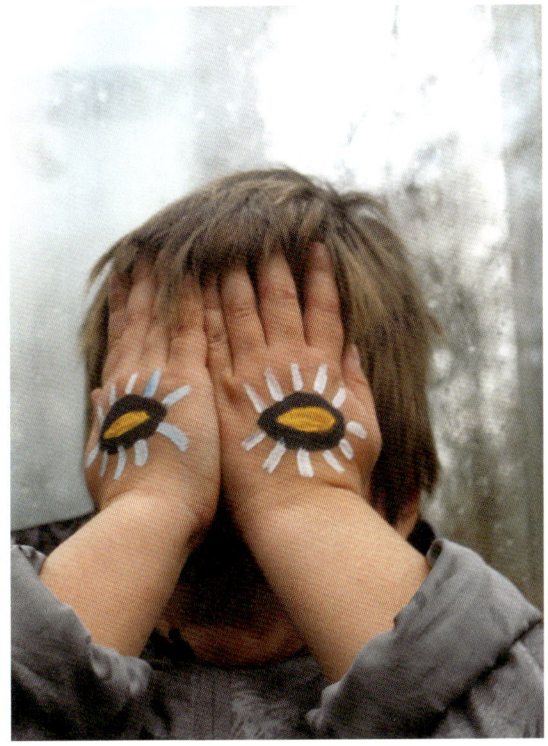

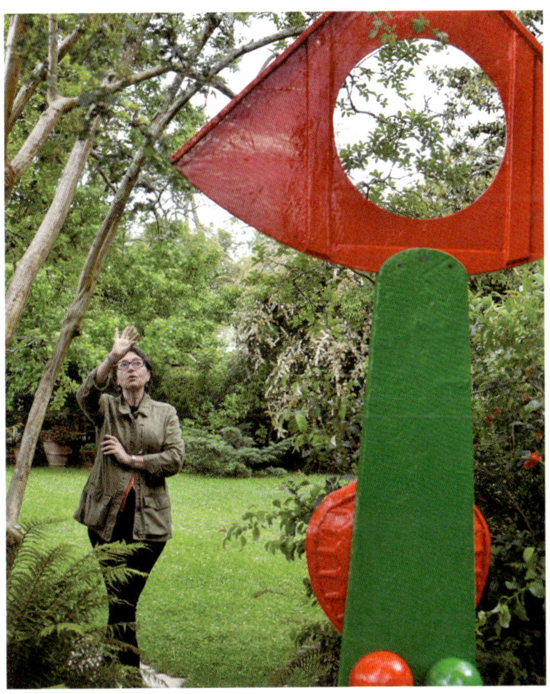

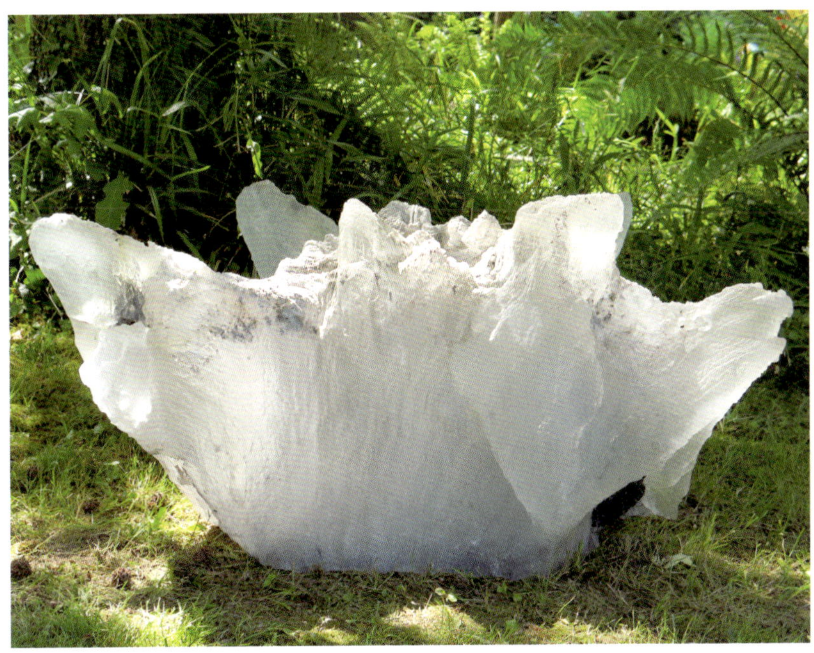

Dominique Haim devant *La Caresse d'un oiseau* de Miró.
Pascal Convert, *Souche de Verdun IV*, 2011.

Paul Haim avec le collectionneur américain
Joe Hirshhorn, 1966.
Jeannette Leroy et Paul Haim
avec Rhodia Bourdelle.

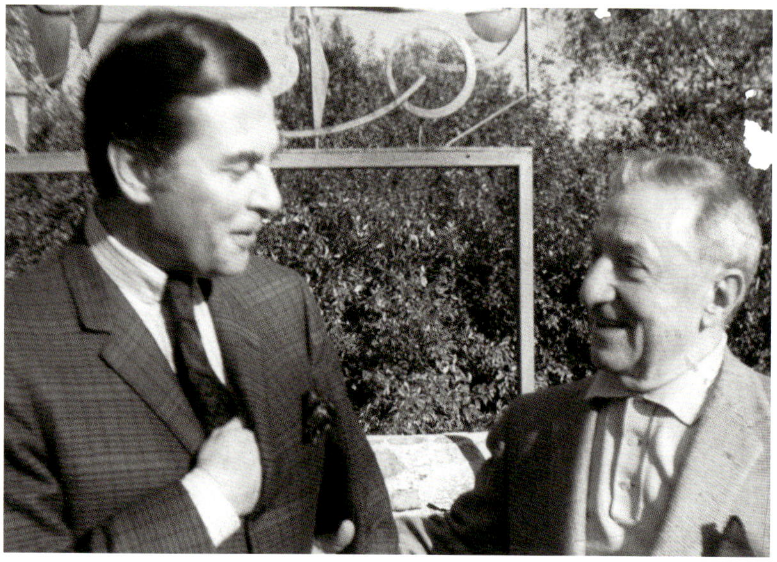

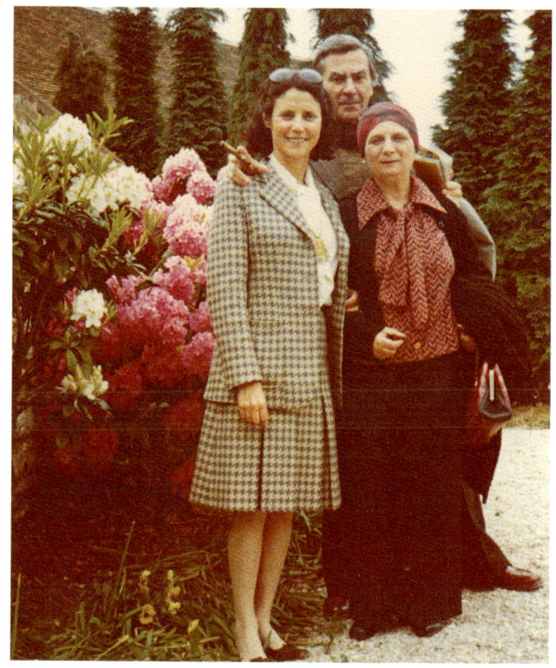

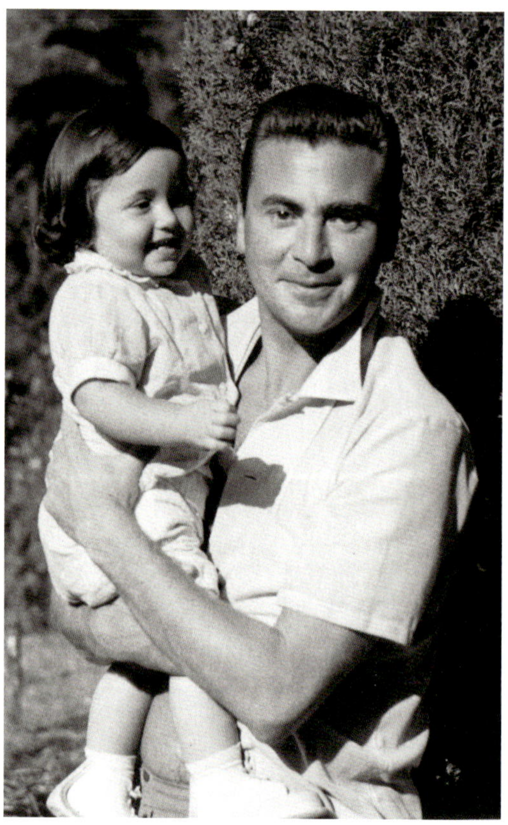

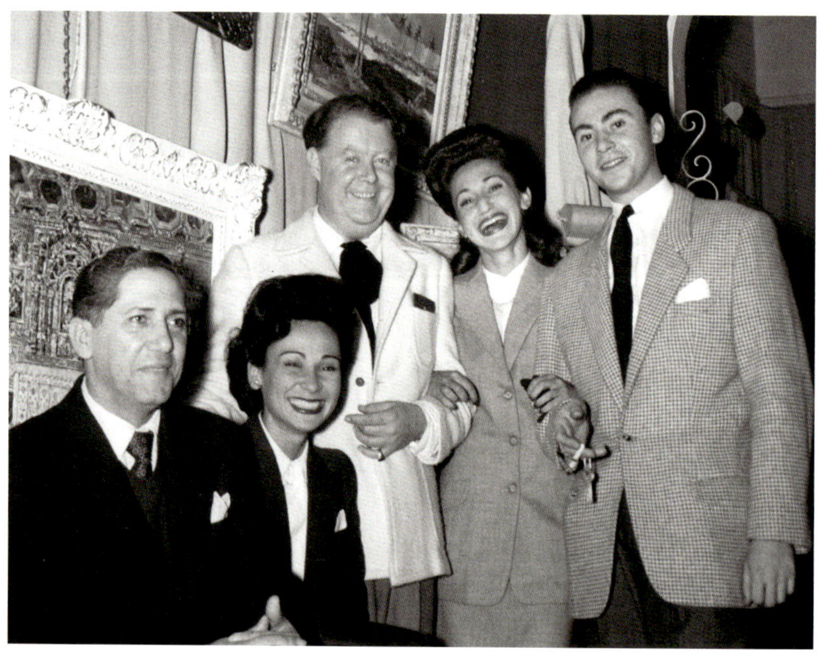

Paul Haim avec sa fille Dominique, 1957.
Paul Haim avec Clary Biro à la Galerie Montparnasse,
Rio, 1942.

SHORT HISTORY OF LA PETITE ESCALÈRE

1921
21 April, birth of Joseph Paul Haim in the Passage du Désir in Paris. The son of Vital Haim, of Smyrna, present-day Izmir (Turkey), and Marika Francès, of Salonika (Greece).

1924
Birth of his sister, Rosette Haim.

1928
Birth of Jeanette Yvonne Leroy in Neuilly.

1941
Paul Haim moves to Rio de Janeiro (Brazil), with his family. He meets Clary Biro, a Hungarian exile. They marry in 1949. Travels all across Brazil selling pharmaceutical products.

1943
Paul Haim opens his first gallery in Rio, the Galerie Montparnasse.

1946
While preparing to return to France to resume the medical studies he had begun before the war, Paul Haim meets the art dealer Michel Couturier. He remains in South America and begins to organize exhibitions across the continent.

1948-1949
Jeannette Leroy studies at the Académie Julian. She is awarded first prize in painting in 1949, tied with the artist who would become her first husband, the American John Levee.

1949
Birth of Gilbert Carty in Bayonne.

1951
Paul Haim, and Clary return to Europe and settle in Belgium. He opens a gallery on the Avenue Louise in Brussels, the Galerie Europe. He continues to organize exhibitions with Michel Couturier in Africa and in the Middle East.

1956
Birth of Dominique Catherine Haim in Brussels.

1958
Paul Haim, with Michel Couturier, opens the Galerie Europe at 22 rue de Seine in Paris, where they show artists including Klee, Kandinsky, Picasso, Wols, Fautrier, and Klein. With his brother-in-law, he buys a property in Roquefort-les-Pins, in the Alpes-Maritimes, a few kilometers away from the Fondation Maeght. He befriends the Maeghts and the staff of the foundation. Divorce of Jeannette Leroy and John Levee. Jeannette meets Pierre and Hélène Lazareff and becomes fashion editor at *Elle* magazine.

1959
Paul, Clary, and Dominique move to Paris.

1961
Paul Haim meets Jeannette Leroy. Thanks to her, he meets numerous artists and public figures at the Lazareff home.

1962
Paul Haim closes the Brussels gallery and opens his own gallery in Paris, the Galerie Europe, at 50 rue du Faubourg-Saint-Honoré, right next to the Galerie Iris Clert, where he encounters the Parisian art world of the day. In his gallery he exhibits contemporary artists: Cárdenas, Étienne-Martin, Metcalf, Wols, Domoto, Kandinsky, Klee, and many...

1963
Jeannette Leroy becomes a fashion photographer and travels for major international magazines.

1964
Separation from Clary Biro.

1969
Paul Haim closes the Galerie Europe and begins to organize exhibitions in Canada and in Japan. Jeannette Leroy purchases La Petite Escalère.

1974

Jeannette Leroy gives up photography for figurative drawing. She begins to stay at La Petite Escalère for extended periods of time. The first sculptures are installed in the garden: the works of Cárdenas, Metcalf, Poncet.

1975

Construction of the swimming pool at La Petite Escalère and acquisition of additional land. Installation of sculptures by Rodin, Bourdelle, and Maillol around the pool.

1976

Exhibition of Jeannette Leroy's work at the Galerie Dina Vierny in Paris.

1977

Paul and Jeannette hire a gardener, Gilbert Carty. Solo exhibitions of Jeannette Leroy's work at the Mira Godard Galleries in Montreal and Toronto, and at the André Emmerich Gallery in New York.

1980

Dominique moves to New York.

1985

Paul Haim begins writing workshops with Élisabeth Bing. Installation of the mosaic by Zao Wou-Ki at La Petite Escalère. He is designated as an expert at the Appellate Court of Paris.

1986

Marlborough Gallery in New York exhibits the work of Jeannette Leroy. Two shows are organized in Madrid in 1990 and 1993.

1987

Installation of Matta's sculpture *Eramen*.

1988

With Christiane Germain, Paul publishes his first book: *Michel Seuphor. Une vie à angle droit*, Éditions de la Différence.

1990

Paul Haim takes up permanent residence at La Petite Escalère.

1991

Publication of Paul's first novel *Passage du Désir* by Éditions de la Différence.

1995

Jeannette Leroy gives up drawing and takes up painting on canvas again. Publication of the novel *Marchand de couleurs* by Éditions L'Harmattan, with a preface by Bernard Lamarche-Vadel.

1996

Publication of a collection of short stories, *Tel un fil de pourpre*, by Éditions L'Harmattan.

1998

Installation of Zigor's sculpture *Le Maître et l'élève*.

1999

Publication of *Roman de Guernica* by Albin Michel

2001

Installation of the first work by the Basque sculptor Jorge Oteiza, in the presence of the artist. The second will be installed in 2005. Publication of interviews with the artist Matta: *Matta. Agiter l'oeil avant de voir*, Éditions Atlantica.

2002

Exhibition of Jeannette Leroy's work at The Corderie Royale in Rochefort.

2005

Publication of the novel *Soledad et Montserrat* by Éditions Phébus. Exhibition of Jeannette Leroy's work at the Galería Havana Club, Havana, Cuba.

2006

Death of Paul Haim, 10 October.

2008

Installation of *Refuges* by Andy Goldsworthy, the first work acquired by Dominique Haim for La Petite Escalère.

2009

Dominique Haim leaves the United States to live permanently at La Petite Escalère.

Paul Haim avec Dina Vierny.
Jeannette Leroy dans son atelier à La Petite Escalère.

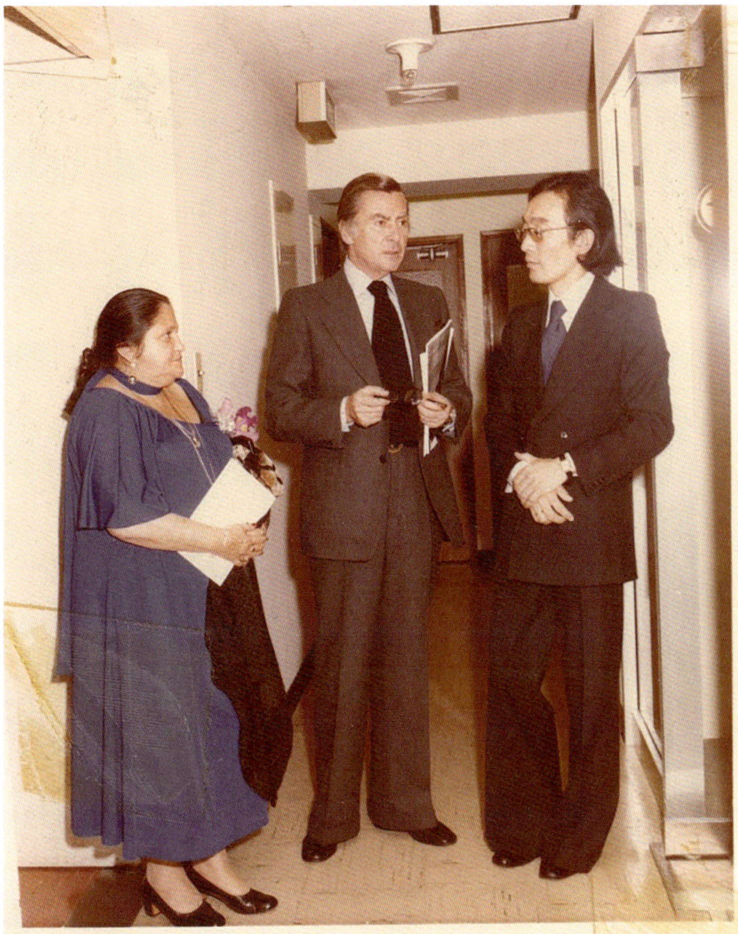

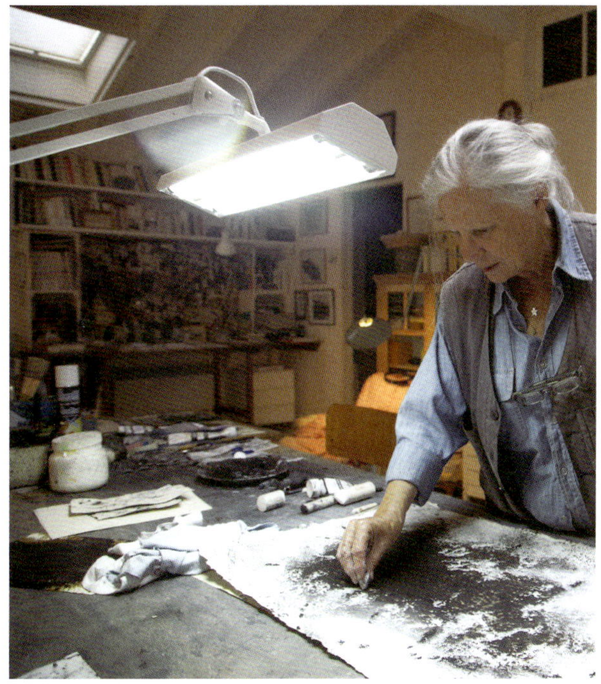

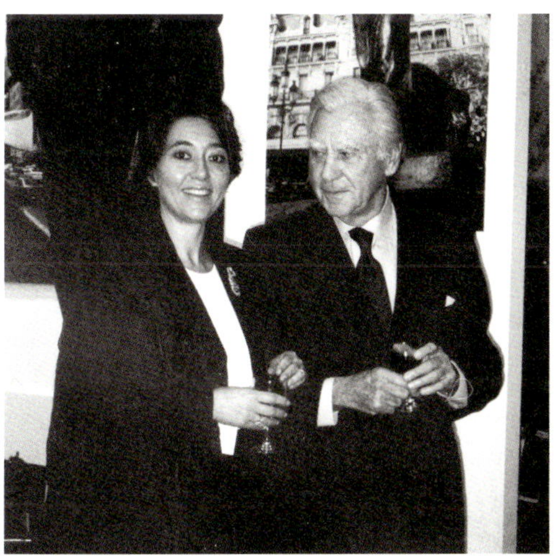

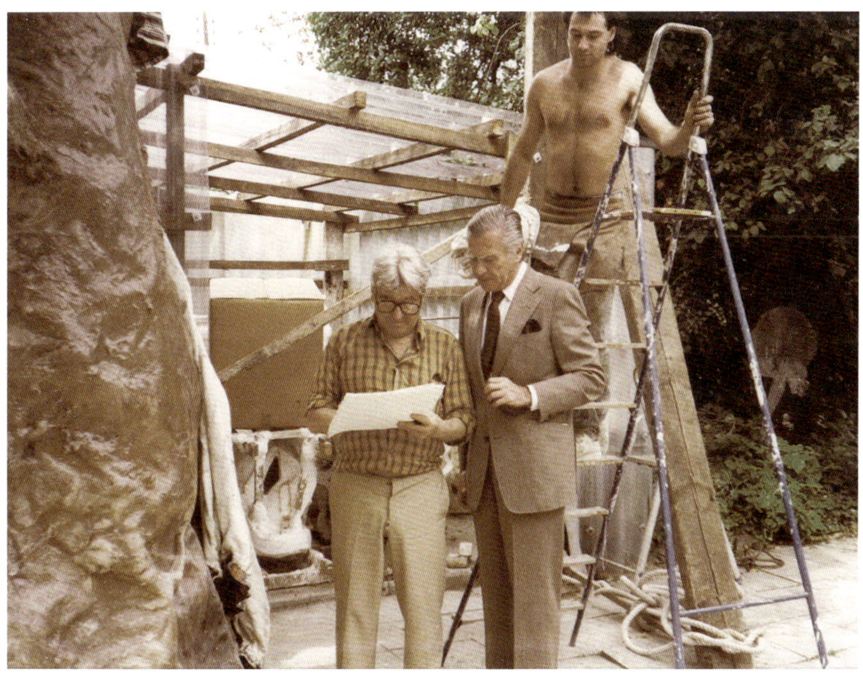

Paul Haim avec Dominique à Tokyo, 1997.
Paul Haim et Roberto Matta à la fonderie Clementi, lors de la création de *Eramen*, 1985-1987.

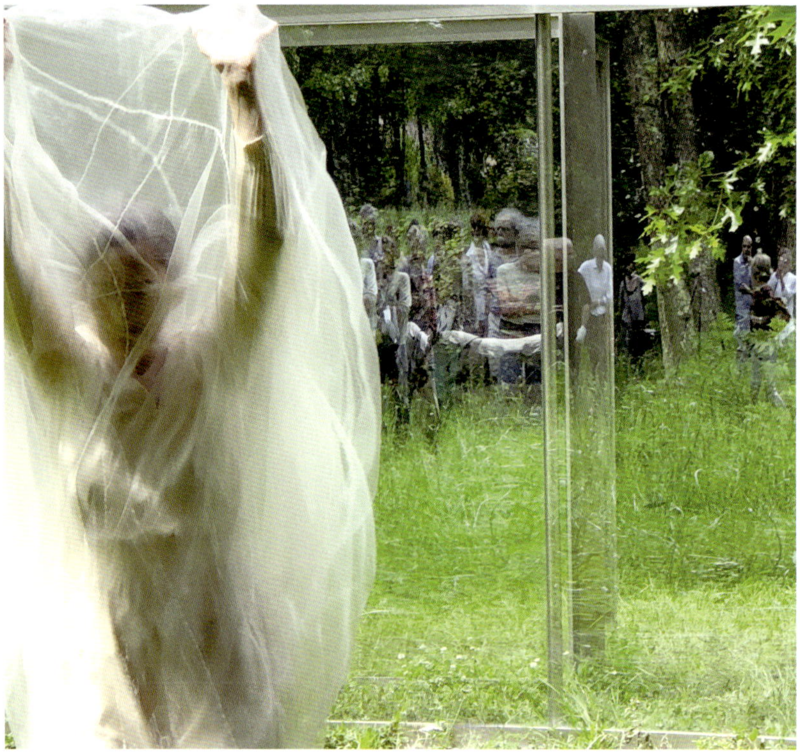

Marie-Ange Guilleminot lors de sa performance
à La Petite Escalère, juin 2018.
Sur le tournage de *Barthes**, un film de Bernard Marcadé,
Vincent Gérard et Cédric Laty.

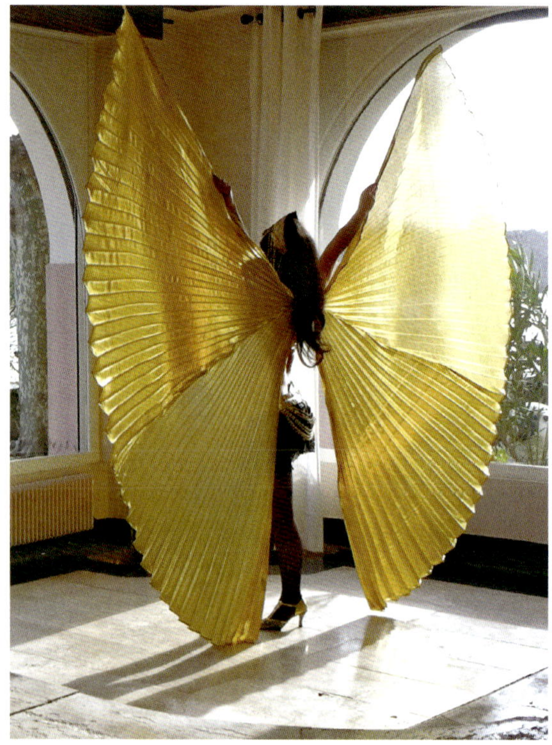

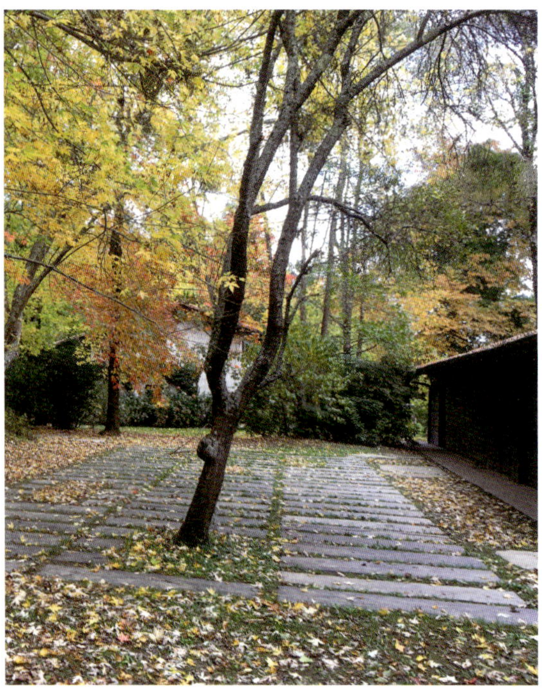

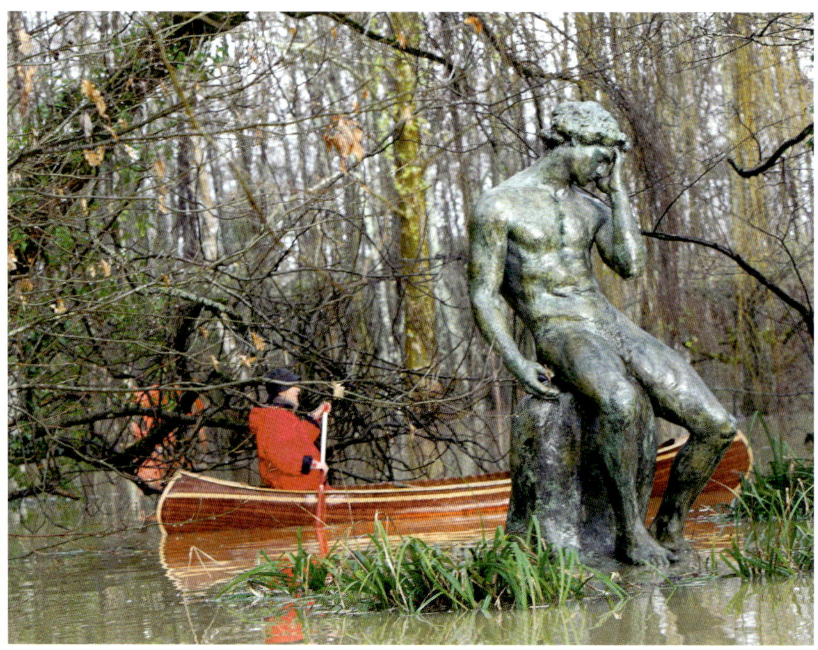

Installation permanente du paysagiste Cyrille Marlin
à La Petite Escalère d'après le jardin du Ryoan-ji de Kyoto.
Dominique Haim et l'*Adam* de Bourdelle
lors des inondations de 2014.

2011

Dominique Haim initiates the Association of the Friends of La Petite Escalère, focusing primarily on three aims: to promote cultural and artistic education of students in primary, secondary, and higher education, as well as of vulnerable groups; to support contemporary artistic activity, including residencies, guest artists, dialogues, and lectures; and to preserve and foster the cultural and natural legacy of La Petite Escalère as a space of activity, research, and exchange around art, nature, and the landscape.

2012

Guest artist: Cristina Iglesias (Spain), with the installation of the work *Sans titre (Chambre XI)*, of 2004. First residencies with the visual artists Christine Crozat and Jorge Santos. Retrospective of the work of Jeannette Leroy at the submarine base in Bordeaux.

2013

Exhibition of Jeannette Leroy's work at the Musée des Beaux-Arts in Pau. Guest artist: Jorge Santos (Portugal), with the installation of *Arc-en-ciel*, commissioned specifically for the garden. Artists in residence: the visual artist Sarah Bahr and the writer Lancelot Hamelin. Significant flooding in May and June.

2014

Guest artist: Katinka Bock (France, Germany), with the installation of *Tomorrow's Sculpture*, commissioned specifically for the garden. Artists in residence: the visual artist Théodora Barat and the art historian Emmanuel Guy. Significant flooding during the winter.

2015

Guest artist: Pascal Convert, with the exhibition of two sculptures, *Souches*. Symposium devoted to Roland Barthes at La Petite Escalère on the occasion of the centennial of his birth. Artists in residence: the visual artists Mélanie Blaison and Jérémie Bennequin, and the critic and exhibition curator Anne Bonnin.

2016

Guest artist: Asier Mendizabal (Basque Country), with the installation of *La Chaîne et la trame (Urritza)*, commissioned specifically for the garden. Symposium devoted to Basque sculpture. Artists in residence: the filmmaker Julie Chaffort and the author-illustrator Margaux Othats.

2017

Guest artist: Edith Derdyk (Brazil), with the installation of an ephemeral work, *Fantasmagories*, commissioned specifically for the garden in the context of a season dedicated to the image of the spider. Artists in residence: the dancer Olivier Gabrys, the visual artist Jesús Alberto Benítez, and the Swiss photographer Graziella Antonini.

2018

Season focused on Japan, on the occasion of the year "Japonismes 2018". Guest artist: Marie-Ange Guilleminot, with a performance entitled *Sculptures de gestes pour un jardin – création pour La Petite Escalère, juin 2018.* Guest landscape architect, specializing in Japanese gardens: Cyrille Marlin, with an intervention in the garden of La Petite Escalère. Artists in residence: the visual artist Julie Navarro and the writer Célia Houdart. Significant flooding in June.

2019

Guest artist: Rachel Labastie, with two works, a site-specific work in raw clay, and installation of *Vénus*, a sculpture in black Marquina marble, commissioned specifically for the garden. Artists in residence: the Belgian visual artist Elise Eeraerts and the author-illustrator Fanny Ducassé. Significant flooding in December.

2020

Because of the flooding, La Petite Escalère closes its doors. The collection is safely housed, and the Association of the Friends of La Petite Escalère is disbanded.

THE COLLECTION

LA COLLECTION

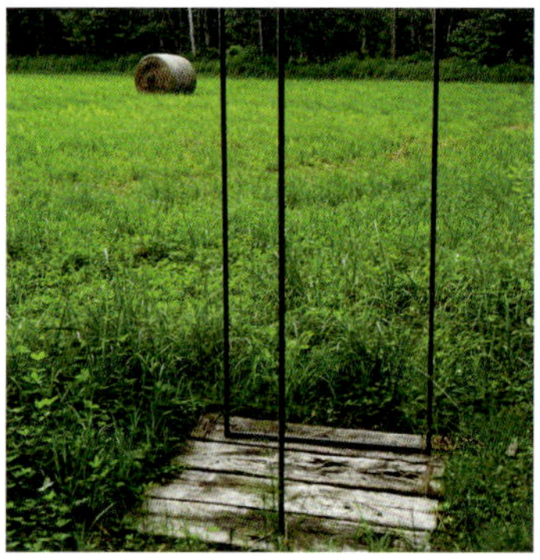

ANDREU ALFARO (1929-2012)
Puerta VIII, 1986.
Acier peint / painted steel.
210 x 80 x 69 cm

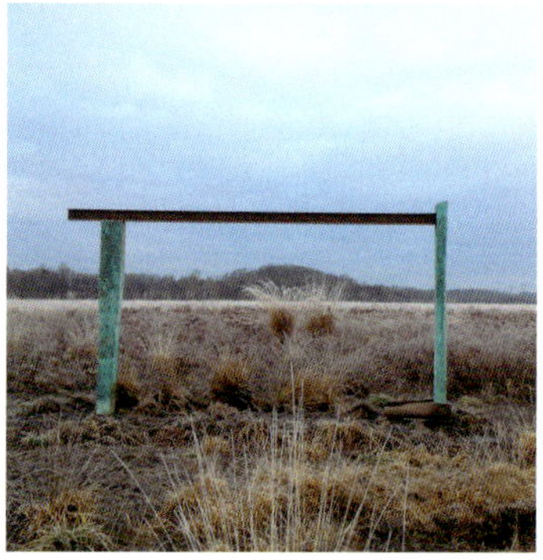

KATINKA BOCK (1976)
Tomorrow's Sculpture, 2014.
Bronze, acier et céramique / bronze, steel, and ceramic.
180 x 330 x 40 cm

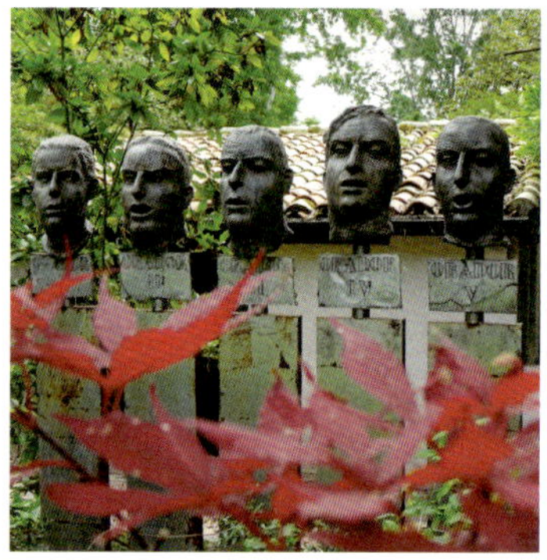

JUAN BORDES (1948)
Oradores, 1990.
Bronze et acier / bronze, and steel.
180 x 152 cm

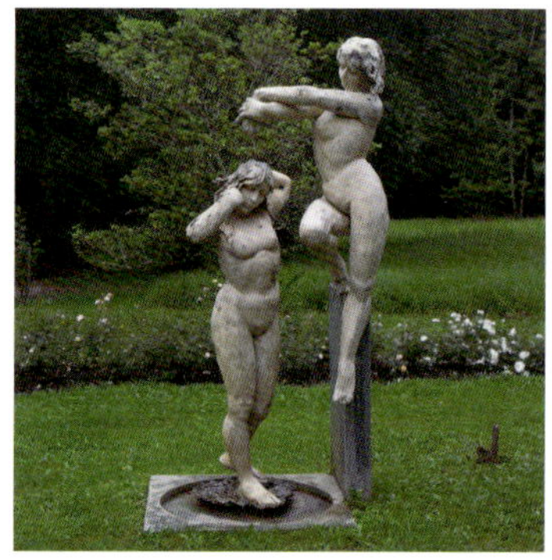

JUAN BORDES (1948)
Fontaine, 1994.
Bronze.
220 x 120 x 110 cm

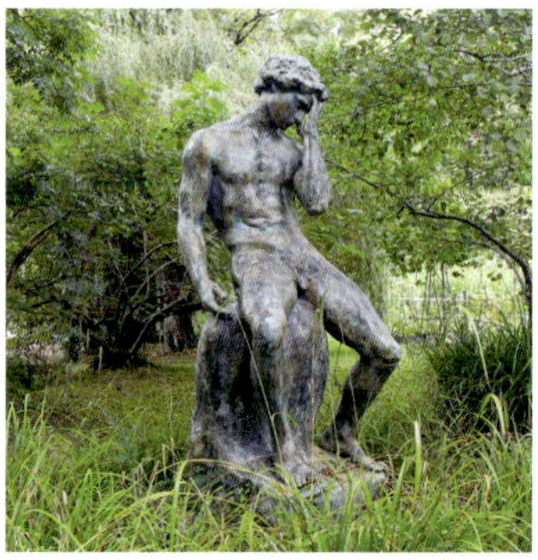

ANTOINE BOURDELLE (1861-1929)
Adam, 1889.
Bronze patiné / patinated bronze.
232 x 116 x 94 cm

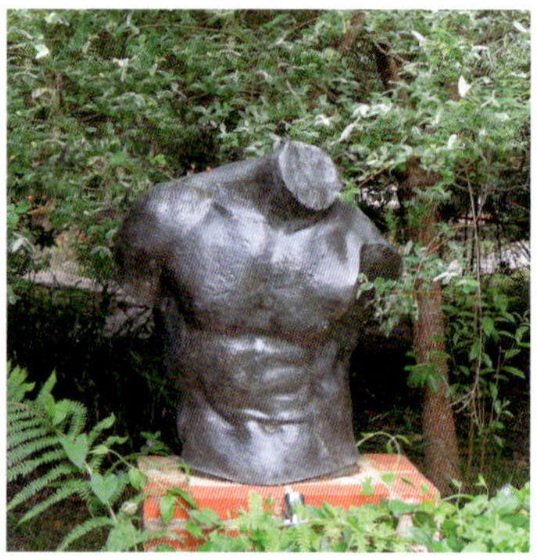

ANTOINE BOURDELLE (1861-1929)
Torse d'Adam, 1889.
Bronze patiné / patinated bronze.
78 x 62 cm

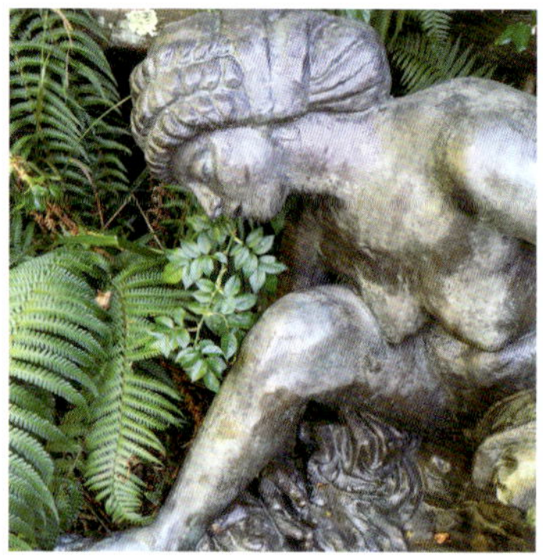

ANTOINE BOURDELLE (1861-1929)
Grande baigneuse (variante), 1907-1909. Bronze patiné / patinated bronze.
102 x 77 x 117 cm

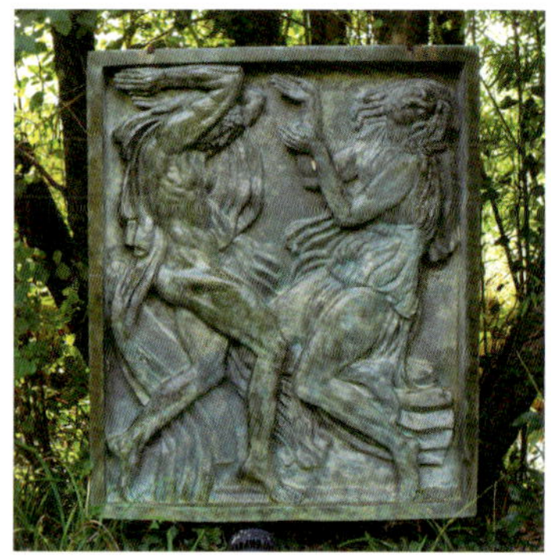

ANTOINE BOURDELLE (1861-1929)
La Danse, 1912.
Bronze patiné / patinated bronze.
176 x 149 x 19 cm

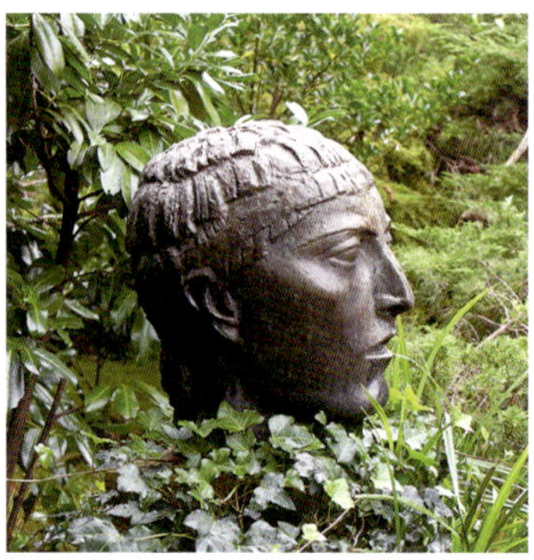

ANTOINE BOURDELLE (1861-1929)
Tête de l'Éloquence (définitive), 1917.
Bronze patiné / patinated bronze.
52 x 39 x 29 cm

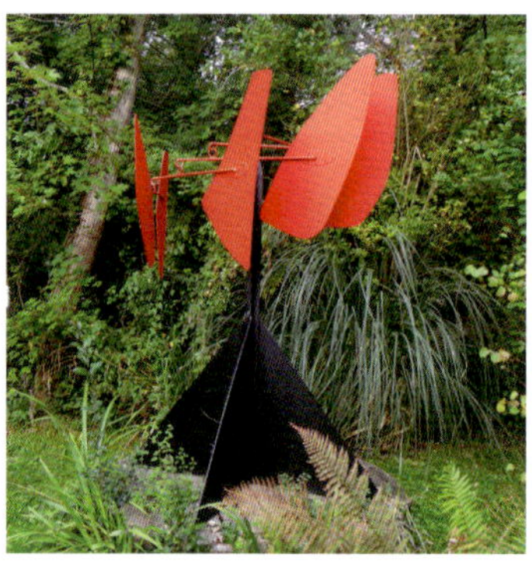

ALEXANDER CALDER (1898-1976)
Gouvernails rouges, n° 9, 1967.
Acier, aluminium et acier inoxydable peint / steel, aluminium, and painted stainless steel.
240 x 210 cm

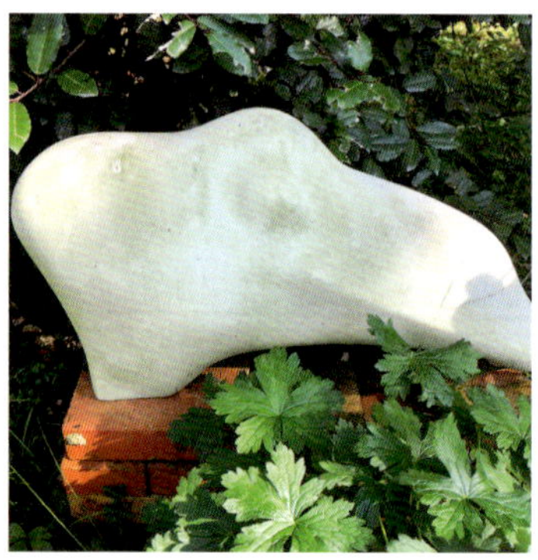

AGUSTÍN CÁRDENAS (1927-2001)
Composition, 1966.
Marbre blanc de Carrare / white Carrara marble.
34 x 62 cm

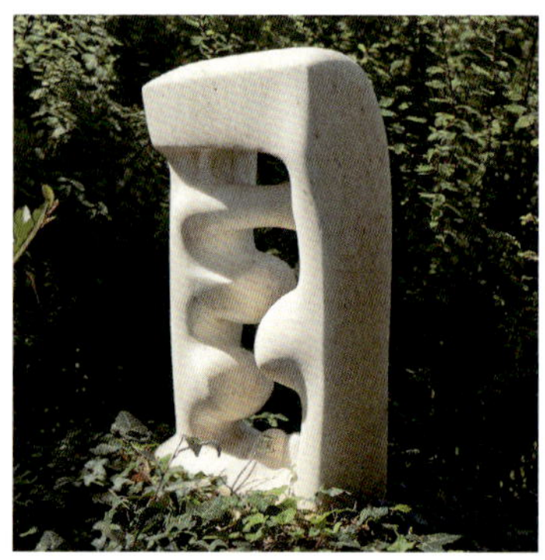

AGUSTÍN CÁRDENAS (1927-2001)
Sans titre, 1964.
Marbre blanc de Carrare / white Carrara marble.
71 x 42 cm

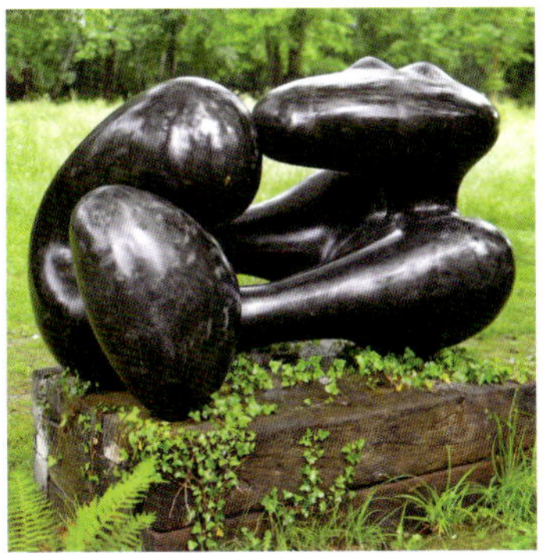

AGUSTÍN CÁRDENAS
(1927-2001)
Le Repos, 1975.
Bronze patiné /
patinated bronze.
118 x 188 x 115 cm

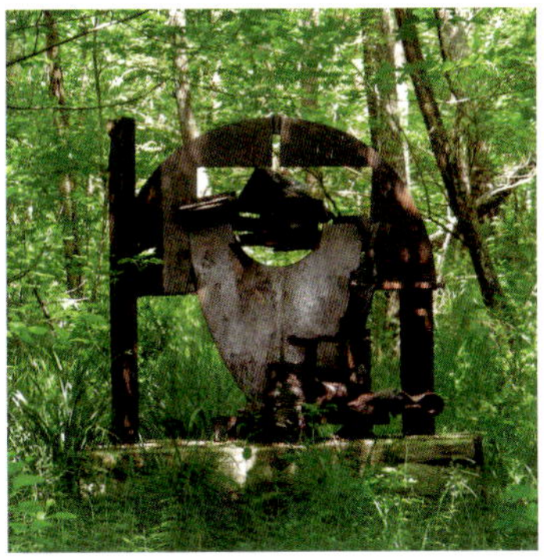

ANTHONY CARO (1924-2013)
Rain Dance, 1986-1989.
Bronze, fer et acier /
bronze, iron, and steel.
160 x 176 x 82 cm

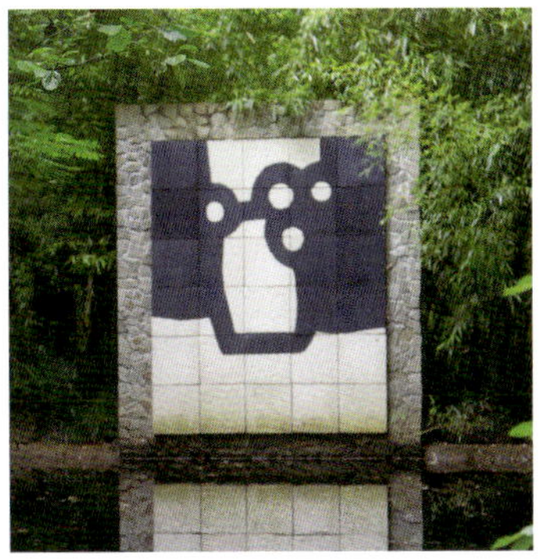

EDUARDO CHILLIDA
(1924-2002)
Mural III, 1999.
Plaques de béton réfractaire /
refractory concrete.
270 x 285 cm

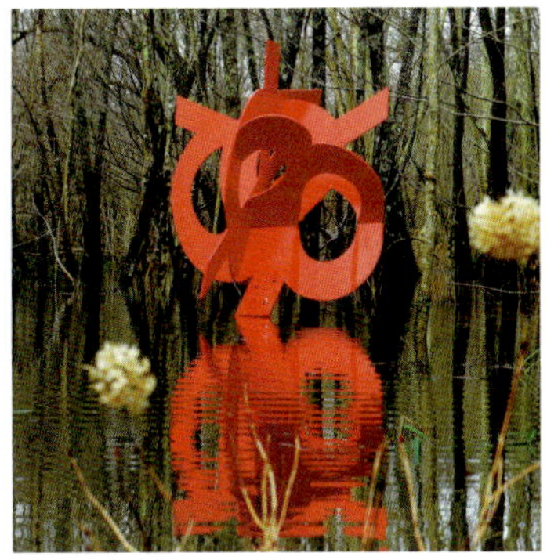

MARK DI SUVERO (1933)
Tumbleweed II, 1986.
Acier soudé et peint /
welded and painted steel.
290 x 215 x 220 cm

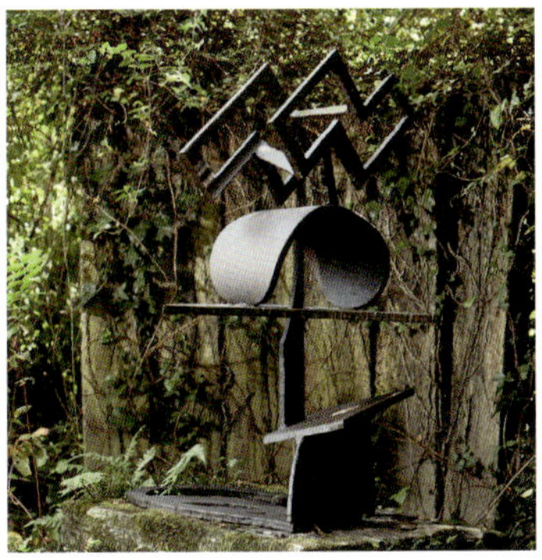

MARK DI SUVERO (1933)
Château noir, 1989.
Acier soudé et peint /
welded and painted steel.
290 x 215 x 220 cm

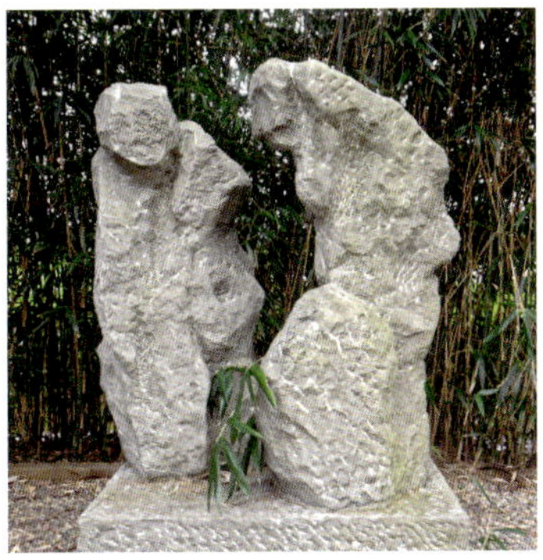

EUGÈNE DODEIGNE
(1923-2015)
Couple, 1964-1965.
Pierre de Soignies.
197 x 140 x 100 cm

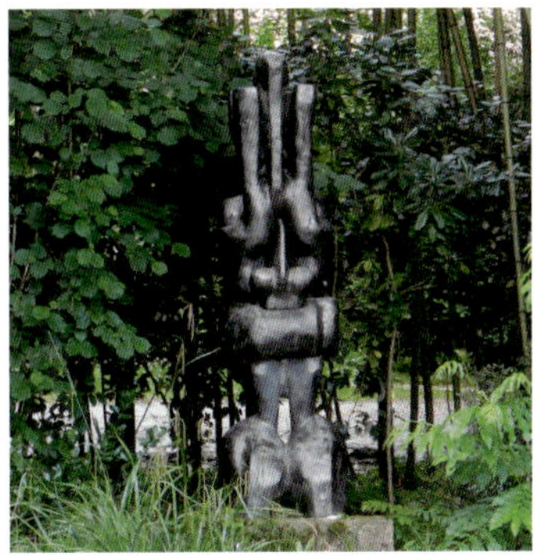

ÉTIENNE-MARTIN (1913-1995)
Le Grand Couple, 1946.
Bronze patiné /
patinated bronze.
215 x 60 x 50 cm

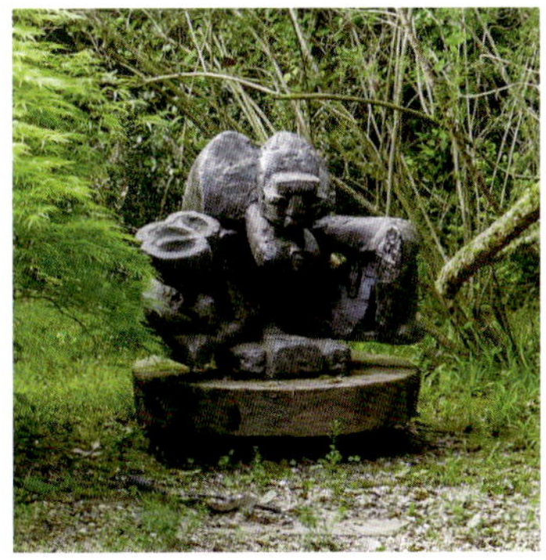

ÉTIENNE-MARTIN (1913-1995)
Nuit ouvrante, 1948.
Bronze patiné /
patinated bronze.
70 x 80 x 80 cm

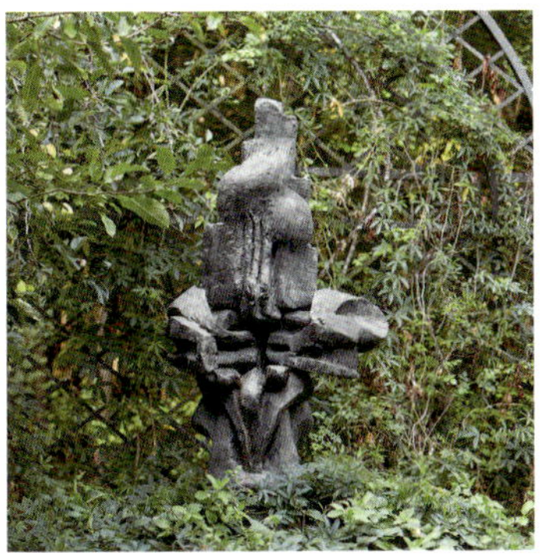

ÉTIENNE-MARTIN (1913-1995)
La Nuit Nina, 1951.
Bronze patiné /
patinated bronze.
136 x 80 x 80 cm

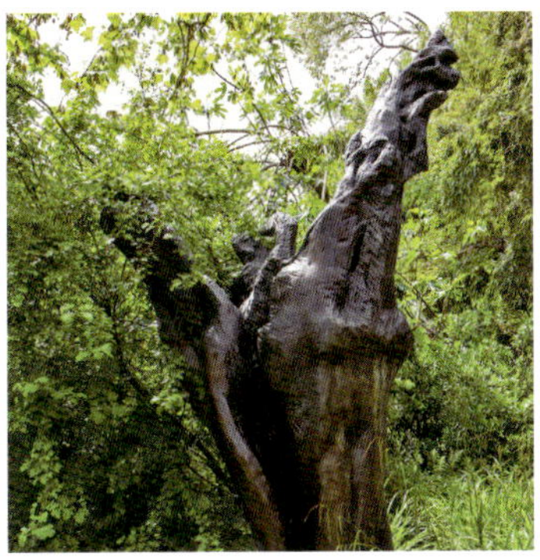

ÉTIENNE-MARTIN (1913-1995)
Le Cri, 1963.
Bronze patiné /
patinated bronze.
330 x 190 x 100 cm

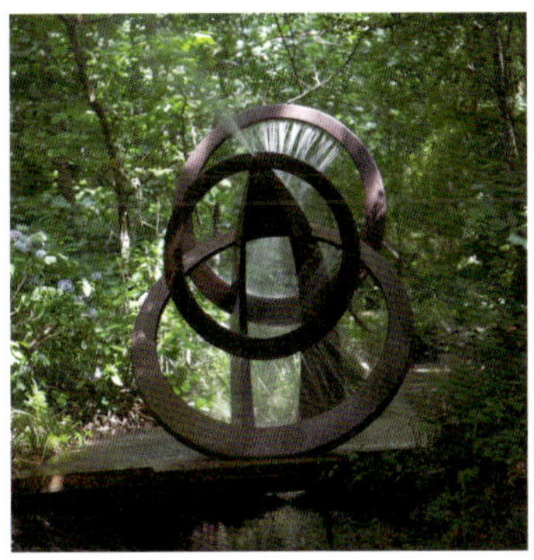

OTTO FRIED (1922)
Esprit de la forêt, 1995.
Fontaine en acier /
fountain in steel.
279 x 279 x 2 cm

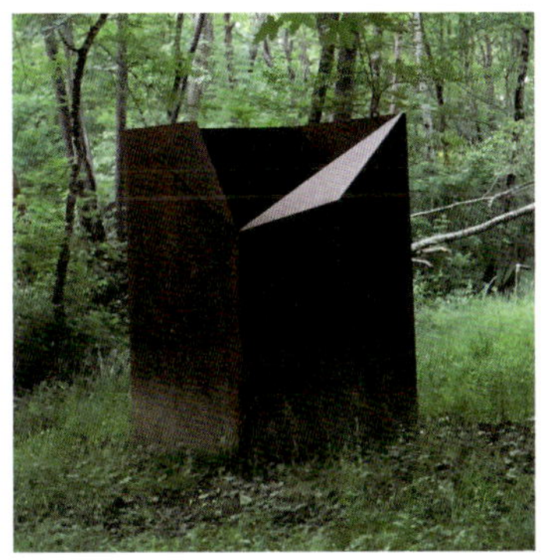

JACQUES H. GAINSBURY (1941)
Ode to Consumerism, 2015.
Acier soudé /
welded steel.
235 x 145 x 145 cm

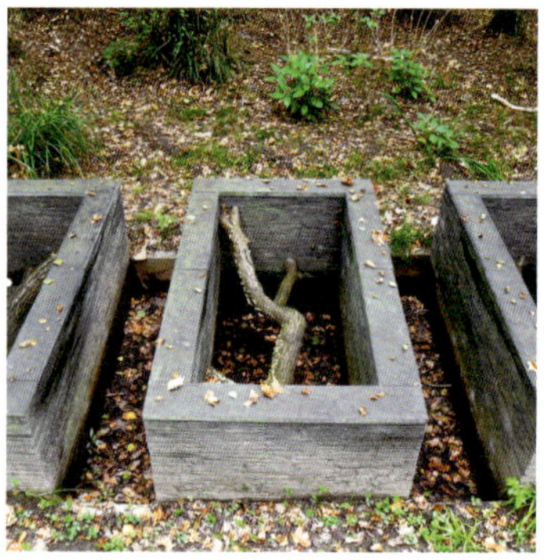

ANDY GOLDSWORTHY (1956)
Refuges, 2006.
Ardoises et branches /
slate, and branches.
Chaque élément / each element
140 x 240 x 100 cm

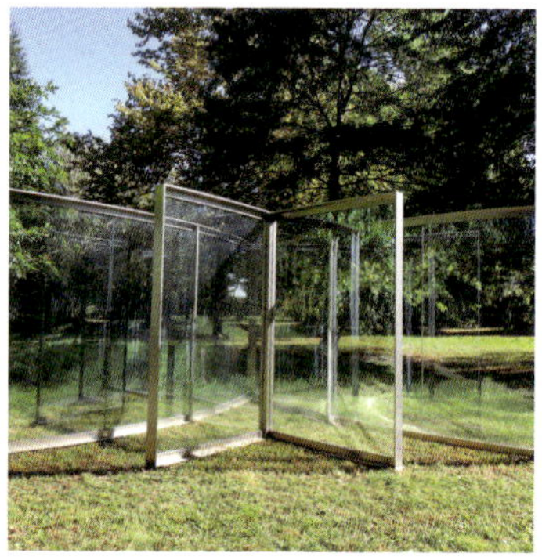

DAN GRAHAM (1942)
Pavilion for Pisces, 2017.
Verre et acier inoxydable /
glass, and stainless steel.
231 x 550 x 456 cm

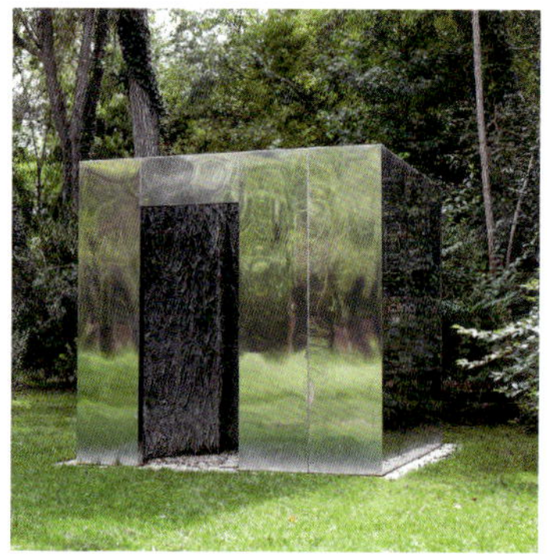

CRISTINA IGLESIAS (1956)
Sans titre
(Chambre végétale XI), 2004.
Poudre de bronze, résine
polyester et acier inoxydable /
bronze powder, polyester resin,
and stainless steel.
300 x 300 x 285 cm

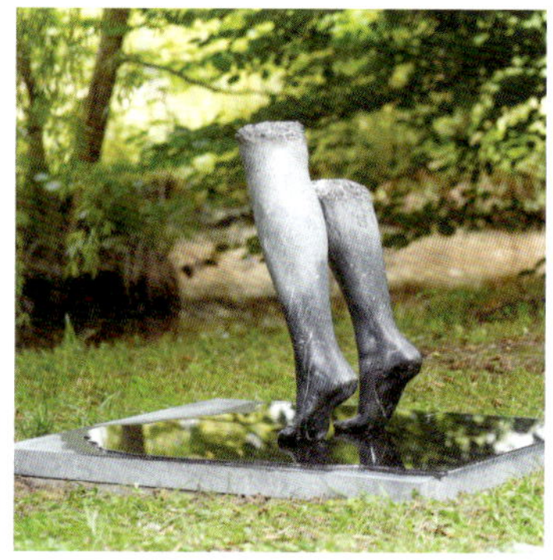

RACHEL LABASTIE (1978)
Vénus, 2019.
Marbre noir de Marquina /
black Marquina marble.
65 x 88 x 73 cm

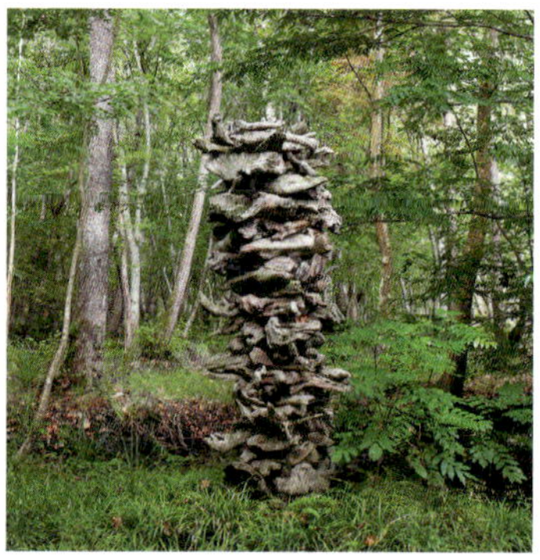

FRANÇOISE LACAMPAGNE
(1943)
Sans titre, sans date.
Bois, bois flottés, galets /
wood, driftwood, pebbles.
239 x 73 x 40 cm

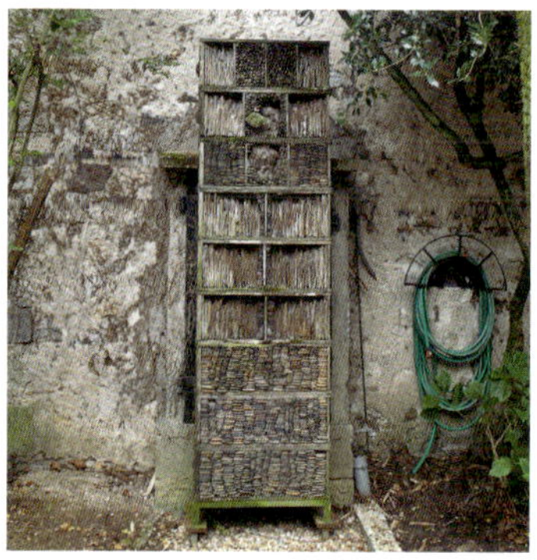

FRANÇOISE LACAMPAGNE
(1943)
Sans titre, sans date.
Bois flottés pétrifiés /
petrified driftwood.
270 x 100 x 105 cm

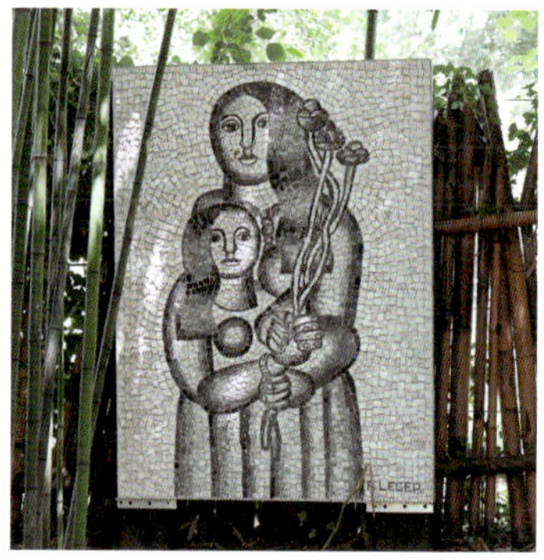

FERNAND LÉGER (1881-1955)
Deux femmes aux fleurs sur fond gris d'après une œuvre originale de 1927.
Mosaïque de pâte de verre colorée et de pierre /mosaic of colored pâte de verre and stone. 160 x 120 cm

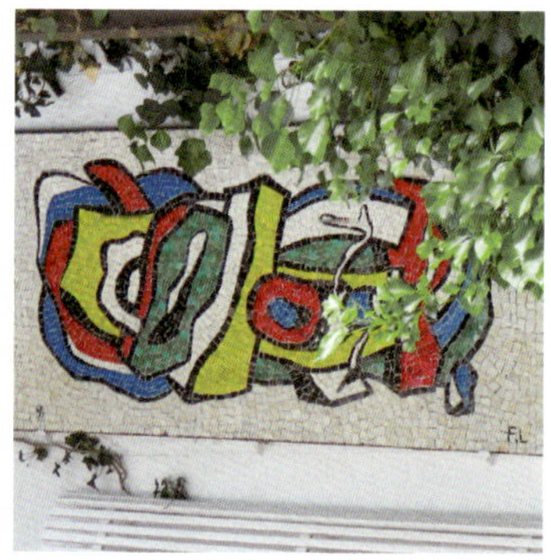

FERNAND LÉGER (1881-1955)
Composition abstraite d'après une œuvre originale de 1952.
Mosaïque de pâte de verre colorée et de pierre / mosaic of colored pâte de verre and stone.
130 x 220 cm

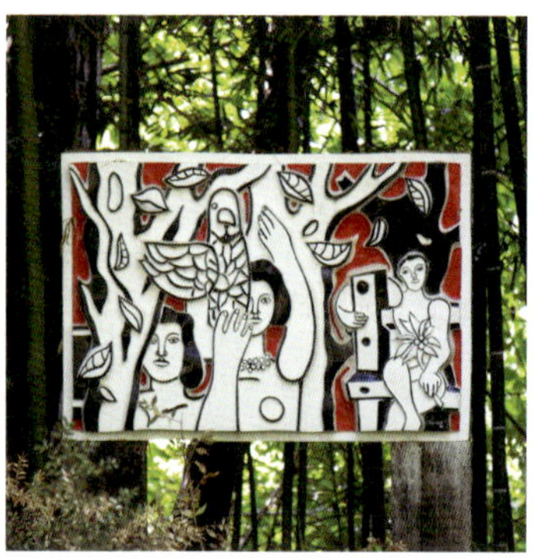

FERNAND LÉGER (1881-1955)
Femmes au perroquet d'après
une céramique originale de 1952.
Bronze peint / painted bronze.
82 x 120 cm

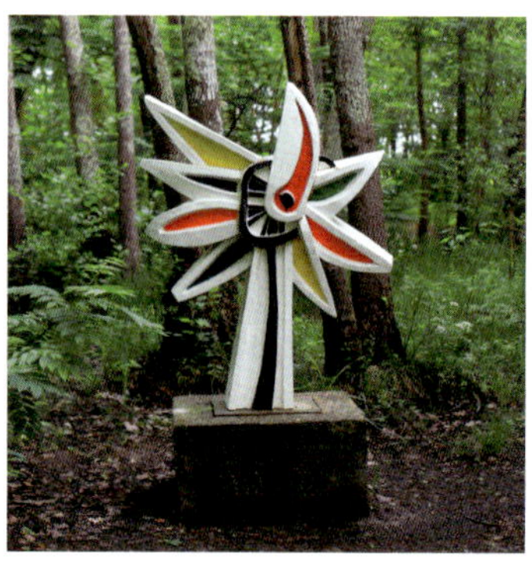

FERNAND LÉGER (1881-1955)
Le Tournesol, 1952.
Céramique polychrome /
polychrome ceramic.
165 x 132 cm

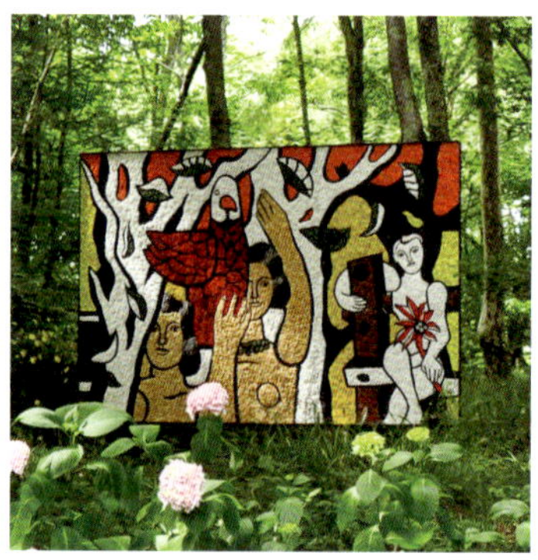

FERNAND LÉGER (1881-1955)
Femmes au perroquet d'après
une œuvre originale de 1952.
Mosaïque de pâte de verre
colorée et de pierre / mosaic of
colored pâte de verre and stone.
250 x 370 cm

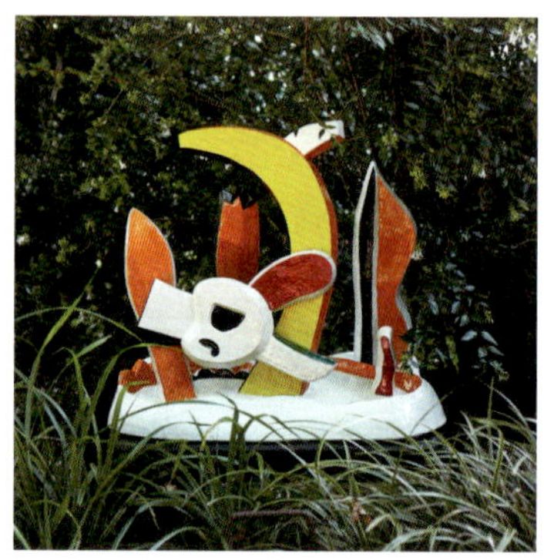

FERNAND LÉGER (1881-1955)
Le Jardin d'enfant, 1954.
Grès grand feu /
high-fired stoneware.
55 x 71 x 38 cm

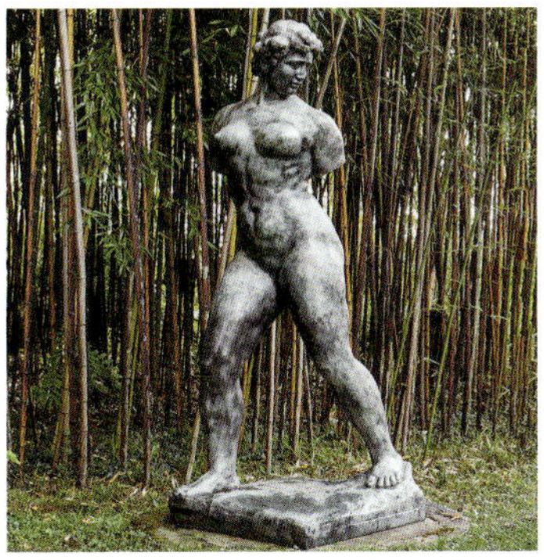

ARISTIDE MAILLOL (1861-1944)
L'Action enchaînée (monument à Auguste Blanqui sans bras), 1905.
Bronze patiné /
patinated bronze.
220 x 95 x 94,5 cm

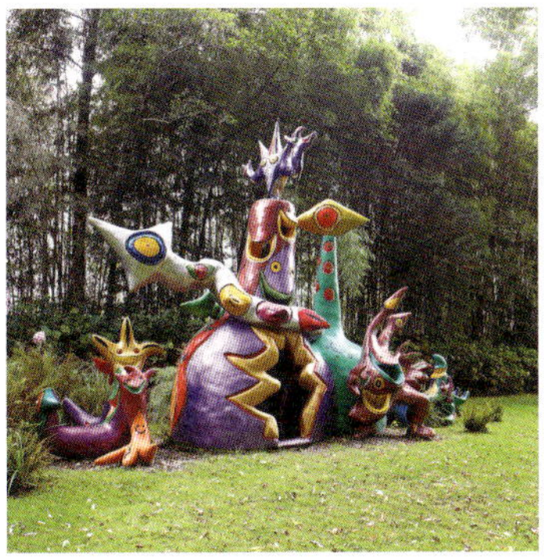

FEDERICA MATTA (1955)
La Maison des enfants, 1992.
Résine polyester peinte /
painted polyester resin.
480 x 513 x 380 cm
pour l'élément principal

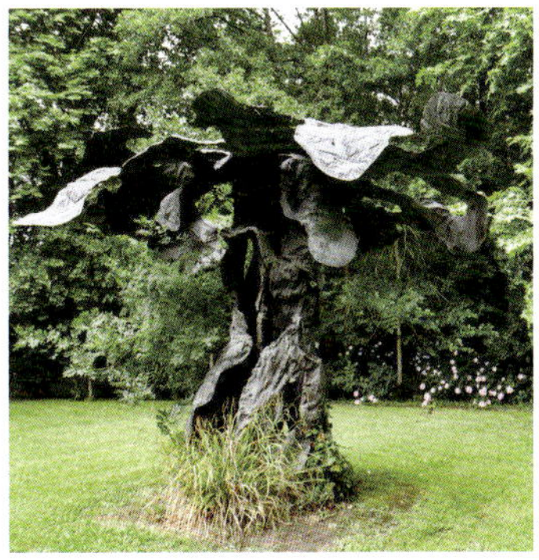

ROBERTO MATTA (1911-2002)
Eramen, 1985-1987.
Bronze patiné /
patinated bronze.
425 x 500 cm

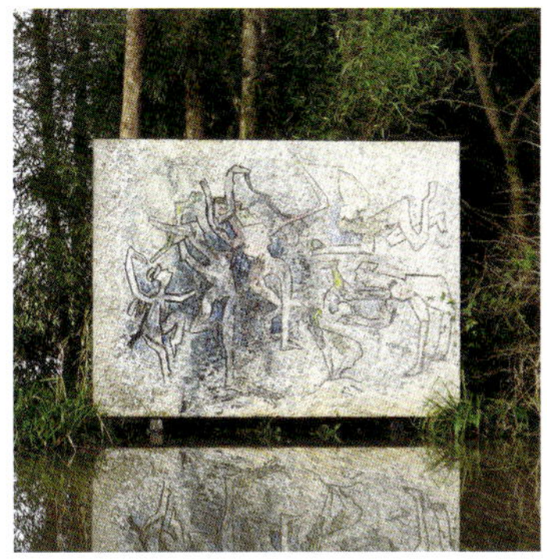

ROBERTO MATTA (1911-2002)
Sur le Nil, 1989.
Mosaïque de pâte de verre colorée et de pierre / mosaic of colored pâte de verre and stone.
210 x 304 cm

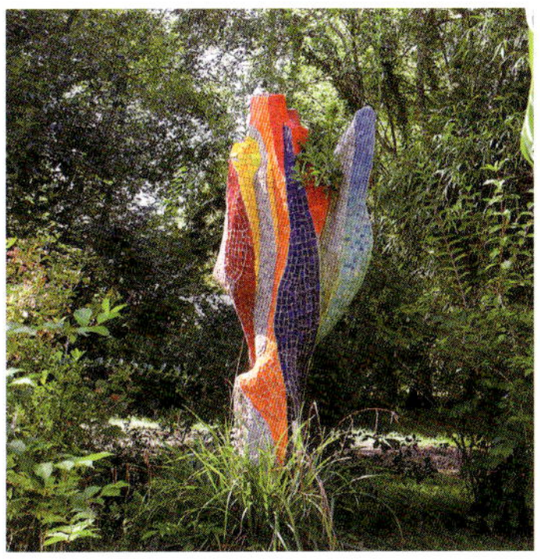

HEIDI MELANO (1929-2014)
Sans titre, sans date.
Mosaïque de pâte de verre colorée et de pierre / mosaic of colored pâte de verre and stone.
270 x 107 x 90 cm

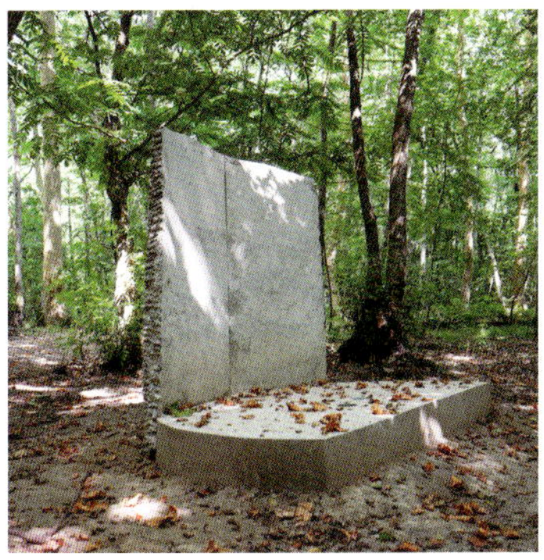

ASIER MENDIZABAL (1973)
La Chaîne et la trame (Urritza), 2016.
Béton, PVC / concrete, PVC.
180 x 120 x 200 cm

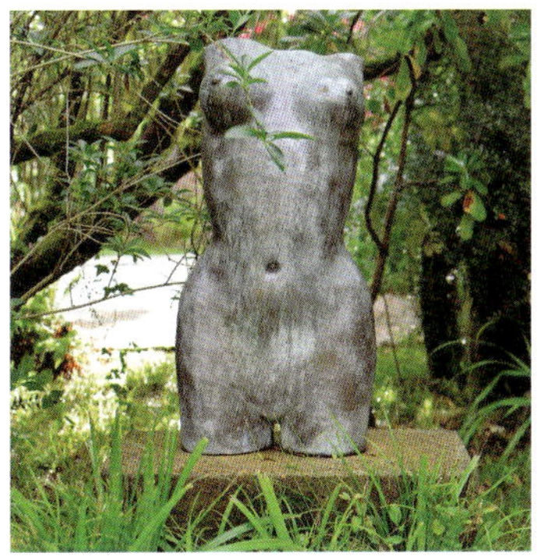

JAMES METCALF (1925-2012)
Buste de Pilar, vers 1963.
Laiton martelé et soudé /
hammered and welded brass.
Hauteur : 80 cm

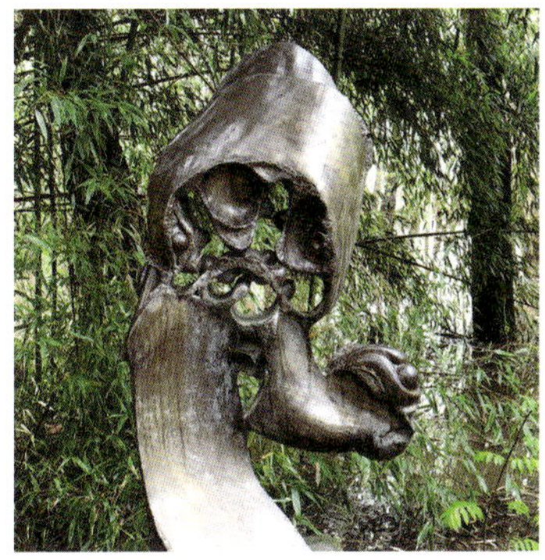

JAMES METCALF (1925-2012)
Sans titre, 1965.
Laiton martelé et soudé /
hammered and welded brass.
110 x 85 x 70 cm

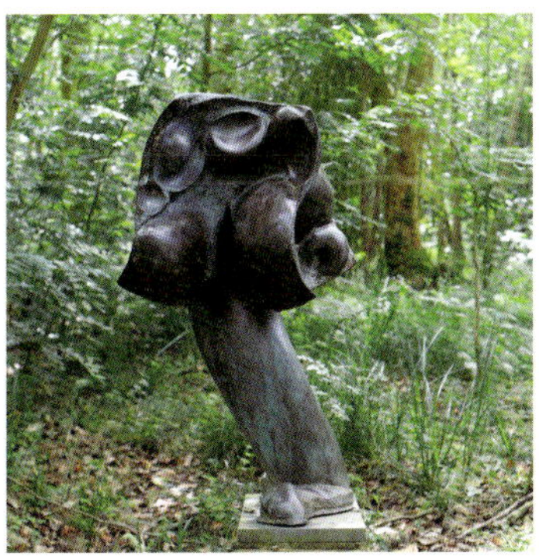

JAMES METCALF (1925-2012)
Sans titre, 1965.
Laiton martelé et soudé /
hammered and welded brass.
111 x 51 x 46 cm

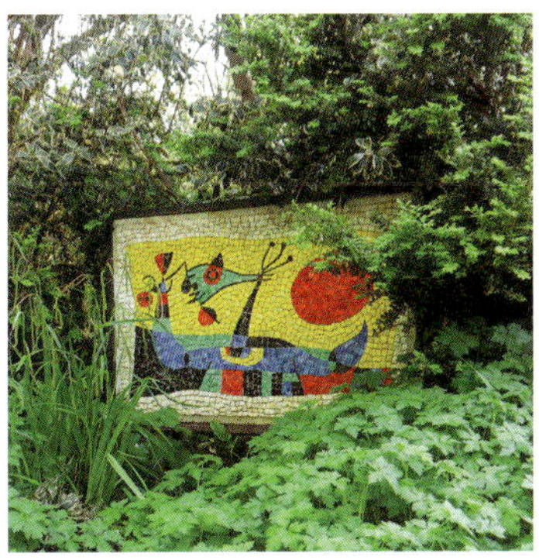

JOAN MIRÓ (1893-1983)
Femme et oiseau, 1961.
Mosaïque de pâte de verre colorée / mosaic of colored pâte de verre.
75 x 116 cm

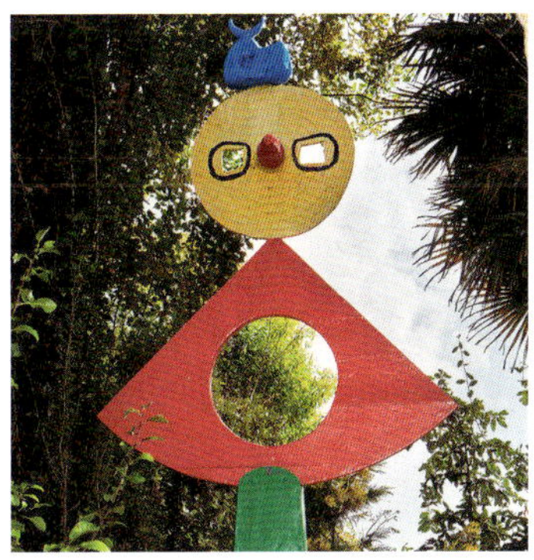

JOAN MIRÓ (1893-1983)
La Caresse d'un oiseau, 1967.
Bronze peint /
painted bronze.
310 x 112 x 32 cm

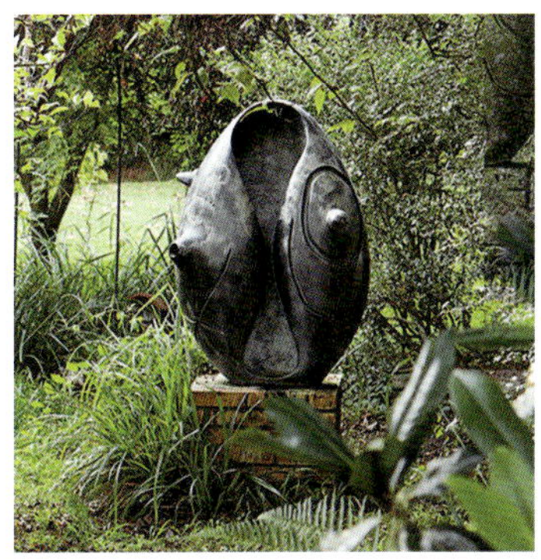

JOAN MIRÓ (1893-1983)
La Conque, 1969.
Bronze patiné /
patinated bronze.
110 x 80 x 50 cm

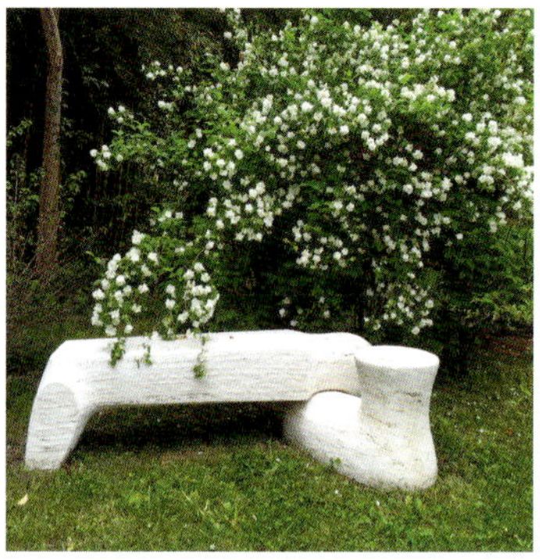

ISAMU NOGUCHi (1904-1988)
Banc, 1966.
Travertin / travertine.
55 x 198 x 116 cm

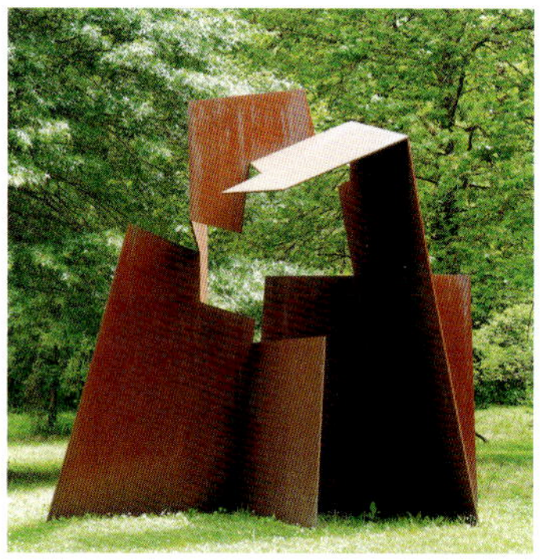

JORGE OTEIZA (1908-2003)
Circulación en redondo con signos en el paisaje vasco, 1958-1959.
Acier Corten / Corten steel.
378 x 360 x 240 cm

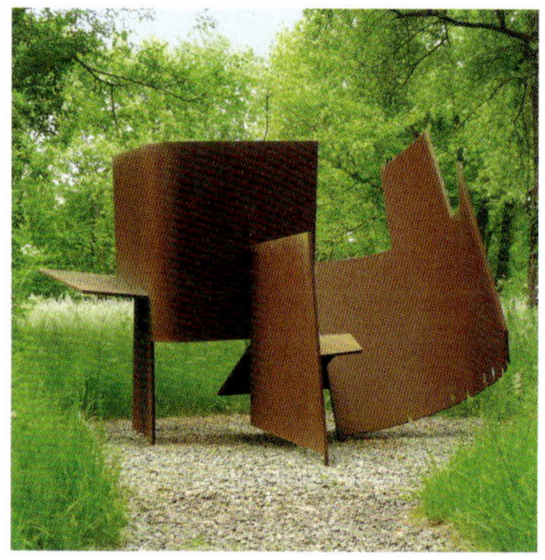

JORGE OTEIZA (1908-2003)
Construcción abierta A, 1958-1959.
Acier Corten / Corten steel.
326 x 352 x 264 cm

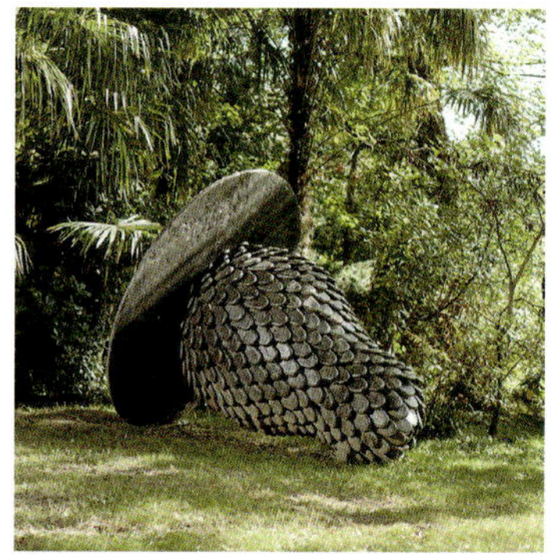

JAUME PLENSA (1955)
451, 1988.
Fonte / cast iron.
200 x 200 x 200 cm

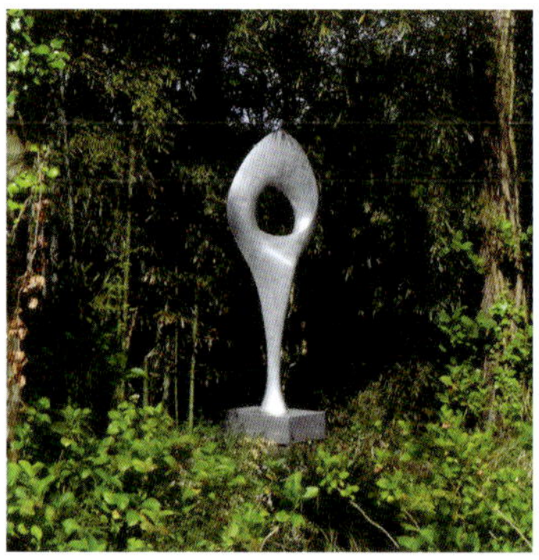

ANTOINE PONCET (1928)
Cororéol, 1963-1964.
Aluminium.
214 x 103 x 36 cm

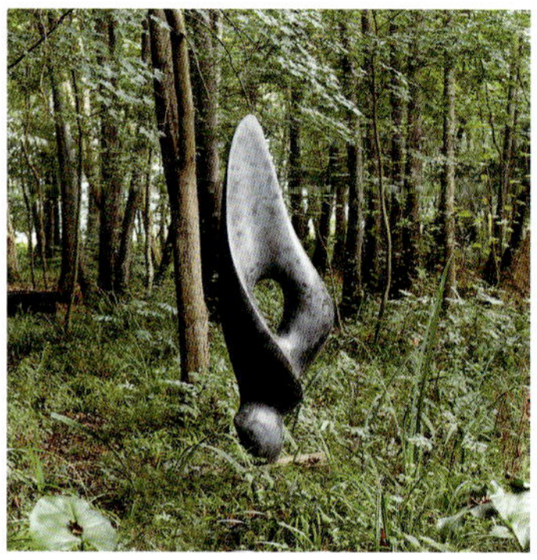

ANTOINE PONCET (1928)
Fugue-Fougue, vers 1981-1990.
Bronze poli / polished bronze.
196 x 72 x 58 cm

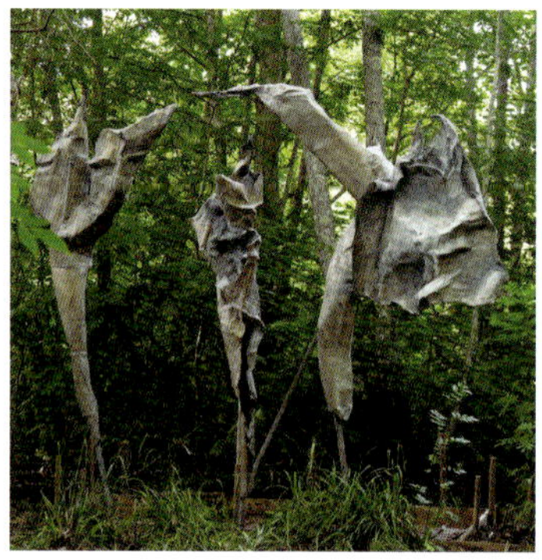

JEAN-PIERRE POURTIER (1946)
J'eux d'ombres – Grande porte, 2003-2005.
Résine, papier journal, acier inoxydable et tiges en fer / resin, newsprint, stainless steel, and iron rods.
500 x 430 cm

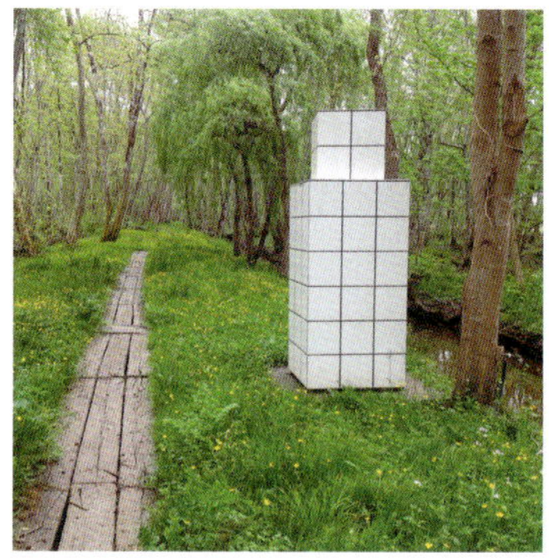

JEAN-PIERRE RAYNAUD (1939)
Autoportrait, 1980-1991.
Céramique émaillée, résine polyester / glazed ceramic, polyester resin.
243 x 90 x 90 cm

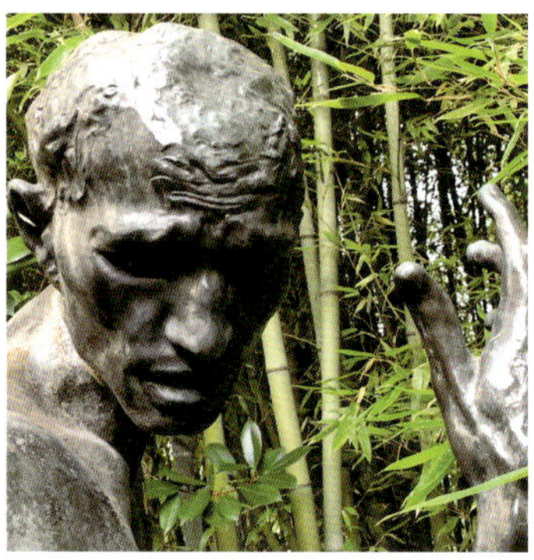

AUGUSTE RODIN (1840-1917)
Pierre de Wissant nu (étude pour les Bourgeois de Calais), 1884-1886.
Bronze patiné / patinated bronze.
215 x 100 x 60 cm

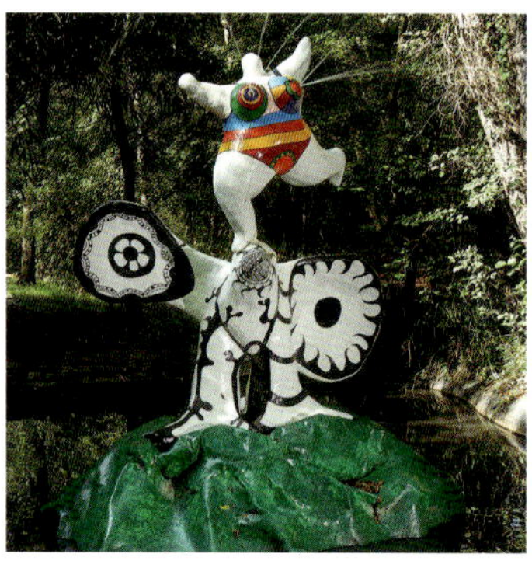

NIKI DE SAINT PHALLE (1930-2002)
Nana, 1967.
Fontaine en résine peinte / fountain in painted resin.
350 x 300 x 105 cm

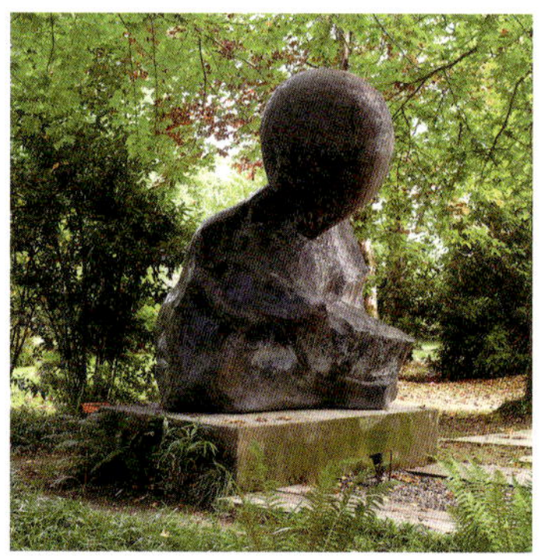

JEAN-MICHEL SANEJOUAND (1934)
Le Silence, 1989-1996.
Bronze patiné / patinated bronze.
237 x 168,5 x 158 cm

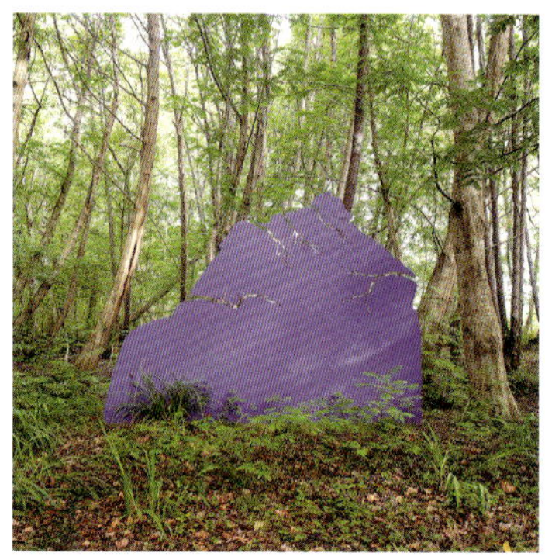

JORGE SANTOS (1974)
Arc-en-ciel, 2013.
Plaque d'acier peinte / painted steel plate.
300 x 400 x 20 cm

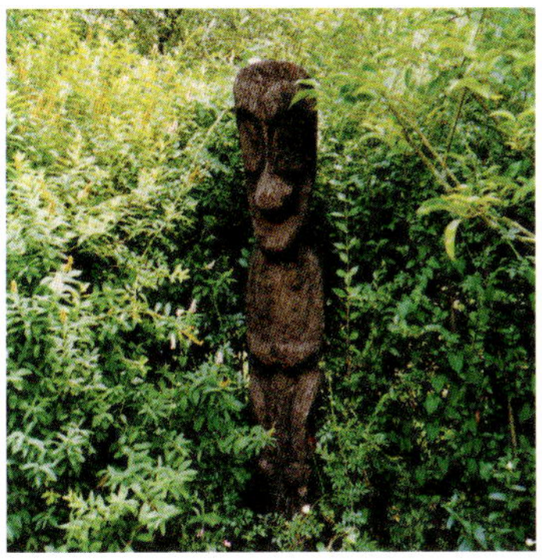

Statue de grade. Vanuatu, Océanie, XIXe-XXe siècle. Fougère arborescente sculptée / carved tree fern. 193 x 33 x 37 cm

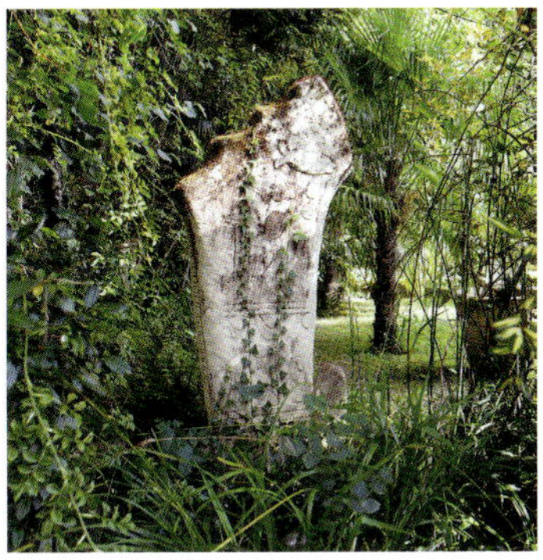

Stèle funéraire « Penji ». Île de Sumba, Indonésie, XIXe siècle. Pierre gravée / carved stone. 173,5 x 73,5 x 19 cm

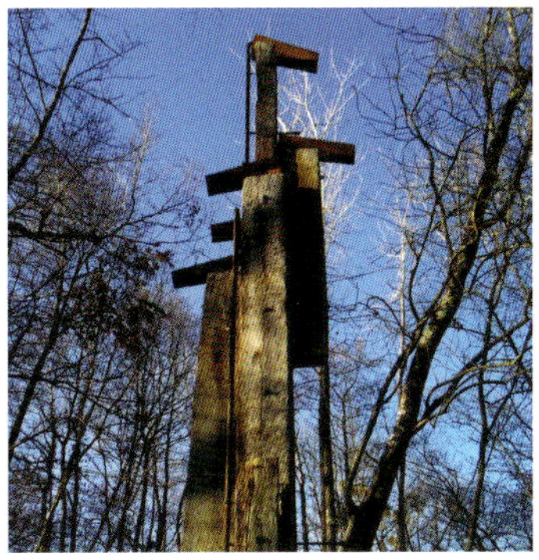

LIKICHI TAKIKAWA (1935)
Sans titre, 1995.
Fontaine de traverses / fountain in wooden beams.
203 x 140 cm

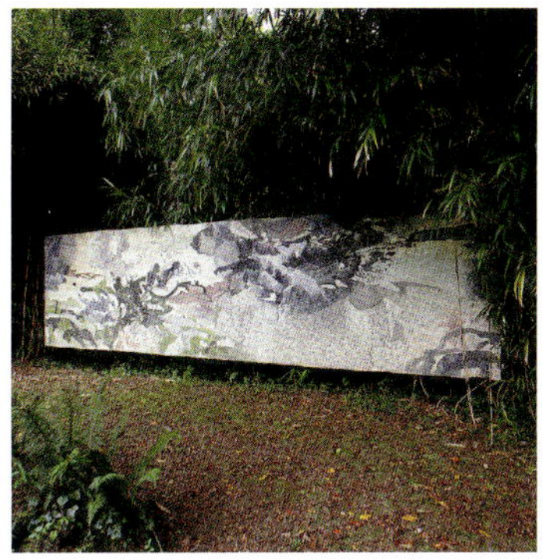

ZAO WOU-KI (1920-2013) et **DOMINIQUE HIDEAUX**
Sans titre, 1984.
Mosaïque de pâte de verre colorée et de pierre / mosaic of colored pâte de verre and stone.
194 x 758 cm

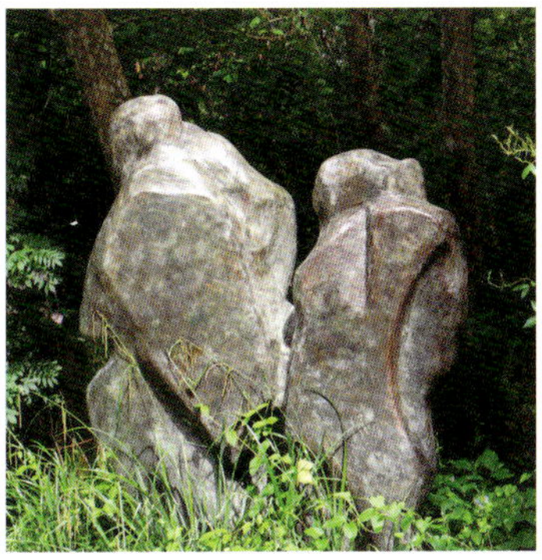

ZIGOR (1948)
Le Maître et l'élève, 1998.
Bronze patiné / patinated bronze.
215 x 179 x 59 cm

INDEX

Les chiffres composés en gras renvoient aux légendes des illustrations
Numbers in bold refer to illustration captions

CRÉDITS

CREDITS

Couverture Christie's/Nina Slavcheva, Juan Cruz Ibanez **4-5, 6, 8-9, 10** Dominique Haim **11, 12-13** Carolina Peñafiel **14** Marc Domage **18** Christie's/Nina Slavcheva, Juan Cruz Ibanez **21, 22-23** Dominique Haim **27** Carolina Peñafiel **29 hg et b** Archives La Petite Escalère/DR **29 hd** Alexandra de Léal **30, 32-33** Dominique Haim **35 h** Corinne Crabos **35 b** Dominique Haim **36-37, 38-39** Corinne Crabos **40** Dominique Haim **42** Zigor **43** Barbara Fecchio **44-45** Corinne Crabos **46** Dominique Haim **49** Christie's/Nina Slavcheva, Juan Cruz Ibanez **50-51** Corinne Crabos **52** Dominique Haim **53** Christie's/Nina Slavcheva, Juan Cruz Ibanez **55** Dominique Haim **56-57** Barbara Fecchio **58** Christie's/Nina Slavcheva, Juan Cruz Ibanez **59** Marc Domage **62-63** Archives La Petite Escalère/DR **64-65, 66, 67** Dominique Haim **68 h** Carolina Peñafiel **68 b** Brigitte Lacombe **69** Dominique Haim **70** Christie's/Nina Slavcheva, Juan Cruz Ibanez **71 h** Dominique Haim **71 b** Marc Domage **72 h** Carolina Peñafiel **72 b** Marc Domage **73, 74 h** Dominique Haim **74 b** Marie-Ange Guilleminot **75** Dominique Haim **78** Christie's/Nina Slavcheva, Juan Cruz Ibanez **79** Carolina Peñafiel **80-81** Martine Fougeron **83** Barbara Fecchio **84** Dominique Haim **87** Zigor **88-89, 90, 92-93** Dominique Haim **94** Carolina Peñafiel **97** Barbara Fecchio **98-99** Marc Domage **102** Carolina Peñafiel **103** Marc Domage **107-113** Archives La Petite Escalère/DR **116, 117** Martine Fougeron **117, 118** Dominique Haim **121** Christie's/Nina Slavcheva, Juan Cruz Ibanez **122-123** Martine Fougeron **124-125** Barbara Fecchio **126 hg** Dominique Haim **126 hd et b** Christie's/Nina Slavcheva, Juan Cruz Ibanez **128** Dominique Haim **129** Christine Gintz **131** Denis Bouti **132** Dominique Haim **134-135** Martine Fougeron **136-137** Fabienne Raphoz **139** Christie's/Nina Slavcheva, Juan Cruz Ibanez **140** Marc Domage **141, 143** Christie's/Nina Slavcheva, Juan Cruz Ibanez **144-145** Dominique Haim **147** Marc Domage **148-149** Barbara Fecchio **150-151** Corinne Crabos **152, 153** Dominique Haim **155** Barbara Fecchio **156** Christie's/Nina Slavcheva, Juan Cruz Ibanez **157** Dominique Haim **158-159** Carolina Peñafiel **160-161** Marie-Ange Guilleminot **162** (détail) Barbara Fecchio **167-168** Archives La Petite Escalère/DR **171 hg, bd** Dominique Haim **171 hd** Julie Navarro **171 bg** Fabienne Raphoz **172** Archives La Petite Escalère/DR **175 hg et b** Archives La Petite Escalère/DR **175 hd** Martine Fougeron **176 hg** Dominique Haim **176 hd** Bernard Marcadé **176 bg** Corinne Crabos **176 bd** Jean-Daniel Chopin **191** Jeannette Leroy

La collection (de gauche à droite, de haut en bas)
180 Dominique Haim ; Corinne Crabos ; Dominique Haim ; Martine Fougeron ; Marc Domage ; Dominique Haim ; Marie-Ange Guilleminot ; Barbara Fecchio ; Marc Domage ; Dominique Haim ; Dominique Haim ; Christie's/Nina Slavcheva, Juan Cruz Ibanez
181 Fabienne Raphoz ; Christine Gintz ; Martine Fougeron ; Zigor ; Christie's/Nina Slavcheva, Juan Cruz Ibanez ; Corinne Crabos ; Dominique Haim ; Dominique Haim ; Christie's/Nina Slavcheva, Juan Cruz Ibanez ; Brigitte Lacombe ; Martine Fougeron ; Dominique Haim
182 Carolina Peñafiel ; Dominique Haim ; Marc Domage ; Barbara Fecchio ; Marc Domage ; Marc Domage ; Barbara Fecchio ; Dominique Haim ; Martine Fougeron ; Barbara Fecchio ; Carolina Peñafiel ; Christie's/Nina Slavcheva, Juan Cruz Ibanez
183 Christie's/Nina Slavcheva, Juan Cruz Ibanez ; Marc Domage ; Carolina Peñafiel ; Dominique Haim ; Marc Domage ; Dominique Haim ; Martine Fougeron ; Dominique Haim ; Barbara Fecchio ; Dominique Haim ; Christie's/Nina Slavcheva, Juan Cruz Ibanez ; Christie's/Nina Slavcheva, Juan Cruz Ibanez
184 Dominique Haim ; Barbara Fecchio ; Zigor ; Christie's/Nina Slavcheva, Juan Cruz Ibanez ; Fabienne Raphoz ; Christie's/Nina Slavcheva, Juan Cruz Ibanez ; Dominique Haim ; Corinne Crabos ; Dominique Haim ; Christie's/Nina Slavcheva, Juan Cruz Ibanez ; Marc Domage ; Marc Domage
185 Archives La Petite Escalère/DR ; Marc Domage ; Dominique Haim ; Marc Domage ; Barbara Fecchio

REMERCIEMENTS

J'aurais aimé inclure ces remerciements dans mon récit, tant ceux que je vais citer ici font partie de l'histoire de ce jardin, mais la liste est bien trop longue. Je commence donc par remercier mes merveilleux enfants, Émilie, Henry et Olivier Chanin, qui m'ont toujours soutenue dans mes projets et mes décisions, et avant tout celle de les quitter pour venir m'installer en France. Ensuite ma compagne, Isabelle Mir, sans qui m'investir de la sorte pour La Petite Escalère n'aurait pu en aucun cas être envisageable.

Mon respect et mon immense gratitude pour Gilbert Carty qui, au fil de toutes ces années, n'a eu de cesse de donner son énergie, sa passion, pour ne pas dire sa vie, à ce jardin.

Mon estime immuable et mon infinie reconnaissance à Mathilde Simian qui accompagne ma vie professionnelle depuis plus de dix-sept ans et qui, tous les jours, a su insuffler son enthousiasme, sa curiosité et son dynamisme à tout ce qui fut inventé au cours de cette belle aventure. À Corinne Crabos qui est venue soutenir Mathilde et sans qui nous n'aurions pu développer les merveilleux projets que l'association a mis en place ces six dernières années.

Je voudrais aussi exprimer toute ma gratitude aux membres de notre association Les Amis de La Petite Escalère qui nous ont soutenus avec confiance depuis le début. À notre conseil d'administration : avant tout Marie-Laure Bernadac, toujours généreuse, toujours disponible, nous apportant son soutien, ses conseils et son regard chaleureux et éclairés. À Thierry Moulonguet, notre président, qui a su guider nos pas avec rigueur et sensibilité. À Marian Lacombe, ma chère amie d'enfance qui a connu ce jardin à ses débuts et a su sans relâche me rappeler que mon énergie n'était pas vaine lorsqu'elle m'abandonnait. À Federica Matta, amie de la famille de longue date, Isabelle Darrigrand, Jean-Pierre Rousseau et Jean-Louis Pacquement pour leurs précieux conseils.

À Claudine Meinnier, bonne fée sans qui je n'aurais su par quel bout gérer la logistique administrative de ce jardin. Et aux deux jardiniers, Pierre-François Hypolite et Jérôme Cazenave, qui maintiennent auprès de Gilbert la beauté de ce jardin dans cet équilibre si fragile. À Chantal Castaing qui a su être l'ange gardien de Jeannette.

Mais je voudrais aussi remercier tous les participants qui ont contribué à faire vivre ce lieu d'une manière magnifique ces dix dernières années et qui sont la raison pour laquelle j'ai osé l'aventure.
Je commencerai par les artistes qui ont prêté ou créé des œuvres pour chaque saison d'ouverture : Katinka Bock, Pascal Convert, Edith Derdyk, Marie-Ange Guilleminot, Cristina Iglesias, Rachel Labastie, Cyrille Marlin, Asier Mendizabal, Jorge Santos.

Nos merveilleux résidents qui, chacun à leur manière, se sont approprié le jardin et ont contribué chaque année à nos beaux carnets : Graziella Antonini, Sarah Bahr, Théodora Barat, Jesús Alberto Benítez, Jérémie Bennequin, Mélanie Blaison, Anne Bonnin, Julie Chaffort, Christine Crozat, Fanny Ducassé, Élise Eeraerts, Olivier Gabrys, Aline Gheysens, Emmanuel Guy, Lancelot Hamelin, Célia Houdart, Julie Navarro, Margaux Othats, Jorge Santos.

Merci à nos mécènes, Bob† et Élisabeth Wilmers et le château Haut-Bailly, Solange Thierry de Saint-Rapt qui, sans hésitation et avec une générosité sans limite, ont soutenu tant d'initiatives. À la famille Rousseau et leur fondation L'Accompagnatrice pour avoir permis et accompagné des projets si importants pour nous. À Cécile Barra pour sa générosité et son amitié. À la Fondation Crédit Agricole Pyrénées Gascogne, à Philips Lighting, Toray Carbon Fibers Europe, au golf d'Arcangues pour leur confiance. Et mes plus sincères remerciements à la DRAC – Ministère de la Culture et de la Communication et à la Région Nouvelle-Aquitaine qui ont guidé et soutenu sans relâche le travail de l'association depuis sa création.

Ma profonde reconnaissance à Pierre Vilar pour ses nombreuses interventions, partageant immanquablement toute sa passion et la richesse de son savoir.
Une tendresse toute particulière à Dominique Palais qui nous a prêté ses abeilles année après année pour que La Petite Escalère puisse fièrement produire son miel.

Tous les intervenants, qui ont animé nos portes ouvertes, rencontres, conférences, nous offrant généreusement leur temps, leur expertise et leur passion : Jacques Abeille, Beñat et Julen Achiary, Ur Apalategui, la Compagnie Balabolka, Louis Benech, Itxaro Borda, Denis Boutin, Marie-Cécile Burnichon, Alicia Chillida, Susanna Chillida, Marie Cosnay, Denis Darzacq, Béatrice Ducout, Valérie Fernandez, Céline Flécheux, Pierre Grangé-Praderas, Franck Ibanez, Hervé Joubert-Laurencin, l'auberge La Galupe, Nino Laisné, Bernard Lubat, Bernard Marcadé, Cyrille Marlin, Francis Marmande, Marco Martella, Juan Luiz Moraza, Marga Paz, Michel Portal, Patrick Prouzet, Fabienne Raphoz, Léonor de Recondo, Olivier Ribeton, Patrice Robin, Christine Rollard, Pascale Rousseau, Erik Samakh, Ryoko Sekiguchi, Akemi Shiraha, SuDanzare, Cole Swensen, Annabelle Ténèze, Pierre Thomé, Pierre Wat, Camille Zéhenne, Zigor.

Aux enseignants devenus amis qui ont su ouvrir les yeux et les oreilles de leurs élèves à ce qu'un jardin pouvait offrir, ainsi qu'aux institutions et associations qui ont fait découvrir ce lieu à leur public, leur permettant peut-être d'y trouver une parenthèse de respiration.
À Patrick Marchand notre électricien, Michel Buiche notre pelliste, et nos voisins Daniel et Babe Bagieux et leur famille, les Lagareste et Bertrand Lavie. Sans leur aide précieuse, jamais nous n'aurions pu faire face à toutes les urgences et catastrophes, et il y en a eu.
Je ne pourrais nommer ici de peur d'en oublier tous ceux qui, pour chaque événement important, ont apporté leur aide tellement précieuse dans les moments où La Petite Escalère manquait de petites mains. Nettoyage des parcelles et accueil lors de nos assemblées générales. Sachez combien je suis reconnaissante.

Mon immense reconnaissance à Alfred Pacquement et Pierre Wat pour la justesse et la sensibilité de leurs textes.

Merci enfin à mon éditrice Maïté Hudry, grande amie de ce jardin, qui a su, avec Matthieu Flory, m'accompagner avec patience et bienveillance dans l'élaboration de ce bel ouvrage. Et à notre graphiste Anne-Claire Pauthier qui, depuis dix ans, compose sur le papier l'image de ce jardin.

À vous tous, merci d'avoir rendu l'histoire de La Petite Escalère encore plus belle.

À Paul et à Jeannette, il n'y a pas de mots, si ce n'est que, sans vous, nous n'aurions pu vivre le privilège de tant de bonheur, de beauté et de rêves.

ACKNOWLEDGEMENTS

I would have liked to include these acknowledgements in my story itself, since those whom I mention here are part of the history of the garden—but the list is far too long. So, I begin by thanking my wonderful children, Émilie, Henry, and Oliver Chanin, who have always supported me in my projects and decisions, and above all in the choice to leave New York and come to live in France. And then I thank my partner Isabelle Mir, without whom it would have been inconceivable for me to make such a commitment to La Petite Escalère.

My deepest respect and immense gratitude goes to Gilbert Carty who, throughout his life, has never ceased to give his energy and passion to the garden.

I also express my infinite gratitude to Mathilde Simian, whom I hold in the highest esteem; she has assisted my professional life for over seventeen years and, every single day, has infused her enthusiasm, her curiosity, and her dynamism into everything that has arisen during this beautiful adventure.
I similarly acknowledge Corinne Grabos, who came to support Mathilde, and without whom we would never have been able to nurture the marvelous projects that the Association has implemented over the last six years.

I also express gratitude to the members of the association Les Amis de La Petite Escalère, who have supported us and filled us with confidence since the very beginning. To our Board of Directors: above all, Marie-Laure Bernadac, always generous, always available, offering her support, her advice, her warmth, and her insight; Thierry Moulonguet, our president, who guided our steps with rigor and sensitivity; Marian Lacombe, my dear childhood friend who knew the garden and its origins, and who tirelessly reminded me, when my energy threatened to fail me, that our work was not in vain; Federica Matta, long-time family friend; and Isabelle Darrigrand, Jean-Pierre Rousseau, and Jean-Louis Pacquement for their invaluable advice.

My thanks go also to Claudine Meinnier, the Good Fairy without whom I would not have known how to manage the administration and logistics of the garden; to the two gardeners Pierre-François Hypolite and Jérôme Cazenave, who with Gilbert maintained the beauty of the garden in its fragile balance; and to Chantal Castaing, who has been Jeannette's guardian angel.

And I would also like to thank all the participants who over these last ten years have helped bring this place so magnificently alive, and who are the reason why I dared take on this adventure.

I start with the artists who have lent or created works for each opening season: Katinka Bock, Pascal Convert, Edith Derdyk, Marie-Ange Guilleminot, Cristina Iglesias, Rachel Labastie, Cyrille Marlin, Asier Mendizabal, Jorge Santos.

And our wonderful residents who, each in their own way, dwelled in the garden and contributed to our beautiful yearbooks: Graziella Antonini, Sarah Bahr, Théodora Barat, Jesús Alberto Benítez, Jérémie Bennequin, Mélanie Blaison, Anne Bonnin, Julie Chaffort, Christine Crozat, Fanny Ducassé, Élise Eeraerts, Olivier Gabrys, Aline Gheysens, Emmanuel Guy, Lancelot Hamelin, Célia Houdart, Julie Navarro, Margaux Othats, Jorge Santos.

Thanks also to our patrons, Bob† and Élisabeth Wilmers and the Château Haut-Bailly, and Solange Thierry of Saint-Rapt who, unhesitatingly and with limitless generosity, supported so many initiatives. To the Rousseau family and their foundation L'Accompagnatrice for having enabled such important projects. To Cécile Barra for her generosity and her friendship. To the Fondation Crédit Agricole Pyrénées Gascogne, to Philips Lighting, Toray Carbon Fibers Europe, and the Arcangues golf course for their confidence. And my most sincere thanks to the Regional Directorate of Cultural Affairs (DRAC) at the Ministry of Culture and Communication, and to the Nouvelle-Aquitaine Region for their unfailing guidance and support of the work of the Association since the beginning.

I express my deepest appreciation to Pierre Vilar for his numerous contributions, and for consistently sharing his passion and the wealth of his knowledge.

A special and most affectionate expression of gratitude goes to Dominique Palais, who lent us his bees year after year so that La Petite Escalère could proudly produce its own honey.

I thank all the contributors who have enlivened our open houses, meetings, and conferences, generously offering their time, expertise, and passion: Jacques Abeille, Beñat and Julen Achiary, Ur Apalategui, the Balabolka Company, Louis Benech, Itxaro Borda, Denis Boutin, Marie-Cécile Burnichon, Alicia Chillida, Susanna Chillida, Marie Cosnay, Denis Darzacq, Béatrice Ducout, Valérie Fernandez, Céline Flécheux, Pierre Grangé-Praderas, Franck Ibanez, Hervé Joubert-Laurencin, l'auberge La Galupe, Nino Laisné, Bernard Lubat, Bernard Marcadé, Cyrille Marlin, Francis Marmande, Marco Martella, Juan Luiz Moraza, Marga Paz, Michel Portal, Patrick Prouzet, Fabienne Raphoz, Léonor de Recondo, Olivier Ribeton, Patrice Robin, Christine Rollard, Pascale Rousseau, Erik Samakh, Ryoko Sekiguchi, Akemi Shiraha, SuDanzare, Cole Swensen, Annabelle Ténèze, Pierre Thomé, Pierre Wat, Camille Zéhenne, Zigor.

My thanks go to the teachers who have become friends and who opened the eyes and ears of their pupils to what a garden could offer, as well as to the institutions and organizations that have introduced this place to the people in their care, allowing them, perhaps, to find in it some space to breathe.
To Patrick Marchand our electrician, Michel Buiche our digger operator, and our neighbors Daniel and Babe Bagieux and their family, the Lagarestes, and Bertrand Lavie. Without their help we would never have been able to face all the emergencies and disasters which befell us, and there surely have been many.
For fear of forgetting anyone, I cannot here name all the people who, at every important event, gave such valuable assistance in the moments when La Petite Escalère was short of helping hands. For all the tidying of plots and welcomes at our gatherings, I hope you know how grateful I am.

I extend deep gratitude to Alfred Pacquement and Pierre Wat for having in their essays perceived the soul of this garden with such acuity and sensitivity.

Finally, thanks to my editor Maïté Hudry, a great friend of the garden, who, with Matthieu Flory, has accompanied me with patience and kindness in the preparation of this beautiful work. And to our graphic designer Anne-Claire Pauthier who, for ten years, has been in charge of creating the image of this garden on paper.

To all of you, thank you for making the story of La Petite Escalère even more beautiful.

And to Paul and Jeannette, there are no words except that without you, we would not have been able to enjoy the privilege of such joy, beauty, and dreams.

Paul à La Petite Escalère, vers 2000
(photographie de Jeannette Leroy).

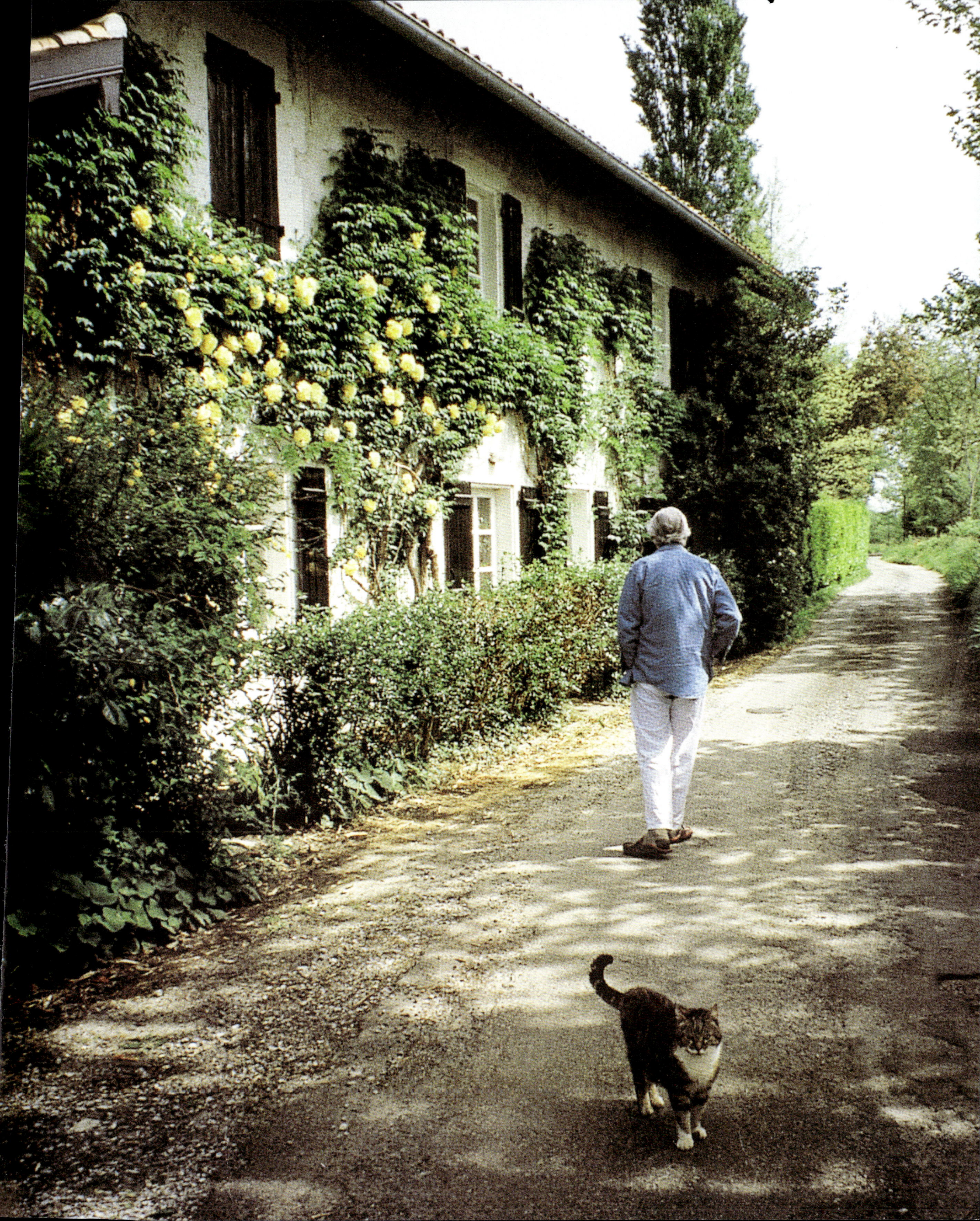

LES AUTEURS / THE AUTHORS

Dominique Haim
Directrice de l'ouvrage, collectionneuse
Director of the publication, collector

Alfred Pacquement
Conservateur général honoraire du patrimoine,
directeur honoraire du Musée national d'art moderne,
Centre Pompidou
Emeritus Conservator of Cultural Heritage,
Emeritus Director of the National Museum of Modern Art,
Pompidou Center

Marie-Laure Bernadac
Conservatrice générale honoraire du patrimoine,
historienne de l'art
Emerita Conservator of Cultural Heritage,
art historian

Pierre Wat
Historien de l'art et critique
Art historian and critic

Ouvrage publié avec le soutien de Christie's.
Published with the support of Christie's.

Traduction anglaise / English translation
Camille Serchuk

Coordination éditoriale / Editorial coordination
Mathilde Simian et Matthieu Flory

Révision française / French copyediting
Christophe Parant

Révision anglaise / English copyediting
Babel Editing

Mise en pages / Layout
Anne-Claire Pauthier

Couverture / Front cover
Eduardo Chillida, *Mural III*, 1999.
Antoine Bourdelle, *Adam*, 1889.

ISBN : 978-2-3766-6039-2

149 rue de Rennes 75006 Paris France
www.editions-norma.com

Achevé d'imprimer en août 2020
sur les presses de Graphius, Gand
Printed in August 2020 by Graphius, Ghent

Photogravure / Photo-engraving
Les artisans du Regard, Paris

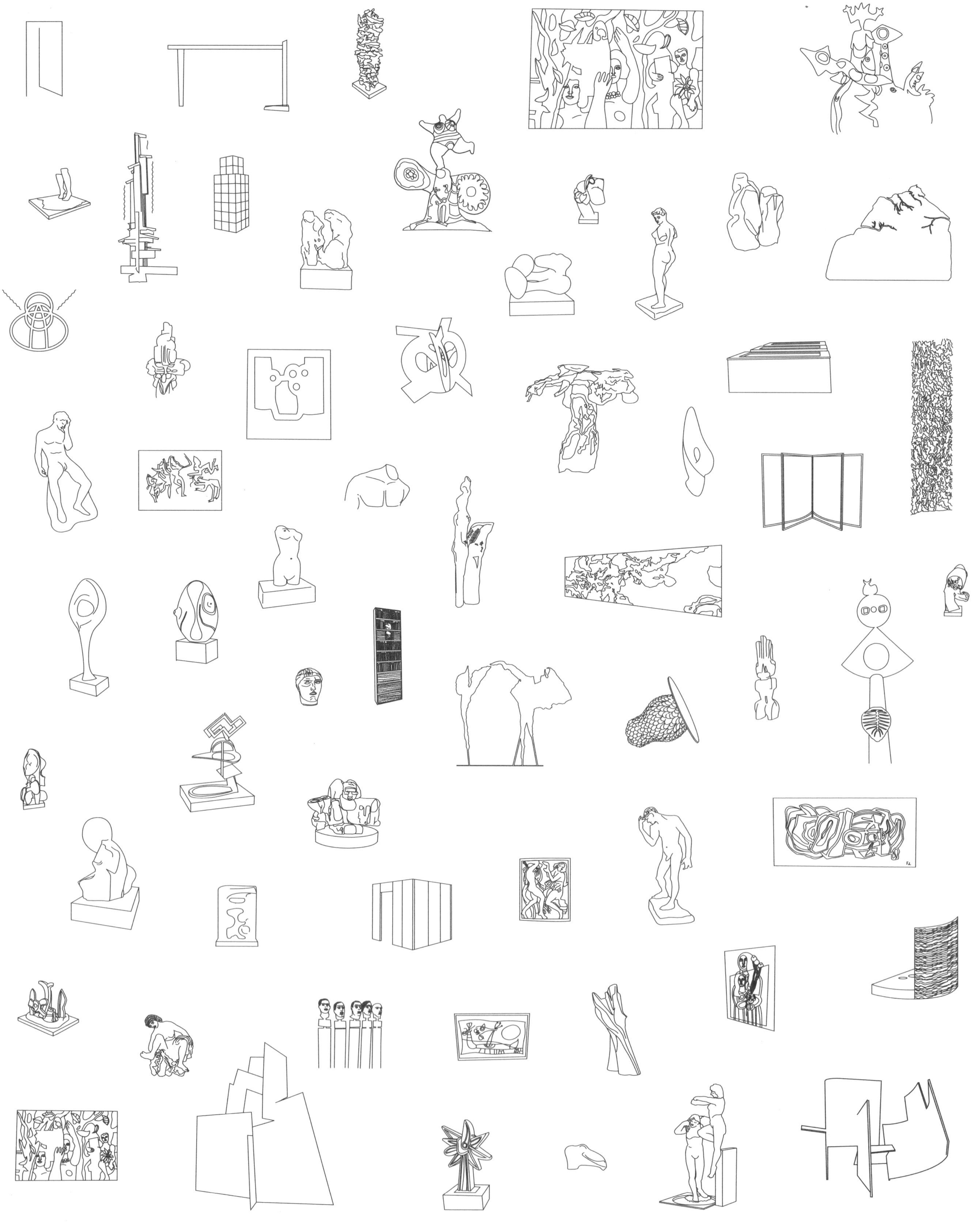